形象史学研究

研究

2015/上半年

中国社会科学院历史研究所文化史研究室　编

人民出版社

图书在版编目（CIP）数据

形象史学研究（2015/上半年）／ 中国社会科学院历史研究所文化史研究室 编.

—北京：人民出版社，2015.6

ISBN 978-7-01-015411-4

Ⅰ.①形… Ⅱ.①中… Ⅲ.①文化史－中国－文集 Ⅳ.①K203-53

中国版本图书馆 CIP 数据核字(2015)第 250209 号

形象史学研究（2015/上半年）
XINGXIANG SHIXUE YANJIU（2015 SHANGBANNIAN）
编　　者：中国社会科学院历史研究所文化史研究室
责任编辑：阮宏波　杜艳茹
封面设计：刘洪波
出版发行：人 民 出 版 社
地　　址：北京市朝阳门内大街166号
邮政编码：100706
印　　刷：北京盛源印刷有限公司
版　　次：2015年6月　第1版
印　　次：2015年6月　北京第1次印刷
开　　本：787毫米×1092毫米　1/16
印　　张：13.5
字　　数：205千字
书　　号：ISBN 978-7-01-015411-4
定　　价：58.00元
发行电话：(010) 65257256　65245857　65276861
销售中心：(010) 65250042　65273937　65289539

目　录

理论探讨

从潘诺夫斯基的图像学理论
看中国古代叙事画释读的方法论问题

倪亦斌

　　本文以美国德裔图像学家潘诺夫斯基所阐发的释读历史画的三个基本步骤为框架，探讨关于中国艺术史文献中古代叙事画释读的方法论问题。本文试图运用近年来在认知科学和语用学中发展的"关联理论"所提出的"明示—推理"交际模式来质疑陈旧的"编码—解码"交际模式，在讨论读画实例过程中彰显运用图像产生原境中信息进行合理推理在图像释读中的关键作用，进而提出一个新的释读古代叙事画的基本框架。

　　源远流长的人物故事画是当代影视艺术的先声。华夏、希腊、印度等各大古文明都很重视故事画的教化作用，用这一为各色人等都喜闻乐见的形式来传递政治、道德等信息。关于故事画的实际应用，中国历史上比较确切的早期记载可以追溯至西汉。《汉书·霍光传》中提到：汉武帝在年老体衰时特地授意宫廷画师画了一张画赐给辅政大臣霍光[1]，这是一张经典故事画，内容是周公辅佐年幼的成王接受诸侯朝贺。汉武帝的意思是让霍光帮助立少子为帝，像历史上有名的周公辅佐成王那样行事。在山东嘉祥地区留存下来多块东汉的画像砖，其中就包括"周公辅成王"的图像[2]。传统故事画状物图事、再现我们经验和想象的世界，通过物体、人物、动作和场景将一个故事及其相关联的理念传达给观者，以达到教化娱情的作用。

　　中国自五代两宋起，山水、花鸟画后来居上，人物故事画（包括画史中的经史故实画、道释仙佛画等）的创作、研究逐渐被视为"匠气"而被边缘化，日渐式微，以致当代人编写的《中国美术大辞典》中所收故事画题竟然不满四十个[3]，远逊于被堂皇列入西方艺术史殿堂的成百上千个神话、历史、宗教主题。许多山水、花鸟画同无标题音乐类似，无题或换个标题都对作品的欣赏无甚影响。此类画种被视为画学正宗后，久而久之，大凡论画者只着眼于辨析风格、考订真伪、画家师承、画作收藏流传，畅言气韵、墨趣、皴法、构图等，而对图像题材则要么忽略不计，要么仅仅一笔带过，更有甚者，则始于指鹿为马、进而离题万里（后文将讨论平时读书所遇实例）。

　　欧文·潘诺夫斯基（Erwin Panofsky, 1892—1968 年）毕生致力于研究传统艺术中形式和内容的关系及其所反映的社会文化生活，为艺术史研究中图像学这一领域做出了杰

---

　　〔1〕　"上乃使黄门画者画周公负成王朝诸侯以赐光"，见（西汉）班固《汉书》卷六十八《霍光金日磾传》，中华书局点校本，1962 年版。

　　〔2〕　李铁：《汉画文学故事集》，中国青年出版社，1989 年版，第 183～184 页。

　　〔3〕　邵洛羊主编：《中国美术大辞典》，上海辞书出版社，2002 年版。

出的贡献。他认为人类创造的视觉形象同文字一样是把握人类历史的有效媒介，图像学家应该致力于揭示和破译历史故事画、寓意画中表达的观念和隐藏的意义，从而有效地继承族群和社会的人文遗产。由于传统故事画与当代观者年代相距甚远，观者的传统文化知识匮乏、对画者的绘画技巧风格不熟悉、读画能力有所不逮，再加上画者的再现能力参差不齐等方面原因，画面上呈现的形象不是对每个人都那么一目了然的。简单的观画问答实验和历史上遗留下来的摹写图像显示，不同观者对同一传统故事图像中的各种形象、事件和整个画面，会根据自己有限的知识和经验做出一些带有个体特点的判断。即使是在执行辨认物品、人物的性别、年龄或者动作这样看起来自然又简单的任务时，各人的判断也常常会同作画者的初衷有较大的差异。潘诺夫斯基曾经打过一个有名的比方：对缺乏有关达·芬奇所绘《最后的晚餐》图像学知识的澳洲丛林土著来说，这幅名画只不过是个"热闹的晚餐聚会"[1]而已。像《最后的晚餐》这样基于宗教题材的"历史画"在西方被视为"地位最崇高和最难以驾驭的画种"[2]，具有"传教载道"的功能，如果被看作只是众人聚餐场面，那就是较低层次的装饰娱乐型风俗了。这个比喻中的基本道理适用于一切拙于解读传统故事画的观者：如果观者只能够在传统故事画的画面上看到某些他自认为能够辨认出的日常生活中常见的事物和人物，那么人类社会历史积累在故事画上的巨大精神财富的继承就无从谈起。

潘诺夫斯基把图像诠释过程大致分为三个步骤："前图像志描述""图像志分析""图像学解释"。将油画《最后的晚餐》所画内容认作一个"众人聚餐"的场面，同在画面上辨认出男女老少、桌椅碗盘一样，虽然大大贬低其作为西方美术皇冠的"历史画"地位，但却是解读这类画作的起点，属于潘氏称为"前图像志描述"的内容，潘氏称这些内容为图像中的"基本的、自然的意义"。在潘氏的理论框架中，这个步骤要求观者运用日常生活知识来辨认的画面内容有两方面：即世俗实像[3]和表情氛围，前者包括物体、人物、事件（即物体人物之间呈现的关系，如用餐、分肉等），后者包括人物的喜怒哀乐和环境的静谧或嘈杂等[4]。"前图像志描述"之后的第二步骤叫"图像志分析"，其目的在于用"对特定文明中文化与风俗的了解"[5]和文学原典知识来指认图像表现的传统文学主题（包括寓意画）。解读故事画的第三步骤称为"图像学阐释"，其目的是揭示图像所体现的社会观念，包括艺术家的心灵和当时社会环境有意无意留在画

---

〔1〕《图像志与图像学：文艺复兴艺术研究入门》，载欧文·潘诺夫斯基《视觉艺术中的意义》，芝加哥大学出版社，1982年版，第35页。

〔2〕本文所论述的人物故事画在西方艺术史上被习惯称为"历史画"。Patrick de Rynck, *Understanding Paintings: Bible Stories and Classial Myths in Art*, Thames & Hudson, 2009, p.7.

〔3〕此处的"世俗实像"相当于潘诺夫斯基书中的术语"artistic motif"及其中文译文"艺术母题"（见欧文·潘诺夫斯基著，戚印平、范景中译《图像学研究：文艺复兴时期艺术的人文主题》，上海三联书店，2011年版，第3页）；为了避免意义混淆，本文不采用"艺术母题"，因为在中文权威工具书《汉语大词典》中，"母题"被定义为"主旨、主题"，而"主题"恰恰是潘氏理论框架第二步"图像志分析"所要揭示的内容。

〔4〕见《图像志与图像学：文艺复兴艺术研究入门》，第28～29页。

〔5〕同上书，第27页。

面上的痕迹[1]。

潘氏在讨论"前图像志描述"时，顾及到了如果涉及专业知识则需寻求专家帮助和"依据在不同历史条件中采用各种形式表现对象和事件的方式来读解"的必要[2]。不过，潘氏下面的论述可能给读者的印象更为深刻："当我们考虑囿于母题内的前图像志描述时，事情很简单。正如我们所见，由线条、色彩与体积来表现并构成的母题世界的对象与事件，可以用我们的实际经验加以理解。每个人都可以辨认出人物、动物和植物的形状与活动，每个人都能够区别愤怒的面孔与喜悦的面孔。"[3] 在论述"前图像志描述"时，潘氏强调了此项工作的"简单"：因为每个人都有"实际经验"，所以"每个人都可以辨认出……"，"每个人都能够区别……"，似乎每个人都可以容易地辨认出图像上的世俗实像。在其杜撰的有关《最后的晚餐》的例子中，潘氏也有意无意地告诉读者，即使澳洲土著无法辨认此画的文学主题及其所宣扬的宗教内涵，他们的前图像志描述起码大致正确。正因为如此，潘氏理论的诠释者往往也跟着有意无意地强调了"前图像志描述"的容易。例如，常宁生译述过一篇比利时图像学家的文章，其中说："当我们研究再现性艺术时，进行这样一种描述通常并不困难。"[4] 而沈语冰在讲解前图像志描述时则走得更远："……（前图像志描述是）理解的最初步层次，是对作品的纯粹形式的单纯直观。以《最后的晚餐》为例，如果我们停留在这一最初层次，那么这幅画只能被感知为一幅绘有 13 个坐在桌边的人的画而已。这种对一件作品的初级理解是最为基本的，无须任何附加的文化知识。"[5] 论者认为前图像志描述仅仅只是"对作品的纯粹形式的单纯直观""无须任何附加的文化知识"，这就完全无视人类的观看和读图行为在满足了基本光学和生理学条件之后对认知习惯和社会文化习惯的强烈依赖[6]。认知科学的最新发展已经证明，不存在脱离文化知识的"对作品的纯粹形式的单纯直观"。事实上，观者在读图中的实际心理活动的复杂程度和所遭遇的困难远远超出了这几位研究者的断言。

从符号学角度来看，故事画画面上相对独立成组的线条、色块，和对话或者文章中

---

〔1〕 见《图像志与图像学：文艺复兴艺术研究入门》，第 26 ~ 54 页。

〔2〕 "当我们面对古老或者并不常见的物体或者陌生的动、植物时，个人的经验范围显得极为有限。在这种场合，我们必须借助于原典与专家的帮助……"，见《图像学研究：文艺复兴时期艺术的人文主题》，第 7 页；"……而实际上，我们是依据在不同历史条件中采用各种形式表现对象和事件的方式来读解'我们的所见'"，同前，第 9 页。

〔3〕 《图像学研究：文艺复兴时期艺术的人文主题》，第 7 页。

〔4〕 见《艺术史的图像学方法及其运用》，载常宁生《穿越时空：艺术史与艺术教育》，中国人民大学出版社，2004 年版，第 56 页。

〔5〕 沈语冰：《〈作为人文学科的艺术史〉导读》，载沈语冰编《艺术学经典文献导读书系：美术卷》，北京师范大学出版社，2010 年版，第 5 页。

〔6〕 有关人类观看的认知习惯见神经心理学家 Oliver Sacks 对失明恢复病人重新花很长时间学习观看的描述，《看，还是不看》，《纽约客》1993 年 5 月 10 日。Alex Potts 在评论潘诺夫斯基的前图像志描述时也指出："即使是最苍白的描述'风景中的人物'也会带有特定文化含义。" Potts 同时指出："我们不仅由于特定的文化习俗而将某种意义同某一艺术作品相联系，而且在很大程度上此意义就是由特定文化习俗激起的。"见《符号》，载 Robert S. Nelson、Richard Shiff 编《艺术史批评术语》（第二版），芝加哥大学出版社，2003 年版，第 20、32 页。

的词语一样，都属于符号[1]；符号可以定义为"一种在社会中约定俗成因而可以替代另一物的再现体"[2]。人类社会编撰和使用字书、字典、词典已经超过千年，编撰和使用词典的习惯直接影响了人们对符号解读过程的看法。许多研究者认为词语的意思既完整又固定，仿佛平时看到或者听到的话语文章中的词语都一个个非常明确可辨，只要拿词典中现成的意思去配就可以了。他们把词语看成是编入了世界上各种信息的代码，而解读话语就是解码的过程。受到自己语言观的影响，他们对除了语言之外的其他符号解读的看法也差不多如此。前文中引述的包括潘氏在内的各位研究者对传统故事画上世俗实像辨认过程的论断同语言学中这个解码模式就有密切联系。

在现实世界，译电员在用电码本翻译电报的时候才真正在以解码模式解读以电码这种符号记录的一段信息。最典型的例子就是字母"SOS"、三短三长三短的光闪烁（甚至眨眼），或者听到三短三长三短的声音，都代表摩斯电码"…－－－…"，这是没有歧义的呼救信号。解码模式事实上无法解释绝大多数语言实际使用的例子。例如，在陕西省西安市，公共交通线路上有四五个"钟楼站"，存在相当严重的同名异义。如果使用者在这种现实中看不到一一对应的基本解码现象，肯定会撇开解码模式，转而运用各种推理来帮助解决歧义，以顺利到达自己心目中想去的那个"钟楼站"。

再看语言学中的例子。如果我们仅仅读到"看房子"这个短语，那么其中"看"这个字的具体意义事实上是无法确定的，即我们无法判定短语中的"看"字的意思到底是"看守"，还是"为了购买或租赁而货比几家"（不排除还可能有其他意义）。反之，正是因为我们无法确定"看"字的意思，我们事实上也无法确定整个"看房子"这个短语到底是什么意思。这个简单的分析告诉我们：对整个句子或篇章内容的正确把握必须以对句子篇章中各个词语的正确理解为基础，与此同时，对句子篇章中许多词语的正确理解又只能通过对整个句子篇章内容的正确把握才能达到。哲学界把这种类似"鸡生蛋、蛋生鸡"的相互依赖现象称为"解释学循环"[3]，"解释学循环"制约着语句理解的过程，也制约着我们认识周围世界的过程，包括释读图像的过程。前面的分析显示，解读语言时会受制于解释学循环，听者似乎总是处于两难的境地。如何破解解释学循环呢？其实，用俗语说，就是"摸着石头过河"，即尽量利用自己已经掌握的支撑点，来寻找下一个支撑点，在谨慎尝试中逐步扩大并且确认理解的内容。而所谓"支撑点"就是听者调动头脑中贮存的相关知识和话语及运用语境中的相关信息进行适当推理后得到的新知识，最后这些知识的汇总就是对话语的比较全面的理解。

我们可以再进一步设想，让"看房子"这个短语出现在具体的语境中。比如，某甲发给某乙一则短信："我这几天住在我叔叔家；他们全家去国外度假了，我在给他看房

---

〔1〕 绘画属于美国哲学家 C. S. Peirce（1839—1914年）所提出的符号分类中的"像似符号"，而词语则属于"规约符号"，见丁尔苏《符号与意义》，南京大学出版社，2012年版，第49页。

〔2〕 参见艾柯《符号学理论》，印第安纳大学出版社，1976年版，第16页；"我建议以下每种事物都界定为符号，它们依据事先确立的社会规范，从而可以视为代表其他某物的某物"，〔意〕乌蒙勃托·艾柯著，卢德平译：《符号学理论》，中国人民大学出版社，1990年版，第18页。

〔3〕 "整体要从个别中去理解，反之亦然，没有一个先于另一个；它们各自互为对方的条件……"，〔加〕让·格朗丹著，何卫平译：《哲学解释学导论》，商务印书馆，2009年版，第112页。

子。"这时某乙读到了三个相连的分句。在理解了前两个分句的大致意思之后，某乙就有比较充分的理由判定第三个分句里的"看"字到底是哪个意思了。因为在这个具体的小语境中，某乙可以先从前两个分句中获得信息"某甲正住在他叔叔的空房子里"。随即很容易从"看"字的一个意义"看守"联想自己的一个知识储存"没人住的房子要人看守"，然后以自己的知识作为大前提，以某甲话语中的信息作为小前提，作出推理："没人住的房子要有人看守，某甲正住在他叔叔的空房子里，某甲在看守他叔叔的空房子。"这个推理就是某乙会把这一则短信中"看"字理解为"看守"的理由。同时，把这个顺理成章的理解同前面两个分句连在一起考虑，合在一起的内容也不相违拗，相互有融贯性。到这时，某乙才可以确定这里的"看"字应该读阴平，在句中有其确定的意义，即"看守"。在日常交际中，这个分析起来比较繁复的过程是在瞬间完成的。

以上简略的分析显示，词语仅仅是负载着部分不确定意义的符号，在语言交流中，听者要解读具体词语的确切意思，就必须临时调动各种有关词语和语境的知识进行推理才能奏效。解读话语的过程其实包含了许多个不为人轻易觉察的推理步骤，因此，一个以推理模式为主导的话语意义解读理论比陈旧的以解码模式为主导的话语意义解读理论更加接近人类行为的真相[1]。

依照同样道理，作为拟像符号，故事画画面上的线条、色块组合相对独立单位的具体意义，即到底代表什么世俗实像，实际上常常并不能孤立地确定。观者在读图时，要利用图像创作和使用的原境中的相关信息进行推理，才能有希望重构画者想要呈现的事物人物，进而确立具体场景、主题及其涵义。传统故事画的历史原境主要包括两个方面：一是创作图像所依据的文学原典；二是历史上遗留下来、表达同一故事场景或者画题的各种版本。许多人们喜闻乐见的视觉形象母题或者特定故事场景会在各种材质的工艺品上频繁出现，常常因为不是现代工业复制的产物而各自面貌会略有不同，这些散布在各种不同媒材的图像积累而成为某一画题的图像传统群，如果放在一起排比研究，可以发现一些有价值的原境信息。在中国，和传统故事画相关的文字材料除了一些画题名称之外非常欠缺。因此，尽量收集表达同一题材的同类作品，在图像传统群内进行细致的比较分析，在比较中取长补短，然后充分运用比较得出的有效信息在读图时进行推理论证，才可以建立赖以做出合理判断的证据链。

如前所述，潘诺夫斯基曾经给出这样一个假设："澳洲土著很可能无法辨认油画《最后的晚餐》的主题，对他们来说，此画只能表现一个热闹的晚餐聚会。"[2] 这个假设中隐含的前提是：澳洲土著很可能不是通晓西方原典的博闻强识之士。这个假设容易给读者造成一个印象：如果观者缺乏文学原典之类的图像原境知识，那么他在读画时可能犯的错误仅仅是将一幅有着特定题材和内涵的宗教故事画理解为相应的表达日常生活

---

〔1〕 这方面的最新成果在中文世界可以用以下两本书代表：〔法〕丹·斯珀波、〔英〕迪埃珏·威尔逊合著，蒋严译：《关联：交际与认知》，中国社会科学出版社，2008 年版；〔法〕雷卡纳蒂著，刘龙根、胡开宝合译：《字面意义论》，外语教学与研究出版社，2010 年版；英文出版物可见〔法〕丹·斯珀波、〔英〕迪埃珏·威尔逊合著《意义与关联》，剑桥大学出版社，2012 年版；〔英〕比利·克拉克著《关联理论》，剑桥大学出版社，2013 年版。

〔2〕 见《图像志与图像学：文艺复兴艺术研究入门》，第 35 页。

场景等"自然意义"的风俗画。这是理论艺术史家以按部就班的"解码"模式来看待读图过程的典型案例。事实上，如果认真检查艺术史研究文献中学者误读图像的真实例了，可以发现读图过程中产生的误读并不是这么规范正确地依次降级，即如果辨认不出图像主题（例如"耶稣在被出卖后同其门徒共进被捕前的最后晚餐"）就自动能够对号入座到与主题直接相关的世俗实像（例如"晚餐聚会"）（实例见后文对"图像志分析"步骤的讨论）。实际情况是，在解读传统故事画时，就像在阅读不甚熟悉的古文或外文时面对个别词语和句子篇章的关系一样，观者的读图行为同样受到"解释学循环"的制约：对整个画面的正确把握要以对画面上各个个别形象的正确理解为基础，而对个别形象的正确理解又只能通过对整个画面的正确把握才能达到。观者必须掌握一定数量的图像原境信息、然后利用原境信息进行为了正确诠释图像所必需的推理，才能在读图过程中逐渐接近画者的本意。"解释学循环"决定了如果观者对画面主题无知，那么他即使有日常生活常识，他释读画面上自然实像的准确率也会明显降低，在第一步骤前图像志描述中就很容易犯张冠李戴的错误。

图1 青花盖罐（局部）
晚明（约1620—1644年），带盖高23厘米，伦敦大英博物馆藏。

潘诺夫斯基为了设定一个对《最后的晚餐》中西方圣经传统不熟悉的观者，所以假想以万里之外的没有接触过西方文化的澳洲丛林土著为例。在潘氏的比喻中，他把澳洲土著可能的误读想象成仅仅把《最后的晚餐》看作普通人在吃饭。这可能将澳洲丛林土著过于理想化了，观者对他者文化的解读常常要比这不可思议得多。让我们来看一个艺术史文献中的读图实例。同样是来自不同文化背景的大英博物馆学者在一件中国瓷器的图注中写道："……官员身前的芭蕉树旁有另外两位随从，两位都手捧托盘，一盘内为猪,一盘内为水果,……"〔1〕 (图1)图注中的词语诸如"官员""随从""托盘"
"猪""水果"等都在描述画面上的各种世俗实像,表明她在作"前图像志描述"。事实
是:一只盘中的动物是鹿,不是猪;另一只盘中是顶官帽,不是水果。盘中放鹿,因为
鹿谐音"俸禄"的"禄";另一只盘中放官帽,因为官帽寓意"升官",同时,官帽也
叫"冠",谐音"官"。两位差役手捧的鹿和冠,组合为谐音吉语"加官进禄"。这是一
幅流传较广、形成其自身图像传统的谐音寓意画〔2〕(图2),装饰或者组成此画面的器
物可以用来作为祝贺朋友、上司升官发财的礼品。英国学者把盘中一顶有梁有簪导的进
贤冠看作风马牛不相及的"水果",就是因为在前图像志描述阶段没有必要的中国传统
谐音图像知识作引导。

图2　黑漆嵌骨加官进禄图长方匣(局部)
清中期(1736—1850年),长33.2厘米,宽19厘米,故宫博物院藏。

　　类似的例子俯拾皆是:在同书中为一款青花觚瓶所写的图注用"……男子正向一位
放下鱼竿、腰间系鼓的农夫指点头上明月"来描述觚瓶上的几个世俗实像(图3)〔3〕。
事实上,瓶上所绘为《桃花源记》故事画,表现在当头红日下,世外桃源中人正在同腰
系鱼篓的渔父打手势告别,或者以此手势关照渔父桃花源中事"不足为外人道也"〔4〕。
因条件所限,图3中渔夫的细节没有能全部呈现。事实上,后文图38完整地呈现了这个
场景,可兹对看。英国汉学家将鱼篓误读为鼓,将太阳误读为月亮,将告别或者嘱咐的

〔1〕〔英〕霍吉淑著,赵伟、陈谊、文微译:《大英博物馆藏中国明代陶瓷》,故宫出版社,2014年版,
第444页;图1见同书第445页。
〔2〕李久芳主编:《清代漆器》,上海科技出版社,2006年版,第259页。
〔3〕见《大英博物馆藏中国明代陶瓷》,第452页。
〔4〕"停数日,辞去。此中人语云:'不足为外人道也。'"逯钦立校注:《陶渊明集》卷六,中华书局,
1979年版,第165页。

手势误读为指点月亮。这些例子说明，现实往往比想象更加离奇，因为没有宏观故事框架的引导，在辨识传统故事图像的时候，会对世俗实像产生各式各样令人意想不到的误读。

前述两例发生在英国学者笔下，大致符合潘诺夫斯基设想的跨文化语境，只不过在这些例子中出现的跨类别误读，如将有四五道横脊的官帽误为"水果"、将鱼篓误为"鼓"，更甚于假想中澳洲土著将耶稣与门徒的最后晚餐误读为一顿普通晚餐。事实上，在本传统文化中生长的学者也会犯类似的错误。故宫博物院研究者在描述一件五彩故事图盘时说："盘心以五彩绘《西厢记》中的一段情景：一轮满月挂在天边……"[1]（图4）

在瓷盘的彩绘图像中有一个红色的圆形，因为它出现在所描绘场景中的天空位置，观者可以由此断定它是太阳或者月亮。事实上，要

图3　青花觚形瓶（局部）
明崇祯间（1628—1644 年），高 42.3 厘米，
伦敦大英博物馆藏。

判定这个红色圆形色块到底是太阳还是月亮，用一一对应的解码方式是无法得出结论的，只能利用原境信息进行推理才能最终找到正确答案。此五彩故事图盘盘心绘戏曲《西厢记》中第二本第二折《红娘请宴》场景，可以用盘中所书此场戏中红娘唱词"先生休作谦，夫人专意等，免使红娘再来请"来证明[2]。在戏中，女主角崔莺莺的母亲因为男主角张生写信搬来救兵，粉碎了叛匪孙飞虎要抓莺莺做压寨夫人的美梦，在送走恩人白马将军之后，许诺次日略备酒水，让丫鬟红娘来请张生。既然是表现这个场景，那么当空高悬的圆形物体就不应该是"满月"，应该是红日更加合乎情理。理由有三，都可以根据文学原典和作品所处的图像传统中提供的信息推理得到。首先，崔母一边准备家宴，一边差遣红娘来请张生，这时不可能天色很晚。稍晚，莺莺在自己闺房里打扮，还在"碧纱窗下画了双蛾"[3]，说明莺莺当时还可以利用窗前的日光，画眉毛时能够看得清楚一点。其次，本人收集的近二十幅《红娘请宴》图像中没有一幅含有一点表示夜晚的图像元素，例如像红娘提风灯之类。再次，在当时的瓷器、木刻版画上如果出现月亮，按照惯例是由以几根直线连接几个圆点构成的星座相伴（如图5，此图画面中还有

〔1〕　王建华主编：《故宫博物院藏清代景德镇民窑瓷器》卷一，故宫出版社，2014 年版，第 150 页。
〔2〕　（元）王实甫著、张燕瑾校注：《西厢记》，人民文学出版社，1995 年版，第 93 页。
〔3〕　同上书，第 101 页。

小童提风灯表示夜晚）。如果是天空中单独出现的圆形，一般就表示太阳（图6）[1]。这个例子同中文里"郁金香"这个字符组合的解释类似。如果出现在老舍小说《二马》第三段里"花池里的晚郁金香开得象一片金红的晚霞"这句中，"郁金香"指的是一种百合科植物的花朵。如果出现在花蕊夫人《宫词》之六的"青锦地衣红绣毯，尽铺龙脑郁金香"句子中[2]，"郁金香"则被用来指称一种姜科植物制成的香料。如果出现在唐代诗人卢照邻《长安古意》"双燕双飞绕画梁，罗纬翠被郁金香"这句诗中[3]，"郁金香"又成了"郁金"这种植物块根发出的

图4　五彩《西厢记》故事图盘
清顺治间（1644—1661 年），故宫博物院藏。

图5　青花人物图纹盘（局部）
清康熙间（1662—1722 年），直径 13.3 厘米。

图6　青花人物图纹盘（局部）
清康熙间（1662—1722 年），直径 13.3 厘米。

香味。相同的字符组合或者是相同的圆形色块在不同的语境中代表的内容是不同的；关键是这种不同的内容绝不可能以解码方式获得，只能依靠利用语境中相关信息进行推理后才能确定。

　　以上所举各例显示，因为观者的读画过程受到"解释学循环"的制约，即使是在辨

────────────

〔1〕　载钱振宗主编《清代瓷器赏鉴》，上海科学技术出版社，1994 年版，第 44 页。
〔2〕　（后蜀）花蕊夫人撰、徐式文笺注：《花蕊宫词笺注》，巴蜀书社，1992 年版，第 31 页。
〔3〕　祝尚书笺注：《卢照邻集笺注》，上海古籍出版社，1994 年版，第 65 页。

图7　青花人物盘

明宣德间（1426—1435 年），高 3.5 厘米，口径 15.2 厘米，台北故宫博物院藏。

认图像中属于所谓"自然意义"的世俗实像，如果单凭自己的生活经验作直接判断，也容易出现误判。如果观者对图像的文学题材或者整体内容心里没有底，那么在辨认画面上个别世俗实像时就会没有方向，因而容易出错。人物故事图像中除了物体，还有人物；人物的性别和年龄也会经常被误读。台北故宫博物院的图录作者为一款宣德瓷盘上的故事画作图注说："屋外二士人，一跪地作揖，旁置柴一担，另一则只手持杖，只手指向跪地士人，……"（图 7）[1] 她在图注中提到了一些画面上的世俗实像后，进而写道："似描绘一历史人物故事。"这句话是一个猜测，明确表示图录作者对图像的文学题材一无所知，因而无法做出第二阶段的"图像志分析"。如果比照潘诺夫斯基在"澳洲土著观《最后的晚餐》"例子中假设的观者行为，作者可能作出类似"学生在向老师跪拜请安"这样的风俗画场面解释，不过事实上图录作者没有这样做。

　　实际情况是，瓷盘上所绘为著名的"二十四孝"故事之一，画题为曾母"啮指痛心"——孔子的弟子曾参对母亲极为孝顺。一次在他上山砍柴时，家中来了客人。母亲因儿子不在旁伺候，一时不知所措，情急中咬了一下手指。这时，在山中的曾参突然觉得心痛了一下，便急急忙忙挑着柴赶回家，跪在母亲面前请问缘故，母亲说："因为刚才有客人来，我咬破手指，希望能够把信息传达给你。"[2] 在瓷盘制作大约三十多年之前印行的《全相二十四孝诗选》[3] 中的相应故事插图（图 8）可以作为观者释读瓷盘上所绘场景的原境信息来源。《全相二十四孝诗选》以上图下文的形式印制，因此插图所要再现的内容无可置疑，如图下文字所示为"曾参"故事。将瓷盘上场景同木刻插图两相对照，可见两图中主要图像元素皆吻合，由此可知画面中跪在地上的青年是曾参，站着的为曾母，是女性，不是图注中说的男性"士人"。在画面上，持杖人物的性别特征

----

〔1〕　台北故宫博物院编辑委员会编、廖宝秀撰：《明代宣德官窑青华特展图录》，台北故宫博物院，1998年版；又见台北故宫博物院编辑委员会编、廖宝秀撰：《故宫藏瓷大系·宣德之部》，台北故宫博物院，2000年版，图版 24 图注；先前对此图的讨论见拙著《看图说瓷》，中华书局，2008 年版，第 26～27 页。

〔2〕　"周曾参，字子舆，事母至孝。参曾采薪山中，家有客至，母无措。望参不还，乃啮其指。参忽心痛，负薪而归。跪问其故，母曰：'有客忽至，吾啮指以悟汝耳。'"陈少梅绘：《陈少梅二十四孝图》，天津人民美术出版社，2005 年版，第 3 页。

〔3〕　据《北京图书馆古籍善本书目》载，元末福建郭居敬编纂，书目文献出版社，1987 年版。

不明显。图录作者因为对所绘故事完全不了解，所以会受当推理维的影响而认为此人与跪着的同样为男性士人。

图像中的人物常常各有动作，各人的动作又会构成带有意向性的组合行为或者事件。在潘氏图像学理论中，人物行为和生活事件也归于"自然意义"。在释读人物故事图像时，运用原境中信息进行恰当推理是避免误读的必要条件。故宫博物院研究人员写文章描绘一块院藏五彩瓷板上的故事画（图9）时说："一盲人老者一手持杖，一手拿镜，衣衫褴褛行走在山间小路，身后一女子拉其衣摆，似在挽留，……"[1]

在五彩瓷板上，主角是两位成年人，一男一女，男的在前、女的在后，女子在用手拉着男子衣服的下摆。乍一看男子手中所提的金色圆板，观者也许会凭直觉，将其直接解码成一块"镜子"；看到"女子用手拉男子衣服下摆"这个动作，观者也许会觉得真可以像文章作者所说的那样，将其理解为"似在挽留"。然而，事情并不如此简单。在一幅特定的画面里，一块金色圆板、一个"女子用手拉男子衣服下摆"这样的动作，仍然像前面举例中

图8　木刻插图（局部）
《全相二十四孝诗选》，明洪武间
（约1395年）刻本，国家图书馆藏。

的字符"看"或者"郁金香"一样，存在着各种不同解读的可能性。在不同的语境里，一块圆板和一个动作可以表现不同的意义；在故宫五彩瓷板上，这块圆板到底是不是"镜子"，这个"手拉衣服"的动作到底是不是"挽留"的意思，不是空口无凭就可以一语敲定的。最后花落谁家、选定其中哪个意义，要通过可靠的证据和正确的推论才能做出合理的判断。通常在这样一个构图成熟而有融贯性的画面上，各个主要图像元素的存在都有其理由。理想的解读应该使它们各自存在的合理性能够自圆其说，并且同其所要表现的故事内容相契合，没有违和感。在前述引文的解读中，漏洞欠缺是明显的，因为文章作者给出的解读并不能圆满回答诸如下面的问题：拉扯这位男人的衣服下摆就一定是为了挽留他吗？如果真是"挽留"，为何不在一个家门口？既然是盲人，那他手中拿着镜子给谁照？

存世的相关图像有早于五彩瓷板数十年的木刻插图（图10）[2] 和与其同时代的青花倭角盘（图11）[3]，其中先出的木刻插图可以看作两件瓷器上所绘场景产生的一种物

---

〔1〕　载《紫禁城》2006年第3期，第86页。
〔2〕　图采自（明）周履靖撰《重校锦笺记》卷二，明万历年间金陵继志斋刊本，《六十种曲》第9册，文学古籍刊行社，1955年版。
〔3〕　图见《收藏家》2011年第7期，第22页。

图9 五彩人物图纹瓷板

清康熙间（1662—1722 年），长 26.2 厘米，宽 16.5 厘米，厚 4.3 厘米，故宫博物院藏。

质原境，而两件瓷器上的画面事实上互为对方制作生产的部分物质原境。将这三件图像相互比较能够为我们提供在解读画面时进行合理论证所需的宝贵信息。

如果要从眼睛的画法上来区别瓷画上的人物是否为盲人，因为画匠技巧欠佳或者图像能够呈现的细节有限，常常几乎是不可能的。例如，单看五官，没有办法证明倭角盘上男子是否为盲人。然而，如果我们比较五彩瓷板和青花盘上的画面，首先可以判断这两个画面相似，然后通过比较这两个重复出现的相似画面，推断出男子手持的竹竿确实是根导盲杆，进而推断他是个盲人。随后，再推断因为男子手中有导盲杆、可以充当引路人，在他后面的妇人要牵拉着他从而依赖他，那她一定也是盲人。如果仔细琢磨，可知她拽着男子长衫下摆是因为下摆有一定长度，这样两个盲人在搭档前行时就不容易相互碰撞。通过比较两位主要人物的轮廓和动作，可以清楚地看出两图表现的是同一个题材，可视为滋生于同一画题的两个姐妹版本。因为各自的烧造人与委托制作人自身的具体社会环境和经济条件不同、画匠所依据的粉本的精致程度，或者接近原设计稿的远近程度不同，所以画面上呈现的细节也就各自有别。例如，倭角盘这种样式应该是成套烧造的，这类产品会走流程、分工序成批地画，图纹的一致性比较强，这些因素会使构图倾向于简约和程式化。而五彩瓷板则属于高档陈设瓷，不是批量生产，而是一幅一幅地画，更讲究画面精致好看，所以在制作的时候瓷画匠个人发挥的空间比较大，细节会更丰富。例如，同倭角盘上的画面相比，瓷板上男子的衣服表面缀有六块颜色各异的补丁，手中拿着器具（详见后文），在行走的主要人物的旁边还跟着两名手拿折枝花的小童，他们俩在交头接耳、窃窃私语。小童并不是可有可无、游离于题材之外的点缀。因为小童难得碰见结伴而行、面貌和动作在他们眼中有些"异类"的盲人，所以在居民区行走的盲人常会遇上小童围观评论。这一添加的形象体现了瓷画匠对生活的敏感和对创

图 10　《锦笺记》插图　木版印刷

图 11　青花人物图纹倭角盘

清康熙间（1662—1722 年）"大明成化年制"寄托款，口径 18.6 厘米，底径 12.8 厘米，高 3.3 厘米，宁波博物馆藏。

作素材的运用能力。

如果我们在比较中再添加一幅与上述两图相关的明代戏曲《锦笺记》插图（见图10），那么我们对瓷画的释读又会有进一步的收获。

在这幅戏曲插图的左下角，有一组同瓷画上姿态类似的男女：同样是男在前、女在后，趔趔趄趄曲偻前行；同样是女子一只手伸向前，同样是补丁戳眼的破衣。这次，虽然女子的手没有拉着男子的衣摆，而是伸手搭在他的背上，但是根据戏文可知此图同样意在表现一对盲人在公共场所活动时结成的自然互助关系。插图所表现的场景，同瓷画相比较，要更加具体，这对盲人正在经过一大户人家，右侧高门阶上站着小姐和丫鬟。故宫研究五彩瓷板的学者说男子"一手拿镜"，因为看上去那是块圆而亮闪闪的物件。我们在木刻插图上可以看到男子的头颈上套着带子，用来固定胸前的一张扁鼓，他右手拿小棍击鼓，左手在打着竹板。以此为凭据，我们遂可以否定"镜子"说。原来，彩瓷板上男子手拿的同样是用来打节拍的乐器，是一枚小镗锣和一把有弯曲撞头的锣槌。如果进一步利用《锦笺记》剧本中提供的信息，可知带打击乐器结伴而行的盲人会以曲艺"莲花落"娱乐公众，换钱糊口。以上所举各例显示，图像中所谓表现"自然意义"的物件和人物行为在观者眼中不可能是"一目了然"的。如果将其视为"解码"活动，即进行类似"认 A 就是 B""手中亮闪闪的圆形物体就是镜子"这样的简单配对，很容易导致误读。要在图像上有理有据地确定即使是属于"自然意义"的物件和人物及其行为，也要依靠调动图像原境中的信息、通过推理论证来完成。又如，因为同样的原因，美国纽约大都会博物馆研究人员把一幅《佛殿奇逢》图（图12）中的庭园栏杆描绘成"桥"[1]（图13）。

图12 《佛殿奇逢》琵琶博弦（局部） 象牙刻线画

16 世纪晚期—17 世纪早期（博物馆认定），琵琶总长 94 厘米，最宽处 25.3 厘米，
美国纽约大都会博物馆藏。

signs of use. The ivory string holder bears a scene
featuring four figures and a bridge; an archaic

图13 纽约大都会博物馆网站对 50.145.74 号藏品介绍的截图

在以上所举的例子中，一方面观者对画面故事内容完全没有概念，无法利用与图像创作相关联的原境信息进行推理论证，另一方面，观者受"解码"模式影响，主要着眼于将眼前图像同头脑中的孤立事物影像相匹配，没有有意识地运用语境信息进行推理论证，从而导致对画面上世俗实像的误读。与此相关的另一种常见的误读是，观者以为已经给所要描述的画面找到了文学主题，先入为主地认定了此画面表现的是某个特定的故事场景，然后为了能够自圆其说就以文学脚本来指导自己对画面的描绘，强行进行文字和图像的"拉郎配"，从而导致误读画面上不符合所设想故事内容的世俗实像。这种误读有两种典型表现：一是对认错的图中不符合原典描述的形象和行为视而不见；二是坚

---

〔1〕 见纽约大都会博物馆网站 50.145.74 号藏品及其对此藏品的介绍。http://www.metmuseum.org/collection/the－collection－online/search/503651.

图14 梅花形雕漆盖盒（局部）
清前期（1644—1735 年），直径 12.4 厘米，
国家博物馆藏。

《月旦堂仙佛奇踪合刻》—— 裴航故事

图15 《裴航》插图 木版印刷
载《月旦堂仙佛奇踪合刻》，（明）洪应明撰，
明万历三十年（1602 年）成书。

图 14 与图 15 细节比较

持以原典中的描述在认错的图上硬套不相匹配的形象。先看第一种情况。扬之水描述过一幅传统故事画（图14）[1] 中的人物和题材："中国国家博物馆藏一件清前期雕漆人物

─────────────

〔1〕 扬之水：《人物故事图考》，钱杭主编、上海社会科学院《传统中国研究集刊》编辑委员会：《传统中国研究集刊》（第一辑），上海人民出版社，2006 年版，第 256 页，图一三：1；扬之水：《终朝采蓝》，生活·读书·新知三联书店，2008 年版，第 105 页图 30 图注"雕漆裴航故事图盒"；《扬之水谈宋元金银酒器·6·果盘》，《紫禁城》2009 年第 7 期，第 95 页图注"雕漆裴航故事图盒"；扬之水：《奢华之色：宋元明金银器研究》第三卷，中华书局，2011 年版，第 111 页，图 1－29：3 图注"雕漆裴航故事图盒"。

故事梅花形小盒，……盒盖细雕山石古松和一道矮矮的篱笆门，门前一位老妪拄杖而立，若与向前施礼的士人相问答……此即著名的蓝桥遇仙故事……"[1]

从作者的论述中可以看出，作者是以《月旦堂仙佛奇踪合刻》中的《裴航》插图[2]（图15）作为雕漆盖盒上故事图的蓝本。也就是说，作者把木刻插图《裴航》作为推理论证漆盒上故事图画题的重要原境信息来源。按常理，如果要依据《裴航》插图来判定漆盒上故事图的内容，那么后者的内容必须在事实上同前者内容足够相像。然而，如果拿漆盒上所刻图像同木刻《裴航》插图仔细比较，首先可见两图中的"士人"形象有两处重要的区别。第一，漆盒上的士人比木刻插图上的士人明显年长许多。第二，漆盒上的士人脚边放着雨伞和包袱。再者，图中两位人物之间的互动关系也有明显区别[3]。在《裴航》插图上，老妪双手拄杖，青年裴航抱拳施礼，两人之间相隔一段距离。而在漆盒上，老妪左手拄杖，右手伸向近在咫尺的拱手男子，男子须髯毕现，可见有一把年纪，不像插图上的裴航那样"嘴上无毛"。很明显，两图中两位男子在年龄上有很大区别。同时，在"男女授受不亲"的传统社会，女性对男性以如此慈爱的方式伸出手，其对象最有可能的就是自己的亲骨肉，而绝不会是一位素昧平生的陌生男子。如果在观图的时候能够获取这些图中和语境中透露的重要信息，我们就会得出《裴航》插图不能够作为漆盒上故事图蓝本的结论。

如果将历史上流传的真正同题图像视为释读漆盒上的图像的合适语境，将盒上的图像同历史上流传的"朱寿昌弃官寻母"故事图像比较，那么漆盒上的"士人"到底是不是"裴航"这个问题就迎刃而解了。在陈少梅所绘的《弃官寻母》图上[4]（图16），士人的年龄、士人随身携带的雨伞包袱和老妪伸手表示见到儿子时激动心情的姿势都同漆盒上的图像高度吻合。这些特征、物件和动作对表现朱寿昌半世为官之后"弃官寻母"的主题有重要意义，漆盒上士人脸上的须髯、脚边的雨伞包袱和老妪伸手探向亲子的手势在"弃官寻母"图的其他许多版本上都保存着。由此可见，漆盒上所绘根本就不是裴航"蓝桥遇仙故事"，而是朱寿昌"弃官寻母"图。

第二种情况是坚持以原典中的描述在认错的图上硬套不相匹配的形象。扬之水在指认国博清初雕漆盒上的朱寿昌"弃官寻母"图为裴航"蓝桥遇仙故事"图之后，又撰文讨论了元代银器上的一个图像："涟源桥头河镇窖藏中的一件银盘则是很难得的一幅人物故事图（图17[5]、18[6]）……近景为山石古松，松枝掩映着一带篱笆院墙，院子里隐隐一座茅屋。院门洞开处立一位老妪，若与向前施礼的士人相问答……此即著名的

〔1〕 扬之水：《人物故事图考》，第256页；《终朝采蓝》第105页，文字同前引书。
〔2〕 "《月旦堂仙佛奇踪合刻》卷三也有"裴航"一则，便是裴铏《传奇》的简本，值得注意的是同卷所配插图，乃蓝桥驿裴生求浆于老妪的一幕，……（图一三：2），以它为比照，可知雕漆梅花小盒的图式其来有自，惟刻画精微，弥见秀巧……"，见扬之水：《人物故事图考》，第256页；《终朝采蓝》，第107页，文字同前引书。
〔3〕 此人物间的互动关系可视为属于前述潘氏作为前图像志描述内容之一的"表情氛围"。
〔4〕 陈少梅绘：《陈少梅二十四孝图》，第23页。
〔5〕 《扬之水谈宋元金银酒器·6·果盘》，第95页。
〔6〕 扬之水：《奢华之色：宋元明金银器研究》第三卷，第109页，图1-29：1b。

图16 《弃官寻母》（局部） 纸本设色

蓝桥遇仙故事……"[1]

　　从作者发表的几处论述中可以看出，作者是以《月旦堂仙佛奇踪合刻》中的《裴航》插图和被错误指认的清初雕漆盒上的朱寿昌"弃官寻母"图作为释读果盘上故事图的比照图[2]。也就是说，作者把木刻插图《裴航》作为推理论证果盘上故事图画题的重要原境信息来源。按常理，如果要依据《裴航》插图来判定果盘上故事图的内容，那么后者的内容必须在事实上同前者内容足够相像。然而，细察果盘上女子形象及其线描摹本（图18），可见前引描述中称其为"老妪"甚为不妥：因为"老妪"即"老妇人"，而果盘上女子的岁数看起来远在三十岁以下。果盘上女主人公同木刻插图上的女主人公在年龄上明显有差距，那么，果盘人物画的描述中这"老妪"两字从何而来呢？

────────────

〔1〕《扬之水谈宋元金银酒器·6·果盘》，第94页；扬之水：《奢华之色：宋元明金银器研究》第三卷，第110页，文字与前文同。

〔2〕"……《月旦堂仙佛奇踪合刻》卷三也有'裴航'一则，……值得注意的是同卷所配插图，乃蓝桥驿裴生求浆于老妪的一幕……，以它为比照，可知雕漆梅花小盒的图式其来有自，……"，见《人物故事图考》，第256页；《终朝采蓝》，第107页；"……明代版画、清代漆器都有与此（倪按：指银果盘上图纹）几乎完全相同的图案"，见《扬之水谈宋元金银酒器·6·果盘》，第94页，以及第95页图例"雕漆裴航故事图盒"和"《月旦堂仙佛奇踪合刻》—— 裴航故事"；又见《奢华之色：宋元明金银器研究》第三卷，第111页，图1－29；2和3。

图17　银錾人物故事图纹果盘（局部）
湖南涟源市桥头河镇石洞村元代银器窖藏

图18　银錾人物故事图纹果盘线描纹样
（谭远辉摹本）

现存最早有关裴航这个人物的记载出自晚唐人裴铏的小说集《传奇》中的同名小说。小说中叙述青年秀才裴航行路至一个名叫"蓝桥驿"的地方，感到口渴，就离开大路找水喝，来到一排茅屋前，见"有老妪缉麻苎。航揖之，求浆"[1]。木刻插图上所绘正是裴航在向一位拄杖老妪作揖。作者一旦认定果盘上纹饰为表现裴航故事，可能就不得不在此图的"前图像志描述"中照搬小说中的用词"老妪"，以示图文相契。除了两图中女主人公的年龄相差较大之外，还有一处不容忽视的差异：在插图上女主人公手拄拐杖，而在果盘上女主人公手捧水盂。鉴于两图中人物年龄和手中道具的差异都可能是意义重大的区别性差异，在我们仔细比较了两图之后可以得出结论：木刻插图《裴航》没有资格成为认定果盘上故事画画题的创作原境信息来源。

事实上，《裴航》故事插图有自己的传统。世传《裴航遇仙》题材的图像基本有两类。一类以木刻插图《裴航》为代表，图中出现裴航和老妪两个人物，再现故事中裴航向老妪打招呼讨水喝的瞬间。另一类

〔1〕　张友鹤选注：《唐宋传奇选》，人民文学出版社，1997年版，第214页。

图 19　《仙庐授液》（局部）
（明）张翀作，绢本设色，纵 168 厘米，横 51.1 厘米，台北故宫博物院藏。

以明代《仙庐授液》图和清代《蓝桥仙窟》图为代表（图 19、20）[1]，图中除裴航和老姬之外，还出现了小说中捧瓷碗玉液给裴航喝的"小娘子"云英，这意味着图中添加了故事中的下一个场景，即"姬咄曰：'云英，擎一瓯浆来，郎君要饮。'……俄于苇箔之下，出双玉手，捧瓷。"[2] 由此可知，《裴航遇仙》图像各个版本的特点是要么只有裴航和老姬两人，要么云英以羞怯的表情动作和老姬一起出现，即或在《仙庐授液》中躲在"苇箔"之后，或在《蓝桥仙窟》中"掩面蔽身"。很明显，在《裴航》故事图的传统中没有小娘子单独出现和裴航见面的构图。

　　再回过头来看元代银果盘上的图像：所绘为年轻女子孤身一人走出门外端水给青年男子喝的场景。尽管此画面同《裴航遇仙》故事中的情节有某些相像之处，但是两者又有一些明显的不同点，即年轻女子单独出现和老姬不在场。当这些不同点恰好都出现在

---

〔1〕　台北故宫博物院编辑委员会编：《仙庐授液》，《故宫书画图录　第九册》，台北故宫博物院，1992年，185 页；《蓝桥仙窟》载《芥子园画谱》第四册，354 页；另外易名编著《颐和园长廊彩画故事全集》所载《蓝桥捣药》图也是同样构图，中国旅游出版社，2009 年版，第 165 页。
〔2〕　张友鹤选注：《唐宋传奇选》，第 214～215 页。

另外一个图像传统中的时候，它们就成为另外一个图像传统的重要区别性特征。这另外一个图像传统就是"崔护谒浆"的故事画。在产生银果盘的元代，"崔护谒浆"的故事在大江南北流传，在金元曲家的众多创作中就有大量引用[1]。故事中有段情节说青年文士崔护一个人到郊外踏春散心。走得口干舌燥，就到一处农舍敲门。有女子来开门问有何事，崔护说要讨口水喝。女子遂端了碗水来给他[2]。如前所述，表现"崔护谒浆"和"裴航遇仙"两个故事的图像传统之间有一个重大区别："崔护谒浆"图上有年轻女子单独端水给青年男子喝的情节，而在"裴航遇仙"图中，或者是挂杖老姬和青年男子两个人物，或者是在此两人之外再加上年轻女子。通过这一系列的比较，我们可以得出结论：元代银果盘上的画面应该是"崔护谒

图 20 　《蓝桥仙窟》（局部）　木刻插图
《芥子园画谱》四集人物画谱，清嘉庆二十三年（1818 年）刊本。

---

〔1〕　如金代董解元《西厢记诸宫调》卷一："也不是离魂倩女，也个是谒浆崔护。"元代石德玉《曲江池》第一折："如今那统镘的郎君又村，谒浆的崔护又蹇，他来到谢家庄，几曾见桃花面？"（元）石君宝：《李亚仙花酒曲江池》第一折，载王季思编《全元戏曲》，人民文学出版社，1999 年版，第 505 页；元代陈克明《粉蝶儿·怨别》套曲："不弱如待月张生，偷香韩寿，谒浆崔护，则我这孤辰运命该天数。"元代孙季昌《端正好·四时怨别集杂剧名》套曲："初相逢在丽春园遣兴，便和他谒浆的崔护留情。"元代白朴还写了《崔护谒浆》杂剧。

〔2〕　"（崔）护举进士不第，清明独游都城南，得村居，花木丛萃。扣门久，有女子自门隙问之。对曰：'寻春独行，酒渴求饮。'女子启关，以盂水至……"，见《唐诗纪事》。

图 21　《人面桃花》（局部）
纸本水墨设色，高马得（1917—2007 年）画。

浆"更为合理。这个推断有现存同题故事画作为佐证（图 21）[1]。此例的误读看来是因为首先判定两图足够相似，然后受先入为主结论的误导，忽视了原本可以凭借生活经验加以正确理解的老妪与姑娘这一重要区别，遂失去了纠正错误的机会。

　　以下讨论的重点转向潘氏图像理论的第二个步骤：图像志分析。如果观者的文学原典素养不足、对故事图像传统不够熟悉、匹配图像和文本的能力欠佳，就会在理解一幅人物故事画的文学主题时，遇到各种各样的困难。如前所述，"解释学循环"决定了如果认知者对于认知对象的总体内容无知，那么他解读对象细部的准确率会明显降低。像潘诺夫斯基想象澳洲土著所做的那样，将基督教叙事画《最后的晚餐》合理地依次降级理解为相应的社会风俗画"聚餐"也许可能；然而，在读画实例中我们所看到的是，如此顺理成章的降级释读非常罕见。《陈平分肉》曾经是个家喻户晓的年轻人励志故事，也自然成为受人欢迎的传统画题。据司马迁《史记·陈丞相世家》记载，青年陈平所住的村里祭祀土地神时，他被指派为主持分祭肉的人。因为他把肉分配得很均匀，村中长辈表扬他说："陈家这孩子办事真公平！"陈平应声回答："假使让我陈平职掌国家事务，我也会做得像分这肉一样公平。"[2]后来，陈平果然辅佐汉代开国皇帝刘邦干出了一番

---

　　〔1〕　载《醉眼优孟：说戏画戏》（许宏泉文、高马得图），中国人民大学出版社，2006 年版，第 29 页。
　　〔2〕　"里中社，平为宰，分肉食甚均。父老曰：'善，陈孺子之为宰！'平曰：'嗟乎，使平得宰天下，亦如是肉矣！'"《史记》卷五十六《陈丞相世家》，中华书局修订本，2014 年版。

图22 《荫下纳凉图》轴（卖肉图）（局部）
纸本设色，任颐（1840—1896年）
1881年作，横35厘米，纵135厘米，
中央美院附中藏。

图23 《陈平》木刻版画酒牌
陈洪绶绘画、黄子立镌刻，
清顺治八年（1651年）制。

大事业，官至丞相。清代画家任伯年曾经画过这个题材（图22）[1]。对照早两百三十年出版的木刻版画酒牌（图23）[2]，即可知任伯年画作的构图传统之由来。不同的画者在

---

〔1〕 可参意趣与机杼研讨会编委会编《意趣与机杼："明清绘画透析国际学术讨论会"特展图录》，上海书画出版社，1994年版，第97页。

〔2〕〔美〕高居翰著，王嘉骥译：《山外山》，上海书画出版社，2003年版，第218页。

画同一画题的时候，各人会有各人自己的角度和一定程度的发挥。相比之下，可知酒牌上的描绘更加忠实原典，图中头戴六合帽的长老何哉翁正伸出左手，指着在称肉的青年陈平赞不绝口。在任伯年的画作上，案板上猪头仍在，青年陈平依然在把秤称肉，何哉翁的手中还是拄杖，但是他的权威形象减弱了，放弃了指点陈平的手势，同时还拉扯着小孙子，增添了生活气息。与此同时，在酒牌上站立一边不起眼的小个子屠夫变成了陈平身后的市井壮汉。尽管如此，两图之间的题材渊源关系还是很清楚的。

有艺术史研究者因为对相关的历史文学原典不熟悉，在《意趣与机杼："明清绘画透析国际学术讨论会"特展图录》和《中国现代绘画史·晚清之部》中将这幅任伯年画作称为《卖肉图》[1]，明显在读图第二步骤"图像志分析"范畴内犯了误读的错误。在潘氏的假设中，澳洲土著将《最后的晚餐》看成"晚餐聚会"，所涉场景的基本性质没变，因为耶稣同其门徒进行的逾越节晚餐确实是一种晚间聚餐。实际上这个假设中隐含着一个前提，即澳洲土著虽然在将历史画看成风俗画，但是还是理解了画面上的"自然意义"，作了基本正确的"前图像志描述"。相比之下，在《陈平分肉》图这个例子中，将村社举行仪式之后的分发祭品说成是以金钱作为媒介的"卖肉"，就像前述把两位盲人相互扶持而行看作"挽留"行为一样，表明在读图第一步骤"前图像志描述"中也属误读。而且，在将历史故事画《陈平分肉》看成风俗画《卖肉图》的同时，这种误读直接影响了图录作者在读图第三步骤"图像学阐释"范畴内的推理行为；因为他先将画面上呈现的事件认定为商品买卖，所以在图注中加入了"老汉在等待所买肉的报价"和"在这商品……的王国里，老人对屠夫的屈从"等不实描述和无中生有的臆测[2]。

故宫博物院藏一款康熙青花人物故事图纹盘（图24）。作者在2005年出版的图录里作图注说："盘心描绘在庭园中的三个男子，一位官人，两位和尚，其中一和尚手舞棍棒，官人似在劝阻。"[3] 画面中有两位人物是光头，可视为和尚的特征。中间的青年男子头戴软角幞头，身穿圆领大袖长衣，圆领上露出衬领，腰系革带，铊头下垂，下摆有一道窄横襕。因此，作者认为他是"官人"。实际上，在传统图像中，尚未踏上仕途的待考学子也经常这样穿戴，此人到底是"学子"还是"官人"，凭空是无法确定的。画面上的青年举起了右手，被图注作者认作是个"劝阻"的动作。如前所述，一个动作或者手势可以表达多种意思；但是在一个人物故事画场景中画者一般只会用某一动作来表达某一特定的意思。图录作者在此将中间的青年诠释为"官人"，将他的手势诠释为"劝阻"。那么，画面上的和尚为什么要舞弄棍棒？那官人又为什么要劝阻和尚舞弄棍棒呢？读者并不能从图注中找到可以回答这些问题的信息。在2014年故宫博物院研究人员出版的另一本图录中，作者改变了说法："盘心绘官服男子正在观看武僧表演棍术，

〔1〕 意趣与机杼研讨会编委会编：《意趣与机杼："明清绘画透析国际学术讨论会"特展图录》，第100页；李铸晋、万青力：《中国现代绘画史·晚清之部》，文汇出版社，2003年版，第157～160页。

〔2〕 意趣与机杼研讨会编委会编：《意趣与机杼："明清绘画透析国际学术讨论会"特展图录》，第100页。

〔3〕 陈润民主编：《清顺治康熙朝青花瓷》，紫禁城出版社，2005年版，第172页。

另一和尚站在男子身侧解说。"[1] 作者把比较基本的动作描绘"手舞棍棒"改为比较有目的性的"表演棍术"。既然称为"棍术"，那就是一项专门的技艺，不是人人都能掌握的，因此作者把比较普通的名称"和尚"改为和尚中的一个以练武为业的特别种类——"武僧"。新版图注也会给读者带来疑问：有什么理由说和尚一手高扬圆棍就是在表演棍术呢？如果和尚在表演棍术，那他左手里拿的东西同棍术有什么关系？为什么瓷盘上要呈现官服男子观看棍术表演的场面？

图24　青花人物故事图纹盘（局部）
清康熙间（1662—1722年），故宫博物院藏。

图25　插图《惠明寄书》（局部）
木刻版画《元本出相北西厢记》，
明万历三十八年（1610年）武林起凤馆刊本。

如果熟悉文学原典和图像传统，那么就可以把康熙盘上故事画确定为戏曲《西厢记》第二本楔子中的一个场景。叛匪孙飞虎带兵围住了普救寺，要抢莺莺做压寨夫人。张生恰巧有童年小伙伴杜确带兵在附近驻扎，遂修书一封邀其前来解围。寺内酒肉和尚惠明被激将自告奋勇去送信。《西厢记人物画选》第十章《惠明报信》内罗列了表现这个场景的十个不同版本，都产生于明末清初大约半个世纪之内，有木刻版画、也有被移植到瓷器上的例子。其中，武林起凤馆刊本中的同题插图同故宫青花盘上的纹饰构图最

---

〔1〕　王建华主编：《故宫博物院藏清代景德镇民窑瓷器》卷一，故宫出版社，2014年版，第380页。

为相似（图25）[1]。两相对照，可知盘中构图从何处脱胎而来。在两个画面上，三人的相对位置如出一辙，惠明右手扬戒杖，左手后甩，身形酷似，对照戏曲脚本，可知惠明在张生和法本长老的面前高扬戒杖并不是在"表演棍术"，而是为了显示其"脚踏得赤力力地轴摇、手扳得忽剌剌天关撼"[2]，不把叛匪孙飞虎放在眼里的英雄气概。在木刻插图上，张生伸出右手，拿着书信要递给惠明。在瓷盘上，书信已经捏在惠明左手中，同时，张生伸出的右手成为空手。有了这处对比，张生的空手，可以理解为瓷画匠将其原来手中攥着的书信转移到惠明手中的结果，也可以理解为张生在用手势表示对惠明的嘱托。

图26　五彩人物故事图纹大盘（局部）
清康熙间（1662—1722年），口径35.2厘米、
高5.5厘米，足径20厘米。

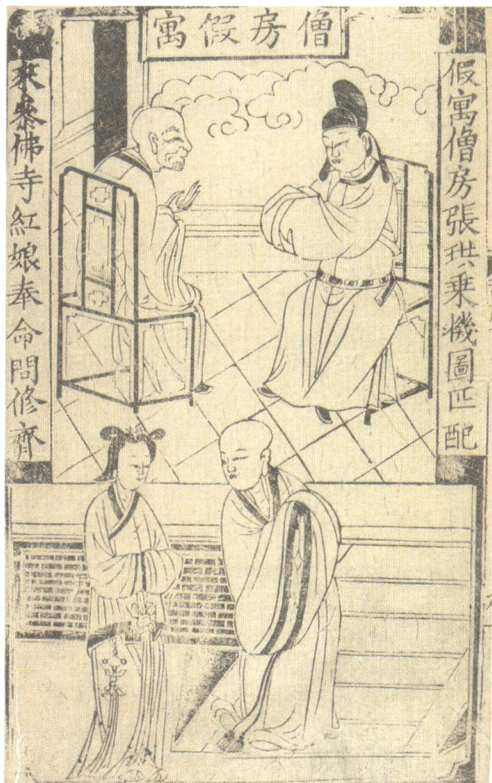

图27　《僧房假寓》　木版印刷
纵20厘米，横13厘米，采自《重刻元本题评音释西厢记》卷二，明万历二十年（1592年）建安熊龙峰忠正堂版，日本国立公文书馆藏。

　　上述举例再次证明，读图过程不是简单的"解码"过程，不能因为观者见到图中人物"举棍"就可以直接认定此人是在"表演棍术"。图中人物举棍到底表示什么，要由画面所表现的特定文学题材所决定；即如果画面是惠明寄书的题材，那么如果惠明手中有棍子，且将棍子举过头顶，就是为了显示自己天不怕、地不怕的豪迈气概，而不是在

---

〔1〕　见上海书画出版社编《西厢记人物画选》，上海书画出版社，1986年版，第5页。
〔2〕　见（元）王实甫著、张燕瑾校注《西厢记》，第78页。

耍棍术。观者如果对于画面表现的文学原典不熟悉，无法利用图像原境包含的信息来推理辨识，那么观者将不但无法进行第二步骤"图像志分析"，即画面文学题材的认定，而且还容易误读画面，直接影响第一步骤"前图像志描述"的准确性。

图28　青花人物故事图纹壶（局部）
清康熙间（1662—1722 年），高21.8 厘米，
上海博物馆藏。

图29　青花人物故事图纹盘（局部）
清康熙间（1662—1722 年），英国维多利亚与
艾伯特博物馆藏，登记号 C.738－1910.

在作为读图第二步骤的图像志分析阶段还会出现其他类型的误读。例如，即使观者猜对了图像所属的文学原典，还可能因为对其内容不够熟悉，或者不认真寻找足够的信息来按图索骥地匹配图文，而无法利用故事中的具体细节来推理辨识而达到认图目的。例如，收藏家李臣在描写一款康熙五彩盘（图26）上所绘图纹时说："故事画的是《西厢记》里张生和崔莺莺见面的情景。"[1]作者这样说，仅仅是因为凭直觉认为《西厢记》故事中有男女主人公张生和莺莺，然后看到画面上有青年男女，即认为是张生和莺莺，明显是个受"解码"模式影响而误读的实例。其实，他并没有任何证据做出如此判断。笔者收集了一系列把《西厢记》中"张生借厢"和"红娘问修斋"两个情节放在同一个画面中的图像，将盘心所绘场景同此图像传统中的其他同类构图比较（图27）[2]，我们可以明了盘中所绘女子为丫鬟红娘，不是小姐莺莺，从而避免这样张冠李戴的错误。

上海博物馆藏有一件康熙青花执壶，两个侧面各绘一幅故事画。一面是《西厢记·妆台窥简》场景，而《上海博物馆藏康熙瓷图录》对另外一面所绘场景

〔1〕 李臣：《明末清初民窑瓷识真》，江西美术出版社，2004年版，第99页。
〔2〕 见日本东京都町田市立国际版画美术馆编《中国古代版画展》，1988年版，第107页。

（图 28）的描述是"……张生端坐堂上，小童拈帚清扫，……似是焦急地等待莺莺回音……"[1]。无独有偶，英国艺术史家柯律格写过一篇讨论《西厢记》图像的文章，名为《〈西厢记〉：中国瓷器装饰的一个文学主题》。文中引用了一件青花盘（图 29），他把盘上一幅类似的人物故事画解释为"琴童在张生中举后给他带来莺莺的礼物"[2]。将这个画面与笔者收集的《张生闷想书斋》图的各个例图相比较，可知同属一类，不过这次琴童手中拿的是一只簸箕。在一款康熙青花碗上，张生在这场戏中的唱词就写在碗心："乍相逢记不清娇模样，我索手抵着牙儿慢慢

图 30　青花人物故事图纹浅碗
清康熙间（1662—1722 年），圈足内有"大明嘉靖年制"寄托款，直径 19 厘米，1980 年 7 月 14 日佳士得拍卖会拍品 227 号。

想。"（图 30）[3] 因此此碗可作为这一图像传统中的"标准图"，以此图为凭据来辨认其他类似图像。这个场景发生在《西厢记》故事开场不久，张生刚刚在普救寺中偶遇莺莺，然后在寺内借房住下，想伺机接近莺莺。此时的张生既没有在"等待莺莺回音"，也不是在从琴童那里接受莺莺的礼物。以上三个例子显示：如果对图像产生的原境不够熟悉，依然会至其门而不得入，而作为构成图像产生原境的同题图像对于辨识图像表现的题材和文学主题至关重要。

更有甚者，因为对文学原典理解不透彻，在读图的时候没有谨慎地运用原境提供的信息进行必要的推理，即使知道了某特定图像的文学主题，也会在辨认图中人物的时候发生张冠李戴的笑话。美国汉学家高居翰对前引明末画家陈洪绶所绘《博古叶子》中的《陈平》一图（图 23）的描述就是一例。

高居翰在描述《博古叶子·陈平》一图时称："陈平正在指导童仆如何在秤上权衡。"[4] 如果观者清楚地意识到陈洪绶这张博古叶子上画的是汉代丞相陈平年轻时在家乡的故事，那么自然就会找图中正在掌秤的那位青年"对号入座"。而高居翰的描述明

〔1〕 汪庆正编：《上海博物馆藏康熙瓷图录》，两木出版社，1998 年版，图 49 - 1。

〔2〕 Craig Clunas, "The West Chamber: A Literary Theme in Chinese Porcelain Decoration," *Transactions of the Oriental Ceramic Society* (1981 – 82), 69 – 86, pp. 76 – 77.

〔3〕 Hsu Wen – chin, "Fictional Scenes on Chinese Transitional Porcelain and Their Sources of Decoration," *The Bulletin of the Museum of Far Eastern Antiquities*, Stockholm, No. 58, p. 110, fig. 28.

〔4〕 见〔美〕高居翰《山外山》，第 220 页。

显是误以为那个正在用手势称许陈平的村里长辈"何哉翁"是陈平，而把真正的陈平当作是仆从了。也许从高居翰《山外山》书中的叙述中可以找到这例误读的端倪。引文所在段落的开头是这样的："一张描绘汉代文人士大夫陈平的叶子，其点数为'八百子'，上面的指示写有'美好者饮'。陈平一度在乡间做过肉宰，……"[1]因为高居翰在脑中把陈平定位为"文人士大夫"，然后又用模糊的词语"一度"来指称陈平发迹之前的时间，这样就容易让自己在图中找最像"文人士大夫"的人物形象，脑中有如此想法，那么将穿大袖长衣戴帽拄杖的何哉翁错当成陈平也就不奇怪了。

图31 青花瓶
明崇祯间（1628—1644年），高45.7厘米，美国圣安东尼奥艺术博物馆藏。

作为读图第二步骤的图像学分析之主要目的是确定作品的文学主题。许多观者和艺术史学者受到解码模式影响、追求画面和原典中事物的简单"一一对应"，在辨识图中具体实像和研读原典的准备不足时，会粗暴地不加解释和分析就直接指认而导致张冠李戴、误读图像。例如，美国学者朱丽雅·柯蒂斯将描写南朝潘妃的《金莲布地》图误认为《昭君出塞》图（图31）[2]。

图像研究者也可能因为在图像中见到某件特定物品或者某一特定构图而贸然指认。云南省博物馆的研究者在《云南省博物馆馆藏精品全集：国宝集萃》一书中，因为看到图中有仕女拿琵琶，就指认康熙青花凤尾觚上所绘瓷画为"文姬归汉"图[3]。同一图纹在《民间佳器康熙凤尾尊》中又被指称为"昭君出塞"图[4]。到了几年后出版的《云南省博物馆馆藏精品全集：瓷器》上册中，又将同一幅瓷画说成是"刘备娶亲"图[5]（图32、33）。上海博物馆研究者因为看到所藏笔筒上瓷画中有两人站在马队前面，就将同题目画的另外一个版本

---

〔1〕 见《山外山》第219页；有趣的是，《山外山》的中译者王嘉骥似乎对于图像还比较敏感，因为他注意到了掌秤者较为年轻的外貌，所以特意把原文中没有年龄特征的"servant（仆人）"翻译成"童仆"，但是却没有能够辨认出高居翰这个误读。

〔2〕 Julia B. Curtis, "Tales Told in Porcelain: Jingdezhen Blue‑and‑White Wares at the San Antonio Museum of Art," *Orientations*, vol. 35（April 2005），p. 50.

〔3〕 马文斗编：《云南省博物馆藏精品全集：国宝集萃》，云南人民出版社，2008年版，第240页。

〔4〕 永胜：《民间佳器康熙凤尾尊》，《中国商报》2005年6月16日。

〔5〕 马文斗编：《云南省博物馆藏精品全集：瓷器》上册，云南人民出版社，2012年版，第23页。

图 32、图 33　青花凤尾觚（局部）
清康熙间（1662—1722 年），云南省博物馆藏。

图 34　青花笔筒（局部）
明崇祯间（1628—1644 年），高 21.9 厘米，上海博物馆藏。

图 35　《郊游点化》插图　木版印刷
明万历间（1573—1619 年），采自《新刻全像昙花记》，金陵刊本，美国国会图书馆藏。

指认为"伯夷叔齐不食周粟的故事"（图 34）[1]。如此读图，毫无章法原则。如果将这两幅瓷画同晚明流行的戏曲书《新刻全像昙花记》中插图（图 35）[2] 相比照，可知瓷画题材为戏中《郊游点化》这一场景，表现功成名就的朝廷显贵木清泰带妻妾出游，路遇和尚宾头卢与道士山玄卿拦驾，点化他看破红尘，出家访道寻佛的情节[3]。

　　在《中国瓷绘》一书中，作者杨恩霖（音译）因为看到有人在挥舞板斧，就将《水浒传》里的《忠义堂》图（图 36）[4] 指认为《三国演义》中《斩马谡》，又因为看到了鹿，就将唐明皇《羯鼓催花》图（图 37）[5] 误称为《指鹿为马》图，没有意识到自己在书中犯了近十个指鹿为马的错误[6]。无独有偶，法国两位学者则因为看到《羯鼓

---

〔1〕　见上海博物馆编《上海博物馆与英国巴特勒家族所藏十七世纪景德镇瓷器》，上海书画出版社，2005 年版，第 98 页。

〔2〕　首都图书馆：《古本戏曲版画图录》第二册，学苑出版社，1997 年版，第 274～275 页。

〔3〕　参见倪亦斌《乱哄哄你方唱罢我登场》对此图像的讨论，载《看图说瓷》，第 147～152 页。

〔4〕　Yang Enlin, *Chinese Porcelain Decoration In the 17th and 18th Centuries*, Leipzig, 1987, p. 142, fig. 15.

〔5〕　同上书，p. 146, fig. 83。

〔6〕　例如把书中图 14 中描绘的《东游记》场面说成是《水浒传》场面；把图 27 中的《福禄寿三星》图说成是《虎溪三笑》，等等。

图36　水浒五彩大盘（局部）
清康熙间（1662—1722 年），直径51.5 厘
米，德国德累斯顿国立陶瓷博物馆藏。

图37　唐明皇五彩大盘（局部）
清康熙间（1662—1722 年），直径52 厘米，
德国德累斯顿国立陶瓷博物馆藏。

催花》图中有人击鼓，就将其指认为《三国演义》中的《祢衡击鼓骂曹》图[1]。

美国学者朱丽雅·柯蒂斯因为看到图中有钓鱼竿，将《桃花源记》图（图38）说成是《文王访姜太公》[2]。

《巴特勒家族藏十七世纪中国瓷器》展览图录中刊载一款顺治青花浅碗，巴特勒爵士将碗心所绘故事图看成是《西厢记》中的《草桥惊梦》图（图39）[3]，在图注中写道："青花绘《西厢记·惊梦》图。张珙坐在亭中梦见莺莺，莺莺出现在屋外的气泡中。"以传统的解码模式为主导来读图，会把简单地寻找对应物当作第一要义。诚然，在此图与最接近此图的《西厢记·惊梦》图之间可以找到许多共同点，例如，书生伏案而眠、小厮在旁边坐着打盹、一旁气泡中的仕女，等等。然而，"同形异义"是自然界

〔1〕　Michel Beurdeley, Guy Raindre, *Qing Porcelain: Famille Verte, Famille Rose*(1644 – 1912), New York: Rizzoli 1987, p.56.

〔2〕　Julia B. Curtis, "Tales Told in Porcelain: Jingdezhen Blue – and – White Wares at the San Antonio Museum of Art, " *Orientations* , vol.35 (April 2005), p.49.

〔3〕　载上海博物馆编《上海博物馆与英国巴特勒家族所藏十七世纪景德镇瓷器》，第131 页。

和人类社会中的普遍现象；而
科学和学术研究的一个基本任
务就是要找出类同事物之间质
的差别以便区别对待。如果能
够对于解码模式带来的弊端有
所警觉，不是仅仅满足于"一
一对应"的配对，而是运用相
关的文化、文学知识进行必要
的推理，就能逐渐接近正确的
解读。在初看瓷碗内绘画时，
虽然可以初步确定其构图类似
《草桥惊梦》图，但是，图中
有一个细节应该足以使得一位
有造诣的观者惊觉：仕女怎么
手拿碰奏乐器拍板？因为拍板
通常用来为戏曲伴奏，是倡优
使用的，而出生于官宦之家的
小姐莺莺是不可能以手执拍板
的形象出现的。因为在《西厢
记》故事中没有莺莺坠入风尘
的情节，所以仅仅凭此一个细
节就足以否定此图为《草桥惊
梦》图。

图38　青花莲子罐
明崇祯间（1628—1644 年），高24.6厘米，美国私人藏。

事实上，浅碗内有题词"歌罢彩云无觅处，梦回明月生南浦"，出自经明人删改的
话本《增相钱塘梦》。故事中，北方才子司马槱旅居西湖畔，入夜梦见一女子来谢其白
天葬其骸骨之恩，司马槱拒其自荐枕席之邀，女子遂献唱一曲《蝶恋花》，以手中的白
色象牙拍板伴奏。司马槱醒后仅仅能够回忆起前半曲，然后续作下阙，词中即有这两
句[1]。有碗心题词文字出处为证，可以确定浅碗内绘场景的题材为《钱塘梦》故事
无疑[2]。

在潘氏图像学理论中，读图的第三步骤称为图像学阐释。任何图像学阐释应该建立
在有根有据的前图像志描述和图像志分析的基础之上。不然的话，所谓"阐释"就只能
是空话连篇。

雷德侯在讨论日本京都誓愿寺所藏的一幅《十王图》时（图40）[3]，这样描述其中

〔1〕 见胡士莹著《话本小说概论》，中华书局，1980 年版，第338 ~342 页。
〔2〕 对《钱塘梦》图像的进一步讨论见拙文《被遗忘的〈钱塘梦〉》，《看图说瓷》，第11 ~18 页。
〔3〕 见〔日〕铃木敬编《中国绘画总合图录》卷四，东京大学出版会，1983 年版，JT13 –001 号，11 图
之6。

图 39 青花浅碗（局部）
清顺治间（约 1655—1661 年），口径 18 厘米，英国巴特勒家族藏。

图 40 《十王图》（局部）
绢本设色，约 13 世纪，明州（宁波）画坊，日本京都誓愿寺藏。

的细节："……宁波画轴的刑讯场景加入了很多离奇与神怪的因素，包括把罪人推上刀山的自转火轮，……"[1] 然而，说图中画有"自转火轮"并不符合我们在图像中看到的实际情况：图中有个鬼卒在用双手推着火轮。因此，作者在"前图像志描述"这一步明显有误。在书中可以看到，雷德侯先举出商朝妲己炮烙宫女事件，说炮烙作为刑罚也许"在真实生活中发生过"，然后视"自转火轮"为与炮烙性质相反的情况而作为判断所讨论画面"离奇"的一个重要论据。如果没有火轮"自行旋转"这回事，雷德侯的上下文中并没有其他事实可以支持其称此画面"离奇"。在书中，雷德侯先以一个错误的前图像志描述来支持自己对所讨论画面做出"离奇"这一论断；然后，他在此"离奇"论断的基础上得出进一步的结论说：在一定程度上，正是因为他所讨论的《十王图》中有这样"离奇"的刑罚内容，所以还没有完全世俗化而变成帝王及其随从的图像。这样基于对图像的错误观察而得出的结论是站不住脚的。

上海博物馆藏一款青花笔筒，外侧绘传统人物故事画《三酸图》（图41）[2]。"三酸"是有关北宋文人苏东坡、黄庭坚和金山寺住持佛印共尝名醋"桃花酸"的传说。比较特别的是，这个传说的文献资料几乎不存世，在相当长的一段时间里只是依靠以其为题材的美术、手工艺作品作为载体流传[3]。在典型的《三酸图》版本中，苏东坡头戴被称为"东坡巾"或者"子瞻样"的纱帽，东坡巾的特点是帽顶较高、周围还有一道较低的外墙，正前方有豁口。佛印是和尚打扮，黄庭坚则穿直裰、头戴小巾。他们三人都在从同一口大缸中品尝佛印拿出来分享的名醋"桃花酸"[4]。

据画史记载，明代权臣严嵩（1480—1567年）的收藏中就有卷轴画《三酸图》，活跃于明代中期的女画家仇珠也在册页上摹写过这个题材[5]。由此可知，此画题曾经在明

〔1〕 "This（指炮烙）may have been a practice in real life, but the torture scenes in the Ningbo paintings employ magical and fantastic elements as well, including a fire wheel that rotates by itself and pushes the sinners up into a knife mountain stacked with vertical knives. To a certain extent, the torture scenes are thus exempt from the secularization of the kings and their entourage."Lothar Ledderose, *Ten Thousand Things: Module and Mass Production in Chinese Art*, Princeton NJ: Princeton University Press, 2000, pp. 182 - 183；〔德〕雷德侯著，张总等译，党晟校：《万物：中国艺术的模件化和规模化生产》，生活·读书·新知三联书店，2005年版，第244～245页。译文有误，"也许这（指炮烙）在真实生活中发生过，但宁波画轴的拷问场景加入了很多离奇与神怪的因素，包括自转的火轮以及推罪人入刀锋直立的刀山。在一定的程度上，审讯与拷问的场景，就是将真实的大王及其扈从的世俗性去除而得来的。"

〔2〕 载上海博物馆编《上海博物馆与英国巴特勒家族所藏十七世纪景德镇瓷器》，第101页；对《三酸图》故事和中国与日本的几个版本及其相关图像的讨论见拙著《看图说瓷》，第129～138页。

〔3〕 颜中其编：《苏东坡轶事汇编》，岳麓书社，1984年版；《苏轼资料汇编》，中华书局，2004年版；刘世德主编：《中国古代小说百科全书》（修订本），中国大百科出版社，2006年版。都没有提到"三酸"故事。传世作品包括刺绣《三酸图》镜片，载上海博物馆编《海上锦绣：顾绣珍品特集》，上海古籍出版社，2007年版，第51图；景德镇陶瓷馆藏光绪浅黄釉浮雕《三酸图》笔筒，载铁源主编《江西藏瓷全集·清代》，朝华出版社，2005年版，第125页。

〔4〕 东京梅泽记念馆有以明代绘画为祖本，画家灵彩作于十五世纪中叶的纸本水墨《三酸图》轴。这是迄今所知最早的《三酸图》版本。见户田祯佑、海老根聪郎、千野香织编著《日本美术全集》12，讲谈社，1992年版，图版57。

〔5〕 见（明）汪珂玉撰《珊瑚网》，卢辅圣主编《中国书画全书》第五册，上海书画出版社，1994年版，第1198、1212页。

图41 青花笔筒（局部）
明崇祯间（1628—1644 年），高 19.9 厘米，口径 19.5 厘米，足径 18.5 厘米，
上海博物馆藏。

代流行。《上海博物馆与英国巴特勒家族所藏十七世纪景德镇瓷器》特展图录中刊载这款笔筒。图录作者看到画面上古装人物拿着勺子在一大缸中舀饮料喝，不顾图像背后的深厚传统，在图注中即根据自己的生活经验，以"一一对应"的解码模式直接判断他们"似在品尝酒味"，进而认定画面"以文人为描绘对象，面对大自然，畅饮美酒"，是"理想的文人消闲景象"。如前所述，读图行为受到"解释学循环"的制约；观者必须掌握一定数量的图像原境信息、然后利用原境信息进行为了正确诠释图像所必需的推理，才能在读图过程中一步步地接近画者的本意。图录作者在第一步前图像志描述阶段莽撞地做出一步到位的错误判断，把画者想表现的"尝醋"说成"尝酒"。然后，在第二步图像志分析阶段，图录作者在错误的前图像志描述基础上，想当然地从"尝酒"推理到"畅饮美酒"，从而将画面题材认定为"文人消闲景象"，与此同时也就将带有哲学寓意的人物故事画误读成表现文人"理想"生活场景的风俗画。图录作者在前图像志描述和图像志分析这两步都走错的前提下，又作了离题万里的第三步图像学阐释："明末瓷器上出现这样的题材，反映出当时人们的心态。实际上，处于风雨飘摇的明朝末期，许多文人知识分子往往采用玩世不恭或此种不问政治、对酒当歌、置身于山水之间的方式，来逃避矛盾重重的社会现实。"[1]

---

〔1〕 见上海博物馆编《上海博物馆与英国巴特勒家族所藏十七世纪景德镇瓷器》，第100页。

历史事实是，此图像在明代盛行有其原因。在《三酸图》上，苏东坡、黄庭坚、佛印作为儒、道、释三家的代表，共同在一个缸子里舀醋品尝，直观地图解了"三教同源""三教合一"的思想，有利于其传播推广。"三教同源"思想在历史上源远流长，元末明初道士何道全（1319—1399年）曾撰诗歌《三教一源》，其中有"三教从来是一家""虽然形服难相似，其实根源本不差"等语[1]。明代中期出了位文武双全的思想家王阳明（1472—1529年），后人指出："三教合一之说，莫盛于阳明之门。"[2] 王阳明本人就有题词《书〈三酸〉》传世[3]，可见他也披阅过《三酸图》实物。王阳明身后地位日隆，于万历十二年（1584年）得以从祀孔庙，这是作为儒者的最高荣誉[4]。王学遂成为当时社会思潮中的时尚。嘉靖年间，民间还出现了三一教，教主林兆恩的祖父叫林富，在王阳明晚年当过他的副手[5]。林兆恩即声称："夫道一而已矣，而教则有三。"[6]从万历十二年在福建仙游马峰出现第一座三一教教堂，到崇祯十年（1637年），在福建、浙江、江苏、安徽、江西等地出现了数十座教堂及无数的小祠[7]。在这样的社会环境中，《三酸图》以及同样表达"三教一源""三教合一"思想的图像《虎溪三笑》《三教图》和文学作品如吴承恩所作《西游记》、潘镜若编撰的《三教开迷归正演义》、屠隆所著《昙花记》一起盛行于文学艺术领域就是自然不过的事情了。在此我们又一次看到，对《三酸图》题材的了解能够指导对《三酸图》中世俗实像的辨识，例如，上海博物馆图录作者在画面上看到的人物都是"文人"，而我们可以看到戴东坡巾的儒生苏轼、身披百纳袈裟的和尚佛印、头结道家小巾的"山谷道人"黄庭坚；图录作者看到画中人物在"畅饮美酒"，我们看到他们在"尝醋"。同时，以上的历史介绍也显示了《三酸图》在明代意识形态中的地位，按照顾起鹤在《三教开迷传引》中的说法是"提撕警觉世道人心""开迷心、归正路欲以举世尽归王道之中，乃参三教而合一"[8]，同图录作者声称的表现明末文人"玩世不恭"的态度风马牛不相及。

相对于早先疏于强调读画过程中推理作用的看法，基于新的认知理论的解读传统故事画过程可以这样表述：观者在读画时，带有画者风格的线条和色块由眼睛摄入，反映在观者的视网膜上。然后观者调动相关的生活文化百科知识，即所读画作的原境信息，依靠推理等思维活动，在大脑中将这些线条和色块转换为画者想要表达和无意间流露的内容，包括物体、人像、事件、文学主题及其所反映的社会意识等等。这应该是释读历史故事图的基本步骤和方法。由于传统故事画上所描绘的物体和事件同现代社会相隔甚

〔1〕 何道全述，贾道玄编集：《随机应化录》卷下，《正统道藏》太玄部。

〔2〕 见（明）张履祥《杨园先生全集》，中华书局，2002年版，第764页。

〔3〕《书三酸》，"人言'鼻吸五斗醋，方可作宰相'。东坡平生自谓放达，然一滴入口，便尔闭目攒眉，宜其不见容于时也。偶披此图，书此发一笑。"见《王阳明全集》第二十八卷，续编三，上海古籍出版社，1992年版，第1025页。

〔4〕 见葛兆光《中国思想史》第二卷，复旦大学出版社，2014年版，第267页。

〔5〕（清）张廷玉等：《明史》卷十九五《王守仁传》，中华书局点校本，1974年版。

〔6〕（明）林兆恩：《林子三教正宗统论·复张星湖大尹天叙》，见《明清民间宗教经卷文献》第3册，新文丰出版公司，1999年版，第23页。

〔7〕 马西沙：《中国民间宗教简史》，上海人民出版社，2005年版，第357页。

〔8〕 转引自刘世德主编《中国古代小说百科全书》（修订本），第441页。

远，许多画意濒于失传，近似画谜。为了解开这些图像之谜，我们必须尽力搜集相关资料以重构这些图像产生的历史原境，只有依靠最接近历史原境的信息进行推理，才可以尽可能合理地解读画面。本文结合艺术史研究文献中的读图实例，讨论了如何利用图像的原境信息进行推理来正确解读传统故事画，提出了一个有别于传统上拘泥于"解码"模式的新型读图模式，即一个充分运用原境信息进行推理的读画模式。

独立学者
收稿日期：2015 - 4 - 12

文物、图像与历史

从伯懋父簋墨书蠡测商周书法

张翀

商周时期的书艺有着一个从契刻到刻划，再至书写的发展及认识过程，尽管所依据的也主要是龟甲契文、铜器铭文、陶器刻划文字等非纯粹的书写材料，但无论承认与否，这个认知过程也逐渐慢慢显露出来。特别是陶铜玉器上的朱书墨书文字开始进入到书法研究者与古文字及古史研究者的视野内，这样的材料应当对大家的认识震动不小。像1987年河南安阳殷墟发现的一件陶器上[1]，就残存有6个朱书文字。文字笔锋挺拔，起笔与收笔处锋芒鲜明，表现出毛笔所特有的弹性，说明商代的毛笔已具有良好的性能。其实，早在20世纪30年代殷墟所出土的白陶墨书"祀"字上，就呈现出这样的用笔特点。比起殷墟出土的商代晚期的文字，近年郑州小双桥商代中期遗址中陶缸上的朱书文字因其出土年代更早，亦更引人注目[2]（图1）。尽管我们也认同发掘者所认为的书写工具当属毛笔之类，然从书写的流畅性以及字体的结构来看，只能说明当时毛笔制作得较为成熟，若以书法作品而论，似乎还存着一些不足之处。当然这并不是我们所要讨论的重点。

年代稍晚的河南洛阳北窑西周贵族墓地出土了一件伯懋父簋（M37：2），内底上存留的墨书却是极具水准[3]（图2）。无独有偶，同出铜戈以及铅戈之上也带有墨书，可惜并未公布详细资料和清晰图片，我们也就只能将伯懋父簋上墨书作为重点考察对象，不能不说是一种遗憾。伯懋父簋的时代在西周康王时期，内底存留墨迹，"器内底部原被土锈掩盖，在去锈时发现一侧有墨书铭文'白懋父'三字。西周早期的墨书，实为珍品"[4]（图3）。作为发掘者之一的蔡运章先生认为，这三字"笔势劲韧遒美，字形整肃均齐，笔画中肥而首尾出锋，有明显的波磔。'白'前缀尖而下部浑圆，中间横笔微带弧曲。'懋'字笔画起止多显锋露芒。'父'字左笔露锋向下疾行而又弯钩上收，运笔圆熟自如，末笔藏锋而重捺轻收"[5]，可谓是看出西周书者——姑且将在铜簋上作字之人称为书者，或者是原初书法家——行笔的笔意。因笔者持续关注西周金文的笔顺问题，也就对这件铜器格外有兴趣。至少在单字"父"上能够看出行笔笔顺，首笔必然是竖弯钩（为表述方便，暂且以行楷的笔画名称意代之，以下同），因行笔过程最后略疾速，形成一个比较尖锐的挑勾。这时的笔锋若非中锋才能够落下次笔，于是就须有重重

〔1〕 中国社会科学院考古研究所安阳工作队：《1987年安阳小屯村东北地的发掘》，《考古》1989年第10期。
〔2〕 宋国定：《郑州小双桥遗址出土陶器上的朱书》，《文物》2003年第5期。
〔3〕 洛阳市文物工作队：《洛阳北窑西周墓》，文物出版社，1999年版，第80页。
〔4〕 同上。
〔5〕 蔡运章：《洛阳北窑西周墓墨书文字略论》，《文物》1994年第7期。

图1　河南郑州小双桥出土的朱书陶文
采自中国古代书画鉴定组编《中国法书全集·1·先秦秦汉》三，文物出版社，2009年版，第3页。

的一顿，以此来纠正笔锋。所以，次笔一定是"父"字右侧的横折。其横折段的起笔处浓浓的头部，可以理解为顿笔之用，收笔也能以回笔护锋处理之。前后不同的书写处理方法呈现出不一样的样态以及视觉效果，也多少因用笔材料性质而导致。横折收笔处的笔速显然没有首笔行动得快，所以不甚尖锐；应该是笔毫以自然状态离开书写载体——铜器，所形成略微的一个偏锋，所以也就圆转回来，为末笔撇竖自然的一个起笔，次笔与末笔的承接也就形成了形断而意不断的圆弧。从书法意义的角度来看，这件铜簋在书法史上的价值能够超过有着长篇铸刻铭文的铜器。对于这个墓葬的主人，我们也不妨做出一个有趣的猜想：也许只有爱好习字之人，才会在随葬的青铜器上选择书写而非铸刻的"铭"文。器主伯懋父很有可能就是卫康叔之子康伯，武王的侄子，曾率领殷八师征东夷，其本人在成周城内周王所居住的地方王城中活动[1]。M37长3.48米、宽2.58米，深4.8米，看起来不是很大，却仍然属于北窑墓地西周早期墓葬群的中型墓，只可惜墓葬曾被盗扰三次，信息损失严重。但从器主身份与墓葬规格而言，对于认识"伯懋父"墨书多少也有所裨益。纵然器主与墓主并非同一人，但墓主也是具有一定等级的贵族，且与伯懋父簋关系甚深。

　　伯懋父簋上的墨书仅有三个字，相比大量的长篇铜器铭文来说，在文字学上或许无

────────────

〔1〕　洛阳市文物工作队：《洛阳北窑西周墓》，第362页。

图2　河南洛阳北窑出土伯懋父铜簋（M37：2）与铜簋外底上的墨书痕迹
采自中国古代书画鉴定组编《中国法书全集·1·先秦秦汉》二五，第31页。

足轻重；但对于商周书法而言，却是极为珍贵的，因为"所谓墨迹，实际上包括墨书和朱书两种文字遗迹，它们代表了当时书写的原貌，艺术价值不一定很高，但对书法史研究有着重要的意义"[1]。它的意义在于系当时所写，是即时性的，并未有转来转去的失真情况，"当时用笔的痕迹仍历历在目，生机勃勃，它的价值是十分值得尊重的。对于书法研究真迹的确是最好最理想的方法"[2]。因为伯懋父簋墨书的存在，使得进入早期书写史的材料中，不再只有商代甲骨、周代金文那么简单，这些只是一种固态化的痕迹，"除了甲骨文、金文以外，商周时期还有另外一种使用毛笔的书法艺术形式"[3]。在先秦书法史上，商代甲骨、周代金文多是一种将"死"的状态，不具备"一次性"书写的性质，存在与当时书法原始情状走样的程度。如果把"写"的问题引入金文、甲骨之中，以此为视角看待这些以往常见的商周"书法"材料，它们却与伯懋父簋墨书有着截然不同的分野。当然在甲文、金文本身的制作（涵盖契刻或铸造）也存在着很大的区别，尽管二者存在着一定的文字发展承续关系，但区别就是区别。金文是属于写划，甚至在见之于钟鼎彝器之上的金文形成之前有一个写的"纸本"，即便是"写"在范模之上的，也存有不少笔意。而甲骨文则是刻写，属于先于写状态之前的契刻，或者在写刻之间偏重于刻。故此，从书法艺术上讲，甲骨契文更偏流于印石篆刻之间。日人藤枝晃曾议论道："令人感到吃惊的是，这些多采用流利线条的铭文，与几乎是由坚硬的直线构成的甲骨文竟然出现在同一时代。这主要取决于所用材料的迥然不同。甲骨文必须刻写在平滑的龟甲和兽骨上，而且空间非常狭小。其内容往往是只供皇帝和贞人看的，不能让其他人随意看到，因此需要尽量省略字形。也就是说，其目的在于即便是由于某种过失，让别人偷看到了也无法知道其含义。这一点与符牒相类似。与此相反，铭文则

---

〔1〕　丛文俊：《中国书法史·先秦秦代卷》，江苏教育出版社，2002年版，第163页。
〔2〕　〔日〕中村不折著，李德范译：《禹域出土墨宝书法源流考》"绪言"部分，中华书局，2003年版。
〔3〕　高蒙河：《毛笔的起源——文房四宝起源研究之一》，《中国文物报》2009年11月27日。

必须统传万世，让子子孙孙阅读并引以为尊。甚至可以说，与实际使用的文字相比，这种文字多呈屈曲状，以便产生装饰性效果。铜器铸造出来之后，铭文便出现在坚硬的铜器上，决不会是铸造出来之后才镌刻上去的，制成铸范后再镌刻，在技术上也无法达到要求。因此铸造之前，文字的原型早已被镌刻在铸范的毛坯上了。因为是用柔软的黏土来制造范型，用一把竹刀就可以轻易地完成这项工作。这样一来，我们就可以同时看到两种发展方向完全不同的殷代文字。"[1] 就是注意到了这种差别。

图 3　伯懋父铜簋上的墨书及摹本
采自中国古代书画鉴定组编《中国法书全集·1·先秦秦汉》二五，第 31 页。

美国学者艾兰（Sarah Alen）虽然没有对"甲骨文书法"有过专门的研究，但她对此研究有着较大的贡献。她对甲骨文没有一定笔顺情况的问题有所发现，将其归结为刻手缺乏文化之故而没有按照惯有的笔顺。（图 4）这是个文化误解，主要是因为艾兰不熟悉中国书法艺术。用笔的次序，主要是由载体本身及书写工具的特性决定，以及人本身的生理限制因素，例如人的手腕不能全角度的旋转。因契刻而生成的甲骨文，必然是用玉刀或是铜刀刻制，多少不依照毛颖之笔的书写规律。所以，甲骨上的契刻所形成的笔画痕迹，也就是世所称的"甲骨文"是不能够称之为"书法"的。当然，甲骨文是有一定的书法意蕴的。但是，具备书法意蕴与真正的书法是两个不同的概念。铜器上的铭文与龟甲上的契文之间的差距是内在的，是巨大的；于书学较为陌生的古文字学者对此多会有所忽略。

在契刻以前，甲骨文究竟是否先用毛笔书写做以底本？这个问题迄今尚无一致的意见。董作宾认为是先写后刻；陈梦家认为是直接契刻上去的；陈炜湛、唐钰明认为是两者兼而有之，一般是大字先写后刻，小字直接刻写。但是，无论怎样，甲骨文多以契文称之，可见用刀契刻是制作的主要方法。虽然在安阳殷墟也见有朱书的卜骨（图 5），但出土量绝少，且写完亦未曾加以刀刻，这种情况用"刻手漏刻"的说法解释恐怕不够圆融。而认为有多种笔法存在则是一个非常有趣的观点，"殷商朱书墨书存在着'丰中锐末'式、'藏头护尾'的'玉柱篆'式和'头粗尾细'的'蝌蚪文'式三种笔法。以第一种最为原始，技巧含量最少，西周初年以后使用日渐减少，后基本上被人们所抛弃。当代有些学习甲骨文书法的人还在刻意地追求这种笔法，说明他们对书法的认识能力还需要提高"[2]。其次，甲骨文与金文是有截然的分别，"由于甲骨文最终形态绝大多数是契刻而成的，且契刻时往往先直划后横划，因此甲骨文的许多象形线条出现了平

〔1〕〔日〕滕枝晃著，李运博译：《汉字的文化史》，新星出版社，2005 年版，第 30 页。
〔2〕路工：《殷商朱书墨书笔法及其传承》，《中国书法》2010 年第 5 期。

直化和拆断的现象，使原字的象形意味受到影响。金文则不同，通常是在铸器以前先用毛笔写出墨书原本，然后按照墨书原本刻出铭文模型，再翻出铭范，最后往范中浇注锡铜溶液，铜器与铭文便同时铸成。因此，铭文能够比较好地传达出墨本的形态和韵致"[1]。容庚先生亦有论，"铭文间有方格，殆为书写之便。如师趛鼎，克鼎、廣簋、番匊生壶，大鬲皆有阳文方格。然铭文往往跨于方格上。大克鼎前半有格而后半无之，颂壶器有格而盖无之。郘鷖鼎及壶则有阴文方格，字皆书于格内"[2]，容庚先生所言的这种有方格的形式的确是便于制铭的方法，大克鼎前半后无多少

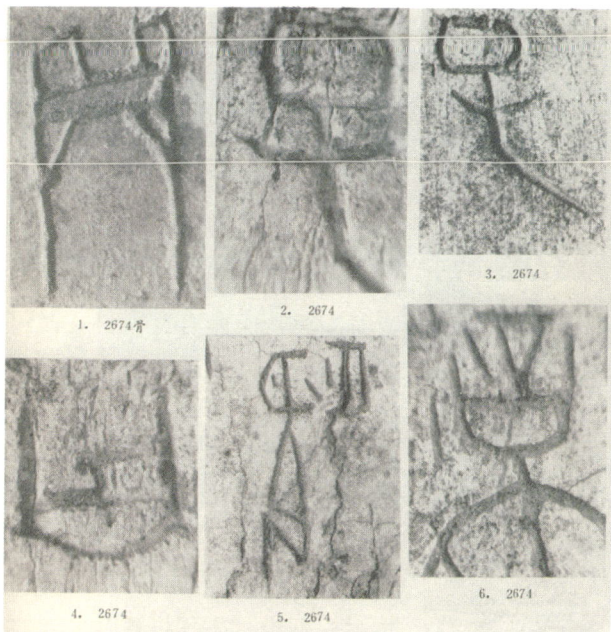

图 4　甲骨刻辞显微照片，略见刻手用刀痕迹
采自李学勤、齐文心、艾兰编著《英国所藏甲骨集》图版Ⅸ，中华书局，1982 年版。

是格线部分消退所致，而跨格的情形在散车父壶上也有之（图 6），但是绝大部分字都是写在格中，而"壶""萬"字形复杂且易成纵势，故有跨界格之举（图 7）。金文或甲文的制作多程序化的复杂性使得人们常常将文字系统与书写系统混淆起来，"商代书法尽管有着各种各样层次不一的实践形式，但主流毫无疑问归属于殷墟甲骨文和金文两大系列，尤以前者占居时代显位，金文则到商代以降渐全面取代甲骨文而上升为书法艺术的主导性系统"[3]。

西周铭文器物的数量大增且铭文渐长多是因为铸铭方法的改进，"铸铭方法的不断改进致使西周铭文字数得到迅速增加。铸造铭文时，有采用'直接在范上刻铭'的方法，成的铭文即为阳文。有的则采用在'铭文范模上刻正阴文，翻出反阳文范，嵌于范中，铸出正阴文'的方法铸铭。这两种方法都有许多缺陷。而后发明的在'范上按字或按行贴泥片，刻成反阳文，铸成正阴文'的方法，铸铭时可'不限铭文字数'也'不需预制铭文范模'，这种铸铭的方法是西周青铜私文书字数增多的主要原因"[4]。罗森考察江苏丹徒大港母子墩墓出土铜器后，认为"器型、纹饰和铭文都完全符合周中心区的样式。当时东南地区的人们不太可能熟练书写适合青铜铭文的字体。该器的铭文似

---

〔1〕 赵平安：《汉字字体的名实及其演进序列的再认识》，《隶变研究·附录二》，河北大学出版社，2009 年版，第 97 页。

〔2〕 容庚：《商周彝器通考》，上海人民出版社，2008 年版，第 69 页。

〔3〕 宋镇豪：《先秦秦汉时期的墨迹书法》，《中国法书全集·先秦秦汉》，文物出版社，2009 年版，第 6～7 页。

〔4〕 孙瑞：《日本泉屋博古馆所见先秦私文书——西周青铜私文书的鼎盛》，《日本学论坛》2002 年第 2 期。

图5　河南安阳殷墟出土带有朱书的卜龟
采自中国古代书画鉴定组编《中国法书全集·1·先秦
秦汉》一三，第23页。

乎表明，这件青铜器是在周中心地区铸造的，或者，如果它是在东南地区制造的话，应是由周中心地区迁移到那里的工匠所铸造的"[1]。这一说法有颇为可采的地方，在我们看来，这恰恰从一个侧面说明商周书写的权力性，反过来说，这种书写权力又使得铜器铭文的书法性十分微弱[2]。伯懋父是有征东夷及北征的战绩的，其人亦多在成周城内的周王所居的王城活动[3]。簋上墨书是否伯懋父亲自提笔而书不得而知，但即便是笔工书写，也是受到了伯懋父或是其子孙的授意；再退一步讲，当时能够识文断字的人员多是具有等级身份的，据三字墨书的痕迹状态而言，并不存在不识字的工匠誊写现成的粉本的可能。

从更为丰富与广阔的铜器铸刻铭文而言，尽管铜器铭文这种"书法性"很微弱，但是我们还是应该承认"书艺"的存在，这一点与文明初期的刻划文字完全不同。也正是存在着这种书艺，使得伯懋父簋墨书的出现并非偶然，呈现出大量书写操作的实践现象。只是类似的作品多不存在，就显得伯懋父墨看起来如横空出世一般，但如同出的戈上墨书例子一样，其并不指向于"绝少"的现象，恰恰相反，正是因为这种例子较少，却能看出上层贵族间书写氛围的浓厚。甲金文字多少与后世的书法有着相通之处，比如避复，即重出字形的避复这种"书法"现象的出现。徐宝贵对此有专门的研究，认为"古代铭刻的形式之美属于书法艺术的范畴，它不仅有其独特的审美要求，而且表现得相当突出。如在同时同地所铸所刻的同一篇铭文中，一些重复出现的字就有各种各样的变化，在这里，我们姑且把这种变化称作'重出字的变形避复'。这种'变形避复'不是铸铭者随意所为，而是为了追求一种审美要求所做的艺术加工。

〔1〕〔英〕杰西卡·罗森著，邓菲等译：《西周青铜铸造技术革命及其对各地铸造业的影响》，《祖先与永恒——杰西卡·罗森中国考古艺术文集》，生活·读书·新知三联书店，2011年版，第57页。

〔2〕Richard Curt Kraus（熊秉明），*Brushes with Power: Modern Politics and the Chinese Art of Calligraphy*，university of California Press，1991.

〔3〕洛阳市文物工作队：《洛阳北窑西周墓》，第362页。

事实上，古人的这种审美情趣一直潜移默化地影响到后代"[1]。与后世书法作品不同的是，商周文字本身就处于文字发展的初期，且字学与书学尚未分流，故此"避复"的具体方法更多，也更复杂，可以通过偏旁移位、增删，乃至偏旁替换等手法来起到避复的作用。对于第三种做法，更是需要古文字学的支持，如人女互训这样的例子，就是人字旁与女字旁可以互相借代的。这种避复的运用，一则是因为所处时代偏早，字体演进与书写变化合流而致，另外也是因为商周时期所谓铭刻是处于预制模件块范铸成的大背景之下，用正书反书作为避复手法即是明证。这在后世的纸墨书写时代是不可想象的，也很难付诸实现。受后者的影响，在避复之时，金文整体字体也在不

图6　散车父壶

采自曹玮主编《周原出土青铜器·2》，巴蜀书社，2005年版，第192页。

同程度上受到破坏，至少是在以笔顺为代表的书写过程中，因为无论如何，在制作的实际程序中，这些并没有完全被视之为"书法作品"，而是模件制作。也正是由此，古文字学家基于本身行业的眼光，做过如下判断，"铜器铭文的书写者，为了避免重复出现的文字形体上的重复，采取了各种各样的方法，有的甚至采取破坏文字形体的完整性，使文字形体出现讹变。过去研究古文字的学者认为这种形体讹误的字是由于书写者一时疏忽和范坏所造成的，现在看来这是一种错误认识。这里所谈的对文字形体完整性的破坏是以避复求变的审美要求为理据的"[2]。说到底，铜器铭文是模件制作与书法意味的综合体现，二者相辅相成，又在一定程度上发生抵触。

　　毛笔之于书法，是工具之于作品的范畴，但二者最初的关系并未如有人强调的那样广而化之，"毛笔的材质、工艺、形制及其使用方法，处处蕴含并体现着中华文化的深邃内涵"[3]。这样的说法总不免过于空泛，但恰是这样的软性毫颖，能够具有一定储墨量，在一次蘸墨过程中的墨色变化，顺锋逆锋以及铰毫所引起的下墨顺畅与否则是中国书法的神秘之处，由此而产生图像化的意味。这种图像化意味早在商周时期就已有迹可

---

〔1〕　徐宝贵：《商周青铜器铭文避复研究》，《考古学报》2002年第3期。
〔2〕　同上。
〔3〕　薛理禹：《笔源流初考》，《寻根》2009年第2期。

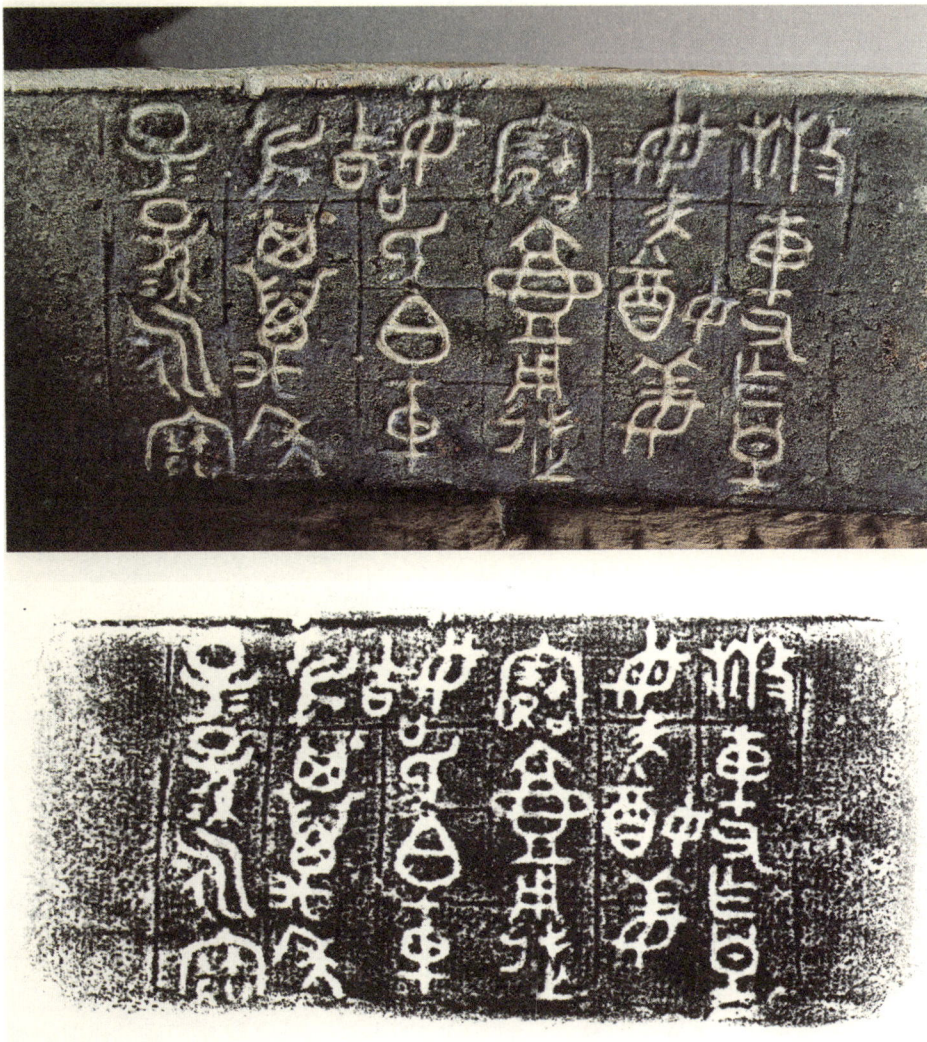

图7 散车父壶盖榫部铭文照片与拓片
采自曹玮主编《周原出土青铜器·2》，第 194 页。

寻，然而较之隶变之后时期，先秦书艺还存在一个书体与字体相互混杂相互影响的情况，这对于字体的变化甚至是相当敏感的。"器形、纹饰、字体三者之中，对时代变化反映最敏感的是字体，其次是纹饰，器形又次之。因此，我们确实有时可以发现某一件铜器的器形与花纹具有较早特征，其铭文字体则较晚，而相反的情况从来未见"[1]，这种字体敏感性在一定程度上削弱了对书写的考察。

商周时期的考古材料非常丰富和突出，而艺术史或是图像文化史对这一时期的研究也亟须加强。如书法作为中国艺术史中最具代表性的门类，而商周时期的甲金文字则是中国书法的渊薮，任何涉及中国书法史的著作，都不可避免地上追到商代甲骨文、西周

---

〔1〕 刘华夏：《金文字体与铜器断代》，《考古学报》2010 年第 1 期。

的铜器铭文。可是，这时候的甲金文字与后世"书法"或是书写究竟是何关系，再如这样的文字痕迹可否构成关于文字的图像文化场景，这些问题无论是考古学、古文字学，甚至是书法史都不曾考虑和解决的。再退一步说，这时的中国并未出现独立的书法家，商代甲骨刻手固然书艺超群，但史不传名。回望西周的"书法"，也是在制作于钟鼎彝器之上的铭文，并不见商周时期的某位书法家慨然自由的书写，如果这时真有这样自由的书法家的话。那么，如果这个假设不成立，所谓的先秦书法艺术将会是一个"无艺术家"时代，这比所谓假托史籀、李斯之名还要耐人寻味和错综复杂。在"前艺术家"的先秦书法史中，之前所提到的考古学、古文字学甚或书学都很难全面地予以阐述，如借助图像学的相关方法加以解说也许能析缕内中奥妙。毕竟这时的甲金文字，不会强于在简牍毫素等材料上的"一次性"书写完成[1]，反而是具有很大的制作意味；更何况还有相当多的图像文字，考古文字界亦将其称之为族徽文字。由此可见，铜器上的铭文，即金文在一定程度上承担着图像的意味，如族徽文字，以及极度象形的文字。这点固然不能够成为图像文化发达，且蔓延至文字之上的证据，因为中国文字有着特殊性，即它本身的自有的构件，如刘敦愿先生所言，"中国历史文化悠久，铭文资料特别丰富，文字未曾实现拼音化，结构相当特殊，书法又成为一种独特的造型艺术"[2]。丛文俊在《商周青铜器铭文书法论析》引入一个更重要的概念——"篆引"[3]，并在其后所著的《中国书法史·先秦秦代卷》系统化，"我们合篆、引二字，以'篆引'为专用名词，用来衡量古文字象形符号系统之内各种书体的式样特征、风格美感、彼此间的关联及发展变化等。其中篆代表大小篆书体线条的等粗、排列组合中的等距等曲长、式样的转曲摆动之类似图案花纹的特征，引代表书写的转引笔法"[4]。丛文俊提出的"篆引"概念相当重要，他使得先秦书法讨论摆脱了只在青铜器铭文痕迹遗存上的研究，更加深入到背后的书写活动，"大篆书体是汉字脱略古形之后第一个发展阶段的规范式样，也是'篆引'的前期形态，它的形成，在商末周初的金文书法中即已露出端倪"[5]。然而遗憾的是，在陷于铜器的铭文中，这种特点比较微弱，只能依靠书法家的经验感觉。更为遗憾的是，这样的经验之论所具有的正确性多少也会被人忽略。而伯懋父簋墨书所显示的证据却是显见的，可以被较为容易地观察到。

依据篆引的概念再来看待伯懋父簋墨书。它毫无疑问是一幅杰出的作品，尽管只有三字，但竟然有种晋唐帖札的意味。无怪乎藤枝晃曾议论道，铸造之前，文字的原型早已被镌刻在铸范的毛坯上了。因为是用柔软的黏土来制造范型，用一把竹刀就可以轻易地完成这项工作。说到这里，应须先做一个概念上的辨析，什么是书体，什么书法。秋子说，"文字是记录语言，传载信息的符号但又具有艺术性质的本艺术形态。书法则是书法情意、旨在审美的创造的复艺术形态。书法的形态规定是书体，文字的形态规定是

---

[1] 因为"一次性"书写，才迫使书者开始追求笔法，而笔法又是书法的先决条件之一。

[2] 刘敦愿：《考古学与古代艺术研究》，《文史哲》1986 年第 6 期。收入氏著《美术考古与古代文明》，人民美术出版社，2007 年版，第 3 页。

[3] 丛文俊：《商周青铜器铭文书法论析》，《中国书法》1989 年第 4 期。

[4] 丛文俊：《中国书法史·先秦秦代卷》，江苏教育出版社，2002 年版，第 183 页。

[5] 同上。

字体。书体是站在书法学的角度，主要以风格形态为标准；字体则是站在文字学的角度，以体制形态为依归。"所以，秋子将甲骨卜书定为独立的书法体系，"甲骨卜书不能视之篆系书法（文字）。它已从本质特征上构成一个自立的书法体系和文字体系。具有相对独立性"[1]。这一论断极具启发，但还不够大胆，应该再进一步剥离之，应将甲骨契刻的文字排除在书法的书写系统之外，当然这些契刻文字具备一定的书法意味，甲骨文也是书法的必要给养，是必须注意的字体之一。但是，要将其称之为"甲骨文书法"是否合适，则需要做一讨论。甲骨契文的这一书写的天然弱性是因其材质所致，有学者更为细致地分析道，"大部分的甲骨文主要是用刻刀在龟甲兽骨上契刻而成的，由于工具和材料自然受到一定局限，造就了它的一种特殊的风貌，即具有浓郁的'契刻味'。甲骨文的细浅线条正是刀具在坚硬的龟甲兽骨上契刻而出的。严格地说，甲骨刻辞只是商周时期的一种特殊的俗体文字，是一种比较简便的字体，刻字的人为了提高刻字速度，创造和使用了一批简体字，调整了某些文字的形体结构，改变了毛笔字的笔法，并将笔画中的曲笔改变为直笔，从而造就了甲骨刻辞独有的特点……龟甲兽骨比较坚硬且有纵横纹理，这就要求契刻的文字字体必须相对简易，笔画宜用直线而不宜用曲线，毛笔书写容易而契刻较之困难些，因而部分笔法不得不作改变。刻写载体的限制，使得用刀契刻的甲骨文字体与当时用笔书写的通行文字有明显的差异"[2]。

那么，殷商时期有没有书法？答案是肯定的。启功先生说，"殷墟出土的甲骨和玉器上就已有朱、墨写的字，殷代既已有文字，保存下来，并不奇怪，可惊的是那些字的笔画圆润而有弹性，墨痕因之也有轻重，分明必须是一种精制的毛笔才能写出的。笔画力量的控制，结构疏密的安排，都显示出写者具有精湛的锻炼和丰富的经验"[3]。启功先生的这几句话既肯定了殷代有书法论，也向我们善意的提醒，什么才是殷代的书法"作品"。如果狭义以笔法论之，甲骨契刻肯定不是。因为那是刻法，而非笔法。如一些学者说，"就我个人看来，甲骨文创作不是'无法'可依，而是书家有'法'不依，或懒得依。甲骨文书法创作还是有'法'可依的，顾名思义，甲骨文书法是以甲骨文字为表现对象的，因而正确写出甲骨文字，应就是甲骨文书法的基本大法。"这就是将书法的笔法和用字的法则混为一谈。那什么是笔法呢？孙晓云这样探索过，"以右手'经典'执笔法有规律地来回转动毛笔，令笔画纵横自如的方法，即是'笔法'。运用这种笔法，即是'用笔'。严格地说，用笔法写成的字才是'书法'。难怪起初怎么会叫'法书'呢"[4]。这下就明白了，甲骨契刻文是没有笔法的；又因没有笔法，那么所谓的"甲骨文书法"就成为一个不太成立的伪命题。事实上，甲骨文字是迟至1899年前后才被世人所知，而另一方面，甲骨文字缺席于书学达千年之久，却并未产生负面的影响；在缺少甲骨文字的前提下，中国书法已然发展得甚为完备。陈彬龢在讨论早期书法与文字中也是将其排除在外的，"凡古代文字之刻诸石或勒于金者，各有特殊之格，此属自然之

---

〔1〕 秋子：《中国上古书法史——魏晋以前书法文化哲学研究》，商务印书馆，2004年版，第103页。

〔2〕 王鑫玥：《先秦墨迹书法整理与研究》，吉林大学硕士学位论文，2012年，第9~10页。

〔3〕 启功：《关于法书墨迹与碑帖》，《启功丛稿·艺论卷》，中华书局，2004年版，第109~118页。

〔4〕 孙晓云：《书法有法·用"笔法"书写的字才叫"书法"》，江苏美术出版社，2010年版，第39页。

结果。甲骨文字、瓦当文字、木刻文字亦有其特种之姿致也"[1]。我们对他"格"与"姿致"两词的使用应该予以重视。更何况若使用笔法，则一定出现笔顺。因为书法之所以称之为书法的一个前提就在于软性毫颖，也是因毫颖的缘故才会有中锋侧锋的变化，在这种意义上调整笔锋要比笔画间架结构重要得多，但是甲骨是没有笔顺的。艾兰的发现，是难得的窥视，但是囿于东西方文化的误解，使她并不能再进一步发展。我们对于甲骨的书法判定可能过于严格，但对于整个书法史研究来说，却是具有重要的意义的。至于说罗振玉、董作宾诸老使用甲骨文字进行书写则是另外一个概念，是甲骨学者的学外遣兴之作，实际上他们在这样书写之前受到的以"永"字八法为系统的书学训练则要更深。退一步讲，也应只是书法技艺与甲骨学识的结合，"雪堂先生有高深的文学素养，并熟悉甲骨文字，这二者的紧密结合，才有可能利用有限的千余甲骨文字辑成众多条楹联，使甲骨文字的研究由历史学、语言文字学的领域，延伸到书法艺术的领域"[2]；但绝对谈不上到了"能于清润朗健的意态中写出金石气来……通过宣纸效应的书法来成为抒写性情及美感韵味的艺术珍品"[3] 的程度，而是本身先行具备书法造诣，"清末的金石学家大多在书法上有很深的造诣，所以甲骨文字出土后，很快就被应用到书法创作中"[4]。而柳学智先生所提出的"甲骨学书法"，其表述概念最初就将填朱或填墨与甲骨墨书、书写与契刻等不同层面的名词混淆起来[5]。靳永认为要成功地对甲骨文书法进行"还原"和"改造"，在用笔、结字、章法三个方面都要进行探索[6]。请注意这里是甲骨文书法，细读靳文，实际上是使用原有的"八法"系统书法技术对新文字材料的再创造。我们不应该因为提倡上古文字学的重要性而妨害书学的发展。即便是这样，我们还是要再次重申，甲骨文肯定具有一定的书法意蕴，但有书法意蕴和是否是书法则是两个不同的概念。这与治印有些近似。如沙孟海先生在《印学史》中言，"商代甲骨卜辞一般有卜人具名，可以说这批卜人便是最早的篆刻家。但不是印章，不算数"[7]。再退一步讲，书于龟甲卜骨的七十四例[8]可以被纳入"书法"视野之内，但相较于庞大的契刻之文却是极为少数的。

反观青铜器上的金文，却有着一定程度上的书意。这并不是厚金薄甲，而是跟金文的制作工艺有关，"金文的创作是先把文字书写在软胚上制作模具，然后用烧熔的铜液浇铸。在金文刻范和铸造的过程中，对原来书写的笔画虽有所损益，但仍能更多地保留和显示出书写的笔意"[9]。我们再进一步观察金文的具体书写可以看到，"在楷书的规范点画尚未形成之前，'捺'亦做'波挑'。有关于'捺'的起源，可以追溯到很早。

〔1〕 陈彬龢：《中国文字与书法》，商务印书馆，1935 年版，第 21 页。
〔2〕 姚孝遂：《〈集殷墟文字楹帖〉校记》，罗振玉篆、吉林大学古籍研究所整理：《集殷墟文字楹帖》，吉林大学出版社，1985 年版，第 122 页。
〔3〕 田其湜：《古今甲骨文书法集汇》，湖南人民出版社，2010 年版，第 29 页。
〔4〕 靳永：《书法研究的多重证据法——文物、文献与书迹的综合释证》，齐鲁书社，2008 年版，第 141 页。
〔5〕 柳学智：《甲骨文与甲骨书法》，华中师范大学硕士学位论文，2002 年。
〔6〕 参见靳永《书法研究的多重证据法——文物、文献与书迹的综合释证》，第 142 页。
〔7〕 沙孟海：《印学形成的几个阶段》，《印学史》，西泠印社出版社，1987 年版，第 192 页。
〔8〕 详见刘一曼《试论殷墟甲骨书辞》，《考古》1991 年第 6 期。
〔9〕 何炳武：《中国书法思想史》，陕西人民出版社，2008 年版，第 31 页。

周代青铜的铭文，类似'捺'的笔划比比皆是，这无疑是毛笔书写留下的痕迹；其余笔划经过雕刻、烧铸，已完全失去笔触。可见'捺'的特征是太突出了，几经折腾还保留着"[1]。更饶有意味的是，这样在泥版上而书与后世简帛时代的握卷而书[2]，在姿势上也保持了相当程度的一致性。这并非是厚此薄彼，厚今薄古；而是金文所使用的书写工具使得铜器铭文上最大可能地保留了书法特性，"西周青铜器铭文，不仅最大限度地保留了原墨书底稿的笔画起止提按等运笔形态，也保留了原墨书底稿字形的间架结构，也就是说，西周青铜器铭文文字字形，其书法特征亦达到了与原墨书底本形神肖似的地步"[3]，"金文因为浇铸的需要，需用毛笔先行书写，制为模范，再行铸造，故青铜器也是一种变相的毛笔书写材料"[4]。这其中又因西周铜器铭文字数开始增多，被关注度也就随之提高，以至于本来甲金文字应属于交错时间的存在，甚至是共时性发展的状态，在书法史上却形成了商甲周金这样带有线性发展的粗大线条式的印象。

研究商周书法不可避免地会存在一个危险，即研究对象于制作前后多少会沦于程序化、文书化，削弱书法作品的意境。这一点又与后代写经抄书及刻帖的活动近似。当具备"笔法"的书写进入文书领域，不可或缺都会经历这种考验。"赵体（笔者按：即赵孟頫书法）像颜体和欧体那样，自十四世纪以来已经成为中国版刻所采用的主要书体之一。一旦成为印刷体，就不可避免程序化……"[5] 这一危险，反倒是外国学者看得真切一些，尽管其在某些立论上史学坐标不那么确严。像安阳玉器朱书的材料，学界早有公布，但中国学者只限于释字的工作，而放弃了最为本位最应该考究的书写观察[6]。纵然如此，但是我们一定要避免认识上的一个危险，即认为西周时期的"书法"仅仅是金文——这里指青铜器的铭刻文字——一种形式。造成这样危险思维的原因可能很多，如金文出土较多、很早就予以著录、软性书写载体的不存等因素。但必须指出的是，西周的人们应该是有类似纸笔性质的书艺，书于铜器或泥范只不过是其转变形式，如茹家庄弢伯墓所出原始瓷豆（BRM1 乙：65）器座内壁有用毛笔写成的"矢"字，字写在瓷胎上，上釉后烧成[7]。这样的书法变体我们是能够看到的，而在其中的书法主体却被有意识或无意识地隐藏。

毛笔，当然是中国书法中最主要的工具。书法家沈尹默曾讨论过，中国书法之所以成为艺术，皆源于软毫的笔。"虽然还没有发现属殷商时代的像埃及芦苇笔之类的物品，但在卜辞中出现的'聿'字，在古铜器文中出现的手中把笔的形象文字，可以了解此时已有笔存在，其笔形状也与今日的相似。制造笔的原料，也可从卜辞中的'聿'（很明白下脚是篆字毛的倒文）字发现，可以想象是用毛作笔，足以知道殷代就有了毛笔。铜

〔1〕 孙晓云：《书法有法·"章草"是书法演变的句号》，江苏美术出版社，2010 年版，第 96 页。

〔2〕 参见马怡《从"握卷写"到"伏纸写"——图像所见中国古人的书写姿势及其变迁》，《形象史学研究（2013）》，人民出版社，2014 年版，第 72 ~ 102 页。

〔3〕 王长丰：《商周金文的书法特性》，《中国文物报》2002 年 9 月 4 日。

〔4〕 王鑫玥：《先秦墨迹书法整理与研究》，吉林大学硕士学位论文，2012 年，第 20 页注 1。

〔5〕 牟复礼、朱鸿林合著，毕斐译：《书法与古籍》，中国美术学院出版社，2010 年版，第 121 页。

〔6〕 参见连劭名《安阳刘家庄商代墓葬所出朱书玉铭考》，《华夏考古》2001 年第 1 期。

〔7〕 卢连成、胡智生：《宝鸡弢国墓地》，文物出版社，1988 年版，第 417 页。

器款识文鲜明的笔迹，亦能作为毛笔存在的证明。如说秦之蒙恬初造毛笔，可以解释为指的是始用兔毛。秦以前的石鼓文字，也可明显地辨认出使用毛笔的痕迹。另外，周之毛公鼎、散氏盘，用毛笔的痕迹也很清楚"[1]。但讨论还不够，略显空泛；而通过考古工作则幸运地发现战国时期的毛笔实物，曾先后在河南省信阳长台关一号楚墓[2]、湖南省长沙市南郊左家公十五号楚墓[3]、湖北省荆门市包山二号楚墓见到了三例先秦毛笔实例[4]。特别是信阳一号楚墓，时代属于战国早期，更为惊奇的是以一件书写工具箱的状态出土，"箱内装有12件修治竹简的工具，有铜锯、锛、削、夹刻刀、刻刀、锥和毛笔等"[5]。这件信阳一号墓的毛笔，长23.4厘米、笔杆径0.9厘米、笔锋长2.5厘米，可见已然讲究毛笔使用，特别是笔杆直径与长度之间的比率使书者可以较为自然地捻动于拇指内侧[6]。虽然"笔毫系用绳捆缚在杆上，笔头仍套在竹管内"[7]看似平淡无奇，但同出削却是鎏金之作，纹饰华丽，而书写工具箱在这时即可看作是书写系统的物质表现，是知此时的书写系统已经异常的发达及完备。这离我们讨论的商周书法尽管还有一段时间距离，但据王学雷对古笔的整理，发现晋唐之前的毛笔发展的时代革新并不剧烈，只存在制作品种与书写要求上的区分[8]。尤其是汉代能够替换笔头的束帛笔，更能看出汉代人对软性毫颖的追求，那么更早的商周人们就不追求这样了么？于是，高蒙河带有推测性质的观点应该是可以成立的，"即使在用刀契刻的甲骨上，也有一些卜辞文字明显是用毛笔书写的……这些甲骨上的书写文字，风格与契刻的甲骨文不同。一般是字大、笔肥，与金文的风格接近，多书于甲骨的反面。看来，除了甲骨文、金文以外，商周时期还有另外一种使用毛笔的书法艺术形式。……最初的毛笔很可能并不完全是一种日常使用的书写绘画工具。但不管怎么说，中国早在史前或至少到了商周时代，就已使用了用天然兽毛制作的毛笔"[9]。所以，将我们所能见到龟甲兽骨上的契文直接称之为"书法"是不合适的，"甲骨文的两头尖的单线，完全是由于刻划而成，根本就不是当时书写的本来面目"[10]。换言之，利用甲骨契文推想当时的书写本来面貌显然要比伯懋父簋上的墨书困难得多。

　　无论是甲金石刻，还是纸上的翰墨风流，都似乎在传达着一个信息，这个信息是有时间性的，痕迹是能够传之后世，但当时书写过程却是一种即时性。"在陶土上刻写，

---

〔1〕〔日〕中村不折著，李德范译：《禹域出土墨宝书法源流考》，第163页。

〔2〕河南省文物研究所：《信阳楚墓》，文物出版社，1986年版，第66~67页。

〔3〕湖南省文物管理委员会：《长沙左家公山的战国木椁墓》，《文物参考资料》1954年第12期；湖南省文物管理委员会：《长沙出土的三座大型木椁墓》，《考古学报》1957年第1期。

〔4〕湖北省荆沙铁路考古队：《包山楚墓》上册，文物出版社，1991年版，第264页。

〔5〕河南省文物研究所：《信阳楚墓》，第64页。

〔6〕参见孙晓云《书法有法·笔杆的直径》，江苏美术出版社，2010年版，第50~54页。文中认为，字的大小圆直与笔的构造有很大关系。笔杆越细，写出的字会越小；执笔越低，支点截止近，字亦越小，皆是生理结构使然。当笔杆直径渐趋0.6或0.7厘米甚至1厘米时，笔画趋向于方直。

〔7〕卢连成、胡智生：《宝鸡𢽾国墓地》，第417页。

〔8〕参见王学雷《古笔考——汉唐古笔文献与文物》，苏州大学出版社，2013年版。

〔9〕高蒙河：《毛笔的起源——文房四宝起源研究之一》。

〔10〕孙晓云：《书法有法》，第154页。

中国可以上溯到新石器时代，为期至早；牛骨、龟甲、象牙、青铜及竹之用于铭刻和书写则可上溯至商代；以石、玉、丝帛及某种金属作为书写材料源于周代初期；书写于木简则始于汉代。某些坚硬耐久、不易磨蚀的材料，主要用于永久性的记录与纪念庆典的铭文，易于湮失蚀灭的材料如竹、木、丝帛之类则广泛用来抄写书籍、文件及其他日用文字。前一类材料用于延续许多代的纵向信息传递，后一类型的材料则主要供同时代人之间进行横向信息交流。"[1] 之前我们过于看重这些材料的物质性，而忽略了其本身也带有时效性，毕竟书写是一项行为过程。

从这种意义上来说，因为伯懋父簋墨书的出现，使我们更有可能将金文纳入书法范畴内进行考察，从这简略的三字中，多少可以推想当时书写工具、载体以及背后的姿势与运笔笔法，毕竟"古代铭刻的形式之美属于书法艺术的范畴，它不仅有其独特的审美要求，而且表现得相当突出"[2]。也正是基于此，我们大胆地设想过这个墓群的主人是爱好习字的一家人。当然笔者这一不成熟的商周书法探研工作，也只是一个开端，属于蠡测的范畴，我们将继续书法的起源之探，毕竟文字的起源与书法的起源不是一回事，也需要把甲金文中非书法的因素剥离出来。上古书法音信微茫，甚至有人直言"玉筋真文久不兴，李斯传到李阳冰"[3]，可见要探索商周书法着实困难，需要对考古材料与书法认识的双重剖析。而中国书法的最为精妙的就在于它的笔法，"笔法是构成书法形式的重要因素之一"[4]，"笔法控制线条质感的作用是永远不会改变的，因此，它对于书法艺术从来不曾失去应有的意义"[5]。笔法是对运笔动作的控制，节制着笔管行进与滞留，所以才能产生高质量的线条。在甲骨材料的线条中我们看到的是熟练，但看不到节制。因此，我们不同意将所有能够见到的商周文字书写材料都统称为"书法"，甲骨文字只能是广义上有助于书法的材料，并不是书法；而经过书法训练的人士选取甲骨文字进行书写则是另外的情形；青铜器铭文因为制作的关系，书意渐浓，但是否是纯粹意义的书法作品则另当别论，具体而判。

作者单位：中央美术学院人文学院，中国社会科学院历史研究所

收稿日期：2015 – 3 – 27

---

〔1〕 钱存训：《中国纸与印刷文化史》，广西师范大学出版社，2004 年版，第 26 页。

〔2〕 徐宝贵：《商周青铜器铭文避复研究》，《考古学报》2002 年第 3 期。

〔3〕 齐己《谢西川昙城大师玉箸篆书》诗。

〔4〕 邱振中：《笔法与章法》，江西美术出版社，2010 年版，第 2 页。

〔5〕 同上书，第 37 页。

胡貌异征：魏晋南北朝考古图像中的胡人外貌

朱浒

魏晋南北朝历史中的胡人外貌问题，前人时有涉及。其中，既有对胡状容貌的关切，亦有对胡服问题的探讨。然而，大多数研究多基于文献，同图像之间的关联并不深入。近年来，随着大量魏晋南北朝考古资料的发现，文献与图像之间的关联愈发引人重视，使得对这一问题新的研究成为可能。

魏晋时，士族注重人物品藻，容貌成为评价人的重要标准。《世说》载胡僧康僧渊"目深而鼻高，王丞相每调之。僧渊曰：'鼻者面之山，目者面之渊；山不高则不灵，渊不深则不清。'"《晋书·石勒载记上》载石勒"年十四，随邑人行贩洛阳……父老及相者皆曰：'此胡状貌奇异，志度非常，其终不可量也。'"由是，当南方胡人因奇异容貌而饱受士族人物歧视时，石勒的胡状外貌又成为北人认可其英雄标志的"异征"。这种对胡人容貌态度的多重性与矛盾性，贯穿魏晋南北朝史始终，也同样表现在出土材料中。本文拟从魏晋南北朝考古材料中的胡人形象出发，在"图像学"的基础上对这一时期胡人的外貌、族属等问题进行综合阐释，希望能引发一些新的思考。

一

汉唐间，随着中央政权对疆域的开拓和对西域的经营，国人对胡人容貌的记载也不绝于缕。《汉书·西域传下》"乌孙国"颜师古注曰："乌孙于西域诸戎其型最异。今之胡人青眼、赤须，状类猕猴者，本其种也。"《全汉赋》录有繁钦之《三胡赋》，云："莎车之胡，黄目深睛，员额狭颐。康居之胡，焦头折頞，高辅陷无，眼无黑眸，颊无余肉。罽宾之胡，面象炙蝟，顶如持囊，隈目赤眥，洞頟卬鼻，额似鼬皮，色象菱橘。"这说明汉人对胡人外貌观察细致。

由于魏晋南北朝时间、地域跨度较长，胡人的种族和来源也在不断发生变化，需要分区和分期论述。

我们先看南方。首先，六朝胡人最主要的外貌特点是白毫相。白毫相体现了胡人群体的宗教信仰。白毫相是佛陀"三十二相"之一，在"三十二相"中排名第四，称"眉间毫相，白如珂雪"[1]。北京大学教材首次明确提到武昌莲溪寺吴墓和长沙晋墓中出土的额正中塑出一圆点的青瓷俑如定名为白毫相[2]，则可证明佛教在此时已经传播至长江中游。阮荣春先生指出："俑额上表现白毫相，这只能表明对佛教的一知半解，但

---

〔1〕《大正新修大藏经》第三卷《本缘部》上，第 556~557 页。

〔2〕北京大学考古系：《三国两晋南北朝讲义》，内部讲义，1974 年。

同时也表明，佛教或已经在这些平民百姓中开始流行。可以说，这些人是佛教最早的崇信者，或属《三国志·吴志·刘繇传》中记载的那些'好佛者及听受道者'"[1]。随着考古学的推进，很多学者认识到胡俑和白毫相俑之间的关系，部分白毫相戴冠俑明显表现为汉人的装束，可能是身穿汉服的胡人[2]。

其次，汉代胡人呈现出的"高鼻""深目""多须"等特点，在六朝胡人中有所保留。南京江宁上坊孙吴墓[3]和萧山城南联华村[4]出土青瓷俑（图1），胡人俑面部的胡状特征不明显，同汉俑相比，仅在帽式上有所区别。南方地区大量发现的魂瓶上的胡人外貌同样如此。这表明，六朝工匠在塑造胡人图像的时候并不刻意强调高鼻深目的"胡状"特征。或许，经过一百多年的民族融合，南方胡人的"胡状"特征正在退化，沦为杂胡[5]。

南京市雨花台区铁心桥东晋墓出土砖刻画胡人像流露出"以大喻深"的深目特征，将

图1 六朝胡俑不明显的胡状外貌
左：江宁上坊孙吴墓胡俑
右：萧山城南联华村墓胡俑

眼睛刻画得很大[6]。浙江武义县出土的两例三国吴时期青瓷堆塑罐（上海博物馆藏）中，胡人的眼睛被有意强调，采用了二次堆塑的方式，先用圆形泥片塑造出胡人眼睛的轮廓，再在上面贴塑出瞳孔，表现出胡人夸张而有神的双目（图2）。胡人骑狮器中的胡人并没有明显的高鼻深目特点，但其络腮胡须被强调刻画，短小粗壮的胡须将其胡人身份暴露无遗，但总体上流露出程式化的态势。

〔1〕 阮荣春：《佛教南传之路》，湖南美术出版社，2000年版，第28页。
〔2〕 吴桂兵：《白毫相俑与长江流域佛教早期传播》，《东南文化》2003年第3期，第64页。
〔3〕 南京市博物馆、南京市江宁区博物馆：《南京江宁上坊孙吴墓发掘简报》，《文物》2008年第12期，第26页。
〔4〕 杭州市园林文物局编：《杭州文物精萃》，人民美术出版社，2001年版，第51页。
〔5〕 韦正将六朝墓葬中出现的胡人称之为"杂胡"，他指出，"'杂胡'没有标准胡人的高鼻和深目，也不像汉人那样瘦清，而是宽颐丰颊、身材魁梧，在长江中游此前此后阶段，都没有见到类似形象的陶瓷俑，杂胡俑的族属不能确定，但不是汉人是可以确定的，因此，暂且可以称呼这类俑为'杂胡'。'杂胡'的体貌服饰不完全一致，尖帽和白毫相是两个最显著的特征。……一部分白毫相俑的头顶为盘发，有的还戴着汉式的冠帽……还有一些俑，既无尖帽，也无白毫相，但根据体貌特征，仍可以断定为'杂胡'。"见韦正《六朝墓葬的考古学研究》，北京大学出版社，2011年版，第185页。
〔6〕 贺云翱、邵磊：《南京市铁心桥王家山东晋晚期墓的发掘》，《考古》2005年第11期，第53页。

图2　六朝胡人的"深目"特征
左：南京市雨花台区铁心桥东晋墓出土砖刻
右：浙江武义县三国吴青瓷堆塑罐

　　北方胡人图像中胡人的外貌则比较复杂，大致可以分为三种类型：第一种可以称之为北方草原系统的容貌，特征以宽大的面颊、高颧骨为主，但仍可归为蒙古人种；第二种可称之为西胡系统的容貌，其特征以高鼻、深目、多须髯为主，以粟特胡人为代表；第三种是程式化的胡人武士类型，以圆睁的大眼、茂密的髭须、高颧骨、大而高耸的鼻子、略带狰狞的表情为主。这类胡人主要见于北朝镇墓武士俑，经过多年的发展，已经变得程式化。这种容貌的蓝本，最早见于汉代，似与北印度人的容貌有关。

图3　西晋胡武士俑
洛阳起重机厂 M88 出土的胡俑

　　北方胡人图像依照朝代的更迭呈现出规律的变化。曹魏墓葬由于发现较少，尚未有胡人图像发现。西晋时期，胡人图像再次出现，表现出对汉代胡人图像的继承。西晋胡人图像以杂居在长城内外、为汉人所熟悉的后世所谓"五胡"为蓝本，主要表现在西晋镇墓武士俑上。这类武士俑，一般一手执盾，一手高举，头上有高耸的锥髻[1]（图3）。"五胡"中，羯族的容貌是高鼻深目的西胡特征，这种"生有异征"的容貌是石勒摆脱奴隶身份，获取胡族支持的重要原因。后

〔1〕　中国社会科学院考古研究所洛阳唐城队：《1984—1986 年洛阳市区汉晋墓发掘简报》，《考古学集刊（7）》，科学出版社，1991 年版。

赵兴起所凭靠的"十八骑"中，有夔安、支雄、呼延莫、支屈六等人的姓氏为胡姓，另三人为刘姓，有匈奴之嫌。"支"姓，汉晋时期为大、小月氏的姓氏，同样具有高鼻深目特征。这一点，唐长孺先生在《魏晋杂胡考》[1] 一文中有精辟论述。

图4　南阳出土东汉胡镇墓武士俑

胡人镇墓武士俑并非西晋时期才出现的。东汉时期墓葬中就已明确发现此类面貌狰狞的镇墓胡俑。南阳博物馆和南阳市文物考古所各藏一件胡人镇墓俑，前者出土于南阳西关苏家大坑西岸，后者出土于南阳市三川工地40号墓。二者同西晋镇墓武士俑存在明显的传承关系。后者除了高鼻深目、高颧骨的特点外，还有两颗獠牙，突出表现了其凶悍的特征，可见胡武士俑并非写实的作品，而是明显经过了艺术加工（图4）。西晋胡武士俑是对东汉此类胡俑的继承和发展，只是东汉时此类胡俑多集中在南阳地区，而西晋时则被扩展至整个中原地区，甚至远及江南。

河西地区魏晋墓中的胡人图像，胡人的容貌与中原地区不同。如甘肃高台地埂坡晋墓中的胡人虽然头戴典型的尖帽，但并不高鼻深目，只是胡须茂密、头发蜷曲。而另外一些胡人高鼻深目，却没有髭须。大部分的胡人容貌同汉人差别不大，可知河西地区的胡汉杂糅已久，其血统和习俗已经相互交融。

十六国虽然是五胡和杂胡建立的政权，但十六国的胡人图像发现很少。面目狰狞的镇墓武士俑可见西安北郊经济技术开发区顶益制面厂出土者，头戴风帽，是西晋至北朝的过渡。也有面部清秀，仅仅高鼻的胡俑，如咸阳平陵十六国墓葬中发现的吹角骑马俑和侍女俑（图5）[2]。我们知道，十六国时期，胡汉关系异常复杂。石勒视羯族为国人，地位在汉人之上。而前秦和后秦都是汉化程度较高的政权，氐族、羌族本身都是蒙古人种，同汉人在相貌上差别不大。因此十六国墓葬中的狰狞的胡俑，更多反映了镇墓意义。而咸阳平陵十六国墓中的侍女俑，长鼻高耸，脸稍方圆，与汉人明显不同，表明草原系统的胡人身份的提高。其余各处的十六国墓葬中的胡俑主要流露出西晋遗风。

北魏时期的胡人图像以胡俑和墓室壁画为代表。从容貌看，平城时期的胡人武士俑相貌粗鄙、夸张，鼻子硕大，孔武有力。进入洛阳时期后，胡人外貌的程式化增强。有

〔1〕 唐长孺：《魏晋杂胡考》，载氏著《魏晋南北朝史论丛》，生活・读书・新知三联书店，1955年版，第382~450页。

〔2〕 咸阳市文物考古研究所：《咸阳平陵十六国墓清理简报》，《文物》2004年第8期，第7页。

图 5　咸阳平陵十六国墓出土胡俑
左：吹角骑马俑　　右：侍女俑

图 6　大同雁北师院宋绍祖墓出土胡俑

些胡俑北方游牧民族特点较强，表现在大脸盘、高颧骨上。西胡俑数量虽然不多，但是已经表现出卷发、虬髯、鼻子硕大等特点，但面目并不狰狞。宋绍祖墓[1]和大同雁北师院 M2 墓[2]中出土了一些伎乐胡俑（图 6），有人认为具有粟特人特征[3]，存疑。其面

〔1〕　山西省考古研究所、大同市考古研究所：《大同市北魏宋绍祖墓发掘简报》，《文物》2001 年第 7 期，第 26 页。

〔2〕　古顺芳：《大同北魏墓葬乐舞俑初探》，《文物世界》2004 年第 6 期，第 4 页。

〔3〕　张志忠：《大同北魏墓葬胡俑的粟特人象征》，《文物世界》2005 年第 6 期，第 32 页。

部宽大，鼻梁较高，但并无须髯，头戴圆顶鲜卑帽，同时具有草原特征和西胡特征。如果其种族为粟特人，一般留有胡须且头发卷曲，故其族属还有待进一步研究。从其强烈的草原特征看，也有可能是北方柔然或西北嚈哒中具有西胡血统的一些杂胡。

东魏北齐、西魏北周的胡人图像中，传统的面目狰狞、夸张的镇墓武士逐渐形成固定模式，其在陶俑队列中的位置位于队首。另一方面，西胡俑同样流露出程式化的趋势，面容平和，头发蜷曲，多须髯，多为执事俑或牵马（驼）俑。晋阳、西安周边的胡俑则表现出较强的草原特征，应该同六镇势力中草原游牧武士数量增加有关。北朝后期发现有多例所谓"萨满巫师俑"（图7），其手执物表明其宗教身份，但其容貌特点几乎均为汉式，并无强烈的草原与西胡风格，可证纯正的鲜卑族的西胡因素并不强烈。

图7　北朝后期萨满巫师俑
左：茹茹公主墓　　　右：湾漳大墓

图8　忻州九原岗北朝壁画墓中西胡武士

墓室壁画中的胡人图像，以西胡人数量较多，大都描绘了典型的粟特商人的形象。山西忻州九原岗北朝壁画墓中的西胡武士参与到仪卫中来[1]（图8），可见西胡因素增强，鲜汉因素减弱。北朝具有西方风格的扁壶上的胡人图像以胡腾舞和奏乐胡人为主。金银器上的胡人图像继承了希腊化写实风格制像传统，人物刻画精细，以李贤墓出土银鎏金胡瓶最为典型[2]。但从根本上说，其并未受到中国的明显影响，纯属舶来的奢侈品。从北朝在华外国人石质葬具中的图像出发，胡人具有典型的高鼻、深目、多须髯的特征，其族属的区分方法主要依靠发饰和帽式。

总的来说，南方的胡人的胡

〔1〕　该图像系笔者在山西考古所渠传福先生带领下亲临现场搜集。
〔2〕　吴焯：《北周李贤墓出土鎏金银壶考》，《文物》1987年第5期，第72页。

状外貌并不明显，而以白毫、浓须之类的特征为主。北朝胡人的容貌特征则非常复杂。首先，草原系统的胡人，多在北朝中后期靠近北方草原的地域出现。平城时期的胡人俑和北齐晋阳、北周西安附近的胡人俑中常见草原系统的胡人图像，这是代北、并州地区北镇势力中胡族群体占据上风的图像表现。而此类胡人图像在北魏洛阳时期墓葬中几乎不见。其次，西胡系统的胡人，从魏晋至北朝后期一直不绝于缕。一般面容平和，态度恭顺，以卷发或剪发、高鼻、深目、多须为特点，符合其侍从或商贾的特点。但是由于西胡种群众多，单单是这些特征并不能准确表现其族属，还需要结合发饰和帽式进行综合判定。最后，程式化的狰狞胡人，继承了东汉以来汉族视野中的胡人图像传统，大都具有某种宗教意味，或为镇墓、守护之用，或者为火袄教中的神祇。这类胡人图像并不准确表明某个特定的种族，而表现为一种程式化的、想象中的胡人。这种中国艺术中的夸张、狰狞的胡人，作为程式化的图像一直延续到唐宋、元明之后。

二

六朝胡人图像另一个重要特征是其帽式。对其帽式的研究，前人也多有提及。韦正指出，"杂胡"尖帽发生了的变化有助于判断墓葬的年代。他将长沙晋墓 M22"杂胡"尖帽分为四种形制："一种有些类似瓜皮帽，如其中的持盾俑；一种尖顶帽似一小圆锥体顶在俑头上部，如其中的执刀俑；再一种尖帽似一小型圆锥体而锥尖前弯，如其中的立俑；第四种帽子的顶部收平之后又凸起一尖，帽子的后沿向前翻折。"[1] 很多尖顶帽的最上方出现一颗珠状物，如黄陂滠口墓出土的执盾俑[2]。

关于晋代胡俑尖顶帽上的"瓜皮"样式，应为尖顶帽由两片布缝合的痕迹。这种中缝的帽式，在东汉时期就有出现。1973 年浙江上虞市百官镇隐岭村东汉墓出土一件胡人俑头像，材质为釉陶，高 19.7 厘米。该俑头戴的尖帽中央就有一条明显的竖线（图 9-1）[3]。邢义田教授曾列举印度秣菟罗出土的贵霜人石像（图 9-2）[4]，该人物尖帽中央正有一根竖纹，与浙江上虞出土东汉胡人俑帽式完全一致，同时与长沙郊区晋墓中发现胡人执盾立俑帽式也是一致的（图 9-3）。这从一个侧面反映了此类"杂胡"可能同千里之外的贵霜帝国关系密切。

魏晋时期的胡人还佩有一种折沿帽，这种帽式在汉代胡人图像中鲜见。在青瓷胡人骑狮形器中，这种折沿帽往往被夸张扩大成为一种高耸的桶形。汉代在河南灵宝地区流行的胡人俑灯也有胡人尖帽向上延伸成为灯管的例子，因此这种帽式更可能是一种艺术处理的手法，其上面还有龙纹装饰。龙在汉代是沟通天地的工具，因此这种帽式被赋予了升仙与通神的功能。胡俑中的折沿帽也有非常写实的个案，如 1991 年萧山城南联华

〔1〕 韦正：《六朝墓葬的考古学研究》，第 185 页。

〔2〕 宗旼：《三国孙吴青瓷俑》，《南方文物》2010 年第 3 期，彩版 2-6、2-1。

〔3〕 贺云翱等：《佛教初传南方之路文物图录》，文物出版社，1993 年版，图 107。

〔4〕 邢义田：《古代中国及欧亚文献、图像与考古材料中的"胡人"外貌》，载氏著《画为心声——画像石、画像砖与壁画》，中华书局，2011 年版，第 293 页。

图9　"中间带一竖线"的尖顶帽胡人
左：上虞市百官镇隐岭村东汉墓出土胡人俑头像
中：印度秣菟罗出土的贵霜人石像
右：长沙市郊区晋墓出土胡人执盾立俑

村出土越窑青瓷胡俑（图1-2）[1]。这种帽式的变化可能与南北方气候的差异有关。北方高寒，最初的胡人尖顶帽以毛毡为主要材料，用于保暖。而南方过于炎热潮湿，其材质发生变化，采用坚韧、轻薄的材料，失去了保暖的意义，故而这种带角和折沿的帽式应该是三国、西晋以来寓居南方的胡人帽式的新变化。

南京市雨花台区铁心桥东晋墓出土砖刻画胡人像（图2-1），其头饰怪异，并不同于以往的尖顶帽类型，而是发髻前凸，且并非尖顶，而是圆顶，因此有必要将其进行单独讨论。这种头饰可以见1989年云南个旧黑马井村出土的一件东汉铜俑灯座（图10）[2]。其姿势跪坐，裸身，高鼻深目，最夸张的是其头饰，用一网格状物罩住头发，在额头上方挽成一个前凸的纽。这与铁心桥东晋墓胡人像的头饰非常接近。这种发饰跟斯基泰式的尖顶帽有明显不同，一个合理的解释是这一胡人族群并非来自西北的贵霜人或西域胡人，而是跟稍南方的罽宾、天竺之地的胡人有关。今日印度锡克教徒在非正式的场合还是习惯用布将自己的头发挽成一个纽，置于头顶前倾的位置，可能是对这一古老民族传统的传承。

我们再看北方。从图像表现中胡人的发式看，魏晋北朝胡人的发式主要可以分为三类，分别是髡发、剪发与披发。

首先，髡发的例子不多，主要见于河西走廊魏晋十六国时期的壁画砖墓。如甘肃高

〔1〕　杭州市园林文物局编：《杭州文物精萃》，第51页。
〔2〕　文物精华编辑委员会：《中国文物精华》，文物出版社，1992年版，第120页。

台地埂坡晋墓中发现的髡发而带辫的鲜
卑人形象（图 11）[1]。不仅如此，东北
地区十六国墓中的北燕石室壁画墓中也
发现过髡发而扎有双环髻的鲜卑女性形
象[2]（图 18 - 1）。二者虽距离数千公
里，但流露出相同的特征，与史书记载
东胡族有"髡头以为轻便"的习俗相
符。无论是河西秃发鲜卑还是东北慕容
鲜卑均有此习俗。北朝后期胡人图像中
基本不见髡发。

剪发胡人形象最为常见，主要见于
西胡人。酒泉下河清五坝河砖画墓中曾
发现两例高鼻深目、剪发蓬头的胡人武
士形象[3]（图 12 - 1），一般被认为来自
西域地区。但其头发很短，又类似髡发。
比较标准的剪发胡人形象可参考梁元帝
《职贡图》中的滑国国使，其发饰为
"蓬头剪发"[4]。在青州北齐傅家村墓石
椁上的图像中，胡人没有戴帽，基本保
留剪发的特征，只是头发蜷曲，西胡因素较强[5]。北朝的西胡俑的头发大多蜷曲以北魏

图 10　发髻前凸的胡人图像
云南个旧黑马井村出土东汉胡人灯座

图 11　甘肃高台地埂坡晋墓出土髡发带辫胡人图像

〔1〕　吴荭、王策、毛瑞林：《河西墓葬中的鲜卑因素》，《考古与文物》2012 年第 4 期，第 81 页。
〔2〕　朝阳地区博物馆、朝阳县文化馆：《辽宁朝阳发现北燕、北魏墓》，《考古》1985 年第 10 期，第 923 页。
〔3〕　张朋川：《河西出土汉晋绘画简述》，《文物》1978 年第 6 期，第 63 页。
〔4〕　钱伯泉：《〈职贡图〉与南北朝时期的西域》，《新疆社会科学》1988 年第 3 期，第 79 页。
〔5〕　山东省益都县博物馆：《益都北齐石室墓线刻画像》，《文物》1985 年第 10 期，第 49 页。

元邵墓中发现的胡俑和昆仑奴俑为代表[1]。李贤墓出土的鎏金银胡瓶的把手上铸有一高鼻戴帽的胡人图像，帽后也露出短发，被孙机先生认为是嚈哒人[2]（图12－2）。这样其形象就同《职贡图》中的滑国国使对应起来，说明剪发在中亚胡人中比较常见。

图12　剪发胡人图像
左：酒泉下河清五坝河壁画　　右：李贤墓鎏金银胡瓶把手上人像

披发胡人例子不多。胡俑主要见北齐贺拔昌墓中发现的骑兵俑和西魏侯义墓、曲高旺堆西魏墓中的胡立俑，其发饰为披发。贺拔昌墓中骑兵俑的头发被精心梳理为十三辫[3]（图13）。据《周书·突厥传》记载，突厥本"臣于茹茹，居金山之阳，为茹茹铁工。金山形似兜鍪，其俗谓兜鍪为'突厥'，遂因以为号焉……其俗披发左衽，穹庐毡帐，随水草迁徙，以畜牧涉猎为务。贱老贵壮，寡廉耻，无礼义，犹古之匈奴也"[4]。可知披发为突厥人的习俗。综合考量安伽墓、虞弘墓的类似披发胡人形象，我们可以将其定为突厥人。在安伽墓中，有突厥首领和粟特人会盟及其在突厥汗庭宴饮的图像[5]，表明艺术家可以对不同胡人族群的特征进行区别。突厥人崛起的时间为北朝后期，故其以披发为特征的突厥人形象出现的时间不早于东魏北齐时期（图14）。

其次，胡人的冠帽。这里胡人的冠帽主要可以分为两大类。第一类，普通的帽。又可以分为尖顶帽、平顶帽、风帽、鲜卑帽等。第二类，武士的冠，即兜鍪，主要有尖

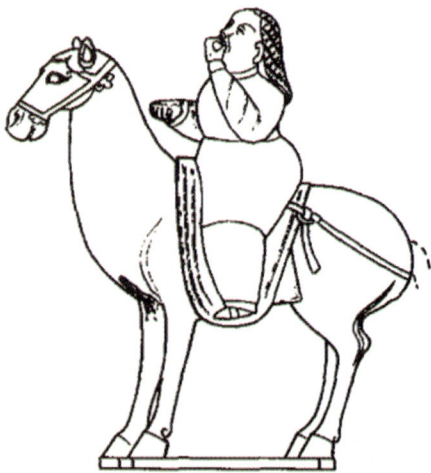

图13　贺拔昌墓出土辫发胡人俑

---

〔1〕　洛阳博物馆：《洛阳北魏元邵墓》，《考古》1973年第4期，第218～243页。

〔2〕　孙机：《固原北魏漆棺画研究》，《文物》1989年第9期，第42～43页。

〔3〕　太原市文物考古研究所：《太原北齐贺拔昌墓》，《文物》2003年第3期，图30。

〔4〕　（唐）令狐德棻等：《周书》列传第四十二《突厥传》（二十四史全译本），汉语大词典出版社，2004年版，第649页。

〔5〕　陕西省考古研究所：《西安北周安伽墓》，文物出版社，2003年版。

图14　安伽墓图像：披发突厥人与戴平顶帽的粟特人

顶兜鍪、圆顶兜鍪。

　　邢义田教授将汉代胡人图像中的帽式分为三类，分别是单纯的尖顶帽、带护耳的尖顶帽和带飘带的尖顶帽[1]。魏晋时期，南方与北方胡人的帽式基本统一。西晋墓中有一类头戴尖顶小帽、双手合于胸前的胡侍俑，其胡状容貌大都不明显。但河南博物院藏的头戴中央带竖纹的尖顶帽的胡人俑，其头发弯曲、高鼻深目，明显是西域胡人的形象，具有明显的"印度—希腊"贵霜人形象的特征。这类胡俑在西晋时期较为稀少。但是，在河西地区的魏晋画像砖墓中，这类头戴尖顶毡帽的人物数量并不少见。甘肃高台地埂坡晋墓发现两位头戴中有一竖纹的尖顶帽的胡人[2]。这一帽式同南京江宁上坊孙吴墓出土青瓷胡俑和长沙郊区晋墓出土的陶俑的帽式完全一致，可见河西地区和长江中下游地区的胡人在服饰上有相通之处，或可证明其族群也具有一致性。这类中间带一竖纹尖顶帽的胡人的种族应该主要以大月氏人为蓝本（图15）。

　　平顶小帽的图像发现较多，主要见于北朝中后期的西胡俑和其他载体上西胡人的图像。孙机先生称其为嚈哒帽[3]，不仅为嚈哒人所用，还为粟特人所喜爱，安伽萨宝在会见突厥首领时即佩戴此帽式。这类帽式同剪发胡人相组合，几乎占据北朝西胡人帽式的绝大多数。平顶小帽也有很多不同的样式，如瓜皮帽、圆顶小帽、方顶小帽等。

　　鲜卑人的帽式较为复杂。除了常见的鲜卑帽外，还有三角形头巾、三棱风帽、鸡冠帽、折翻风帽等，用于不同身份的鲜卑人物。这些帽式在东魏、北齐时期的表现尤为复杂，可能与不同胡人集团在高欢政权中担任多重角色有关。其中比较有特色的是鸡冠帽（图7-1），在发掘报告中一般被定为萨满教巫师的帽式，可见库狄迴洛墓[4]及茹茹公主墓出

〔1〕　邢义田：《画为心声——画像石、画像砖与壁画》，第297~299页。
〔2〕　韦正：《魏晋南北朝考古》，北京大学出版社，2013年版，第229~230页。
〔3〕　孙机：《固原北魏漆棺画研究》，第42页。
〔4〕　王克林：《北齐库狄迴洛墓》，《考古学报》1979年第3期，第398页。

图15　北方地区发现晋代"中间带一竖线"的尖顶帽胡人
左：310 国道三十里铺晋墓　　中：河南博物院藏　　右：甘肃高台地埂坡晋墓

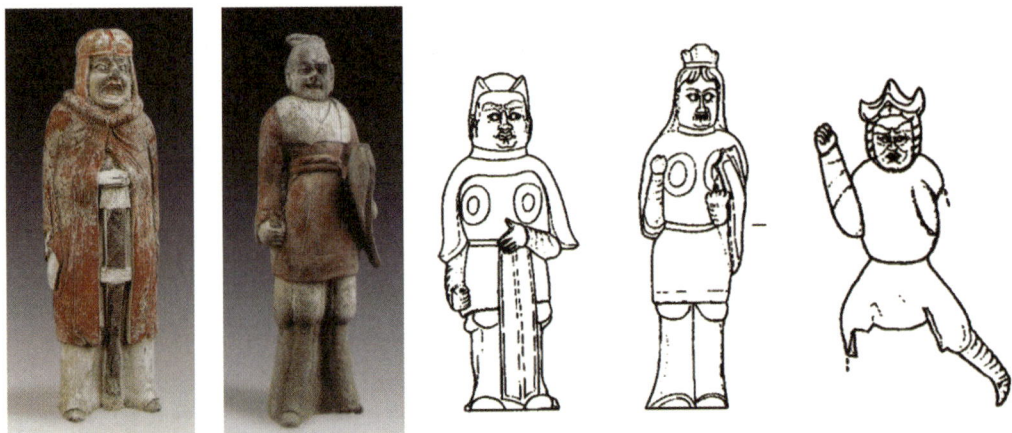

图16　北朝后期胡人的多种鲜卑帽式
左 1、2：北魏杨机墓　　左 3、4：北齐库狄业墓　　右 1：北齐贺拔昌墓

土品[1]。然而湾漳大墓中的萨满帽式又变为了类似三棱尖顶形样式[2]（图7-2、图16）。

　　下面论述魏晋北朝胡人武士的头饰。早期胡人武士不带冠，主要是高锥形发髻，流行在西晋时期，是对汉代的继承和延续。十六国以后，尤其在北魏平城时期墓葬中已经发现有头戴兜鍪的武士，其造型为尖顶兜鍪。进入北魏洛阳时期之后，圆顶兜鍪逐渐在东部地区流行起来，但依然是尖顶和圆顶并存。北魏分裂后，东魏、北齐的镇墓武士俑主要采用圆顶兜鍪的样式，仅有少量武士俑才使用尖顶兜鍪，其尖顶也有所简化。西魏、北周的镇墓武士俑依然以尖顶兜鍪为主，只有少量圆顶兜鍪，但出现了一种圆顶兜鍪上头顶增加一道脉纹的盔式。这种兜鍪样式的变化体现了东魏、北齐和西魏、北周在军事装备上的细小差异。

　　另有一些胡人武士冠式十分奇特。有一类胡人头戴额护，束发，似属于地位较高的

---

〔1〕　磁县文化馆：《河北磁县东魏茹茹公主墓发掘简报》，《文物》1984 年第 4 期，第 3 页。
〔2〕　河北省文物研究所、中国社科院考古研究所：《磁县湾漳北朝壁画墓》，科学出版社，2003 年版。

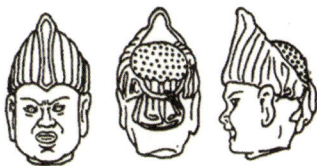

图17 头戴额护的鲜卑武士
左：北齐湾漳大墓　　　右：河北吴桥M3

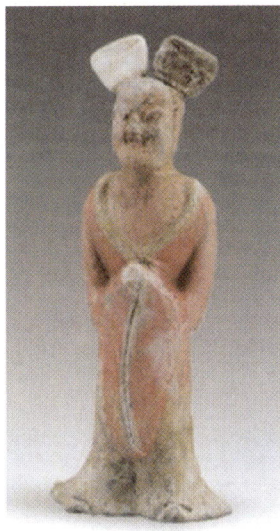

仪卫。如北齐湾漳大墓壁画中的仪卫和河北吴桥M3墓[1]中出土的胡武士的头饰类似，报告称之为"额护"，呈前高后低，中央凸起的三角形。头戴额护的武士形象并不见于西魏、北周的壁画和胡俑中，可能其身份较为特殊（图17）。

另外，胡族女性的头饰也是值得我们注意的。从考古发现看，胡族女性的身份较难断定，其一是数量稀少，其二是胡状因素多为男性所有，女性特征的胡状因素往往不明显，难以区分。十六国北燕石室中发现的鲜卑髡发女性壁画[2]，额前有头发被剃掉，顶结双环高髻，面部宽大，有草原之风，正在劳作（图18-1）。咸阳的前秦、后秦墓葬中发现过胡人女侍俑和女坐乐俑，粉面红脣，发髻呈"工"字形高耸，面部方圆，长

图18 胡族女性发饰
左：朝阳北庙村一号石室壁画墓　　　右：高望堆西魏墓

鼻高耸，面容与同墓所出胡吹角骑马俑相近，可证其身份为胡人[3]（图5-2）。高望堆西魏墓中发现有2件头顶双高髻的高鼻深目、面盘宽大的女性胡立俑，其相貌丑陋。其特征除高发髻与朱色交领袒胸左衽长衫表现出的女性特征外，几乎与男性相同[4]（图18-2）。奇怪的是，安伽墓石屏中"出行图"中表现的女性墓主人，除面部略显方圆之外，几乎没有流露出胡状外貌，身着中原式的女性深衣，同汉族略无二致。这一细节可能暗示了安伽的妻室为鲜、汉而非西胡，反映了北朝后期的民族融合。

〔1〕 河北省沧州地区文化馆：《河北省吴桥四座北朝墓葬》，《文物》1984年第9期，第38页。
〔2〕 朝阳地区博物馆、朝阳县文化馆：《辽宁朝阳发现北燕、北魏墓》，第923页。
〔3〕 咸阳市文物考古研究所：《咸阳平陵十六国墓清理简报》，第7页。
〔4〕 西安市文物保护考古所：《西安韦曲高望堆北朝墓发掘简报》，《文物》2010年第9期，第34页。

三

本时期，南方胡人服饰的主要特征为交领和右衽相结合，长袍和短襦袴结合，根据其身份的高低，时有变化。由于六朝胡人俑大多制作粗率，有些甚至用红陶材质，故而对服饰的刻画不太精细，甚至有裸体俑。一般而言，身份较低的胡人劳作者往往身着襦、袴分开的短衣，而身份较高的胡人往往身着长袍。与胡人俑形成鲜明对比的是，青瓷胡人骑狮形器大都制作精细，服饰完整，就连服饰上的装饰纹样都刻画细致，可为我们勾勒出六朝胡人服饰的基本面目。以山东临沂洗砚池晋墓出土的青瓷胡人骑狮形器为例[1]（图19），该胡人身穿尖领、带有圆圈装饰的短袖外套，内着长袖，下着长裤，裤上有"十"字形装饰。其余几例胡人服饰上下均为圆圈装饰。由是可知西晋胡人的胡服上流行圆圈装饰。

图 19　临沂洗砚池晋墓出土
青瓷胡人骑狮器

从一些域外材料看，这种圆圈装饰大量出现在贵霜王朝的人物服饰中。如乌兹别克斯坦达尔维津·特佩（Dalverzin–tepe）遗址出土的男性头像。该遗址是整个中亚地区目前所知几乎最早的佛教寺院遗址，大约建于公元一世纪，其时正值贵霜王朝全盛时期。这里除了出土有佛像和菩萨像的碎片之外，还有与真人等高的供养人像。其中最重要的一个男性头像[2]（图20-1），头戴圆锥形尖帽，帽的下沿有联珠纹装饰，上面则点缀有圆形的装饰，人物面容端庄而安详，可以看到希腊化艺术风格的影响。上海博物馆藏有贵霜王朝迦腻色迦二世金币（图20-2），时间约在三世纪初[3]。正面国王身着交领长襦，长至膝盖，下着袴，其衣帽间有圆形装饰。可见这种圆形图案是点缀在贵霜贵族服饰上的常见装饰。在中亚考古证据中，著名的阿富汗黄金之丘为我们揭示了游牧民贵族的着衣习惯。在黄金之丘发掘出的早期大月氏贵族墓葬中的黄金制品中，很多饰品被制成小片，缝制或嵌在衣服上，或用金丝牵系在首饰上，非常华丽。因此，达尔维津·特佩遗址出土的男性供养人帽饰和迦腻色迦二世服饰上的圆形装饰可能表明其上缀有圆形金片。同时还有其他形状的金片（图20-3），这或可以解释临沂洗砚池晋墓出土的青瓷骑狮胡人裤子上的"十"字形装饰的来源问题。

---

〔1〕　山东省文物考古研究所、临沂市文化局：《山东临沂洗砚池晋墓》，《文物》2005 年第 7 期，第 21 页。

〔2〕　Marylin Martin Rhie, *Early Buddhist Art of China and Central Asia*, vol. Ⅰ, Leiden&Boston: Brill, 1999.

〔3〕　上海博物馆：《上海博物馆藏丝绸之路古代国家钱币》，上海书画出版社，2006 年版，第 227 页。

图 20　带有金属片装饰的贵霜人服饰
左：乌兹别克斯坦达尔维津·特佩（Dalverzin‐tepe）遗址出土的男性头像
中：上海博物馆藏迦腻色伽二世—第纳尔金币
右：阿富汗黄金之丘出土六瓣花形金片（缀在服饰上）

总的来说，由于载体的限制，六朝时期胡人大都做工粗糙，其服饰细节难以辨认。从已有的细节看，六朝胡人的服饰与境外胡人服饰上确实表现出高度的一致性。

北方胡人服饰主要可以分为袍服和铠甲两类。

西晋时期，袍服武士俑一般身着上襦下袴式的胡服，腰中束带。但上襦一般不长，仅仅到腰间，大多数为右衽。但西胡俑却为圆领式的套头衫，同样腰中束带。河西地区魏晋墓壁画中头戴尖顶帽的胡人同样身穿圆领衫，可证河西地区胡人受西胡之风浸染已久。甘肃高台壁画中髡发的鲜卑人上身着右衽襦衣，下身打着绑腿，同汉族相去甚远[1]。同样的绑腿还可以见嘉峪关新城 M5 中放牧的胡人[2]。310 国道三十里铺村晋墓中发掘出一件青瓷胡人座俑[3]，其肩部生有二犄角，似为东汉遗留西王母焰肩之变体。其胡服的袍袖、胸口均装饰有花瓣纹，似为点缀在服饰上的金属缀片，这类缀片在阿富汗黄金之丘大月氏墓葬中曾经有发现。铠甲武士俑则主要身着鱼鳞铠，这种铠甲明显受到西方的影响，其防御能力较强（图 21）。《晋书·吕光载记》中称吕光进攻龟兹城时，看到西域诸军装备的铠甲是"铠如连锁，射不可入"，可能就是这种铠甲。

十六国胡人俑中开始出现风帽和披风，这类风帽、风衣胡人形象最早可见汉代匈奴胡人俑，后来成为鲜卑武士的配套装束。北魏平城时期的胡俑，有些身着交领对襟的胡服，其长度长至膝盖，腰中束带，以大同雁北师院宋绍祖墓出土胡俑为代表[4]。北魏洛阳时期常见的武士铠甲类型为裲裆铠（图 22－1），其上缀有鳞形甲片，同时出现了明

〔1〕　吴荭、王策、毛瑞林：《河西墓葬中的鲜卑因素》，第 81 页。
〔2〕　〔日〕园田俊介：《酒泉丁家闸 5 号墓壁画所见十六国时期的河西社会——以胡人为中心》，《西北出土文献研究》（第 3 号），汲古书社，2006 年版，第 49 页。
〔3〕　310 国道孟津考古队：《洛阳孟津三十里铺西晋墓发掘报告》《华夏考古》1993 年第 1 期，第 39 页。
〔4〕　山西省考古研究所、大同市考古研究所：《大同市北魏宋绍祖墓发掘简报》，第 26 页。

图 21　310 国道三十里铺村西晋墓出土
青瓷座俑

图 22　北魏王温墓出土裲裆铠、明光铠与披风俑

光铠。明光铠也是由西方传入中国的，其主要特征是胸前左右各有一面巨大的护胸甲
（图 22－2）。有些胡人武士依然披着厚重的披风，威风凛凛，主要为了抵御北方寒冷的
天气。西胡俑的服饰依然是以紧窄贴身的圆领衫为主，腰中束带。北魏分裂后，明光铠
逐渐取代裲裆铠成为主流。在北齐晋阳地区的胡俑中，披风依然流行（图 22－3）。西
胡俑的服饰变化不大。目前发现的四例萨满巫师俑，均身着西胡式的长袍，圆领，但腰
中不束带，袍子相对较为肥大（图 7－1、7－2）。库狄迴洛墓中的巫师俑，衣服的袖口
异常宽大，应为特制[1]。北朝后期壁画墓中的胡人服饰开始出现了《职贡图》中波斯
国、呵跋檀国、胡密丹国、白题国使穿着的带尖翻领的袍服，如忻州九原岗北朝壁画墓
中发现的胡人武士图像，这种胡服虽见于北朝，但真正流行在汉人中的时代却是隋唐
时期。

　　粟特人石质葬具上的胡人服饰比较复杂，但仍然有规律可循。以安伽墓为例，粟特
本族人和披发的突厥人一般都身穿圆领或尖领衫，上襦下袴，腰部束带，襦服长至膝
盖，衣服紧窄贴肉，脚蹬皮靴。较为华丽的胡服可见青州北齐傅家村墓胡人献宝图[2]
（图 23），胡人身穿圆圈纹镶边的服饰。前文曾提到，这种圆圈纹装饰可能是缀在服饰
上的金属片，也可能是简化的装饰，在中亚地区较为常见。

<h1 style="text-align:center">四</h1>

　　六朝胡人同汉代胡人尤其是东汉晚期入华的胡人有密切的关系，其族源上具有相似
之处。魏晋时期的"杂胡"，其族源似乎应该以贵霜（大月支）为代表的西胡人为主
体，兼有康居、安息、罽宾、天竺一带的胡人。他们的特征是高鼻深目、头戴尖顶帽，
其服饰上往往有圆片状装饰，其宗教信仰是佛教。而南朝（刘宋、南齐、梁、陈）时期

---

〔1〕　王克林：《北齐库狄迴洛墓》，第 398 页。
〔2〕　山东省益都县博物馆：《益都北齐石室墓线刻画像》，第 50 页。

的杂胡，从考古证据看，其图像急剧减少，可能其族源发生了变化。

从史书看，六朝胡人的姓氏反映了胡人的族群，主要有月支、康居、罽宾、天竺等国的胡人。其中既包括了汉末入华，汉化程度较深的胡人家族，还包括了为传播宗教或经商而新近入华的胡人家族。一些墓志材料提供了辅助判断的依据。如《唐故江州寻阳县丞支公（光）墓志铭并序》载：光"其先琅邪人，后赵司空始安郡公曰雄七世孙也。永嘉之乱，衣冠违难，鳞萃江表，时则支氏浮江南迁，其后派别脉分，因居吴郡属邑"[1]。可见永嘉之乱有一批汉化的月支人南迁入吴。随着海上交通逐渐发达，除陆上丝绸之路依旧畅通，由海路入华的胡僧数量也不断增多，其族源地也从中亚扩展到南亚次大陆和东南亚地区。

图23　青州北齐傅家村墓胡人献宝图

我们发现以刘宋朝为界，六朝胡人的身份发生了一次转型。南京市雨花台区铁心桥东晋墓出土砖刻画胡人形象同贵霜胡人相去甚远，可能来自南方的罽宾、天竺一带。从文物上看，以刘宋朝为界，之前孙吴、西晋墓中的胡人形象较多，而之后南朝墓葬中的胡人形象减少，并流露出部分北地的影响。这充分说明了南北朝之间的文化交流已经深入到墓葬文化中。因此，有些学者指出，"此前建康的侨居胡人社会似以西域内陆国家如康居国、月氏国等为主，此后则以西域濒海国家如天竺国、扶南国等为主"[2]。

北方胡人的族属则更为复杂。林梅村教授将中国十六国至隋唐时期的西北少数民族按照语系分为四个系统，"月氏、塞人、粟特、羯胡属于西胡，讲印欧语系的语言；氐、羌、党项、吐蕃属于西羌，讲汉藏语系的语言；匈奴、乌桓、鲜卑、柔然、吐谷浑属于东胡，讲阿尔泰语系蒙古语族的语言；鲜虞、丁零、敕勒、突厥、回鹘、黠戛斯属于北狄，讲阿尔泰语系突厥语族的语言"[3]。然而，学术界对中古时期北方胡人族属的研究主要集中在文献角度，如何将考古中的胡人图像同族属对应起来，并未引起足够的重视。以往的研究者在论述此问题时，往往取其两端，或将其简单分为杂种胡和西胡，或精确至具体国别，如龟兹、于阗、嚈哒、粟特、波斯、大食云云。笔者以为，对胡人族属的判定是一件非常复杂的事情，既不能失于宽泛，又很难过于精确，应先定人种，再

---

〔1〕　河南省文物研究所、洛阳地区文管处编：《千唐志斋藏志》，文物出版社，1984年版，第1132~1133页。
〔2〕　叶德荣：《汉晋胡汉佛教论稿》，兰州大学出版社，2012年版，第148页。
〔3〕　林梅村：《松漠之间——考古新发现所见中外文化交流》，生活·读书·新知三联书店，2007年版，第167页。

定种族，最好辅助以文献学、语言学和体质人类学的证据，如墓志所载的墓主家族的信息和人骨的特征等。

西胡人的种族主要为高加索人种，即白种人，可以分为阿兰种、吐火罗种、大月氏种等不同族群，也有黄、白混血，如突厥人、匈奴人。入主中原的"五胡"，即匈奴、羯、羌、氐、鲜卑，再加上史书中频现的卢水胡、屠各、稽胡等杂种胡中，也有白种人分支，如羯族，更多的是蒙古人种，鲜卑、乌桓人之类的东胡人，并不流露出强烈的高鼻深目的胡状特点，颇值得我们注意。

魏晋伊始，北方的胡人图像延续了汉代胡人程式化的特征，难以精确定出其种族。此时的西胡人的蓝本依然是以头戴尖顶帽的贵霜（大月氏）人形象为主，少量胡人形象流露出希腊化因素，有来自犍陀罗地区之疑，但大多数只能视之为"杂胡"。十六国中的羯族虽然建立过政权，但是西胡因素在十六国墓葬中并不强，反而是以鲜卑人为代表的北方草原因素在东北和河西地区均有表现。北魏建立后，墓中随葬西胡俑逐渐成为惯例，一般以伎乐杂耍、执事俑或牵马（驼）俑最为常见，表现出鲜卑人同西域密切的关系。东魏北齐、西魏北周时，随着鲜卑武人集团中反对汉化势力的增强，东西两大政权均有不同程度的"西胡化"倾向，胡人图像中的西胡因素增强。此时的胡人图像中，粟特人占据了比较大的比重。从考古材料中看，粟特人为代表的西胡人在北朝政权中担任一定的官职。其携带来的火祆教信仰，对中国上层统治者的审美志趣和艺术影响很大。目前已发现的北朝至隋代的外国人石质葬具中，除李诞是罽宾国婆罗门后裔外[1]，其余各例中的墓主人如安伽、史君、康业等等均为粟特人。其石质葬具上的胡人形象也多取自粟特、突厥人的外貌，同火祆教关系密切。

五胡中，匈奴族的大部、取代匈奴称雄草原的鲜卑人，以及川、陕、陇地活跃的羌人、氐人，同属于蒙古人种，从容貌看同汉人差别并不大，故而从图像出发对其具体种族的判定有一定的难度。孙彦曾撰文论述河西魏晋墓葬中的"羌女"形象[2]，将披发女性定为羌女，可备一说。《后汉书·西羌传》载："羌胡被发左衽。"《魏略·西戎传》云："（氐族）其妇人嫁时著衽露，其缘饰之制有似羌，衽露有似中国袍。皆编发。"《三国志·乌丸传》记："鲜卑……其言语习俗与乌丸同。……常以季春大会，作乐水上，嫁女娶妇，髡头饮宴。"可知羌、氐、鲜卑、乌丸等虽各有其民族特点，但风俗类似，不易区分。本文对以上胡族的容貌、发式、帽式与服饰等问题已有论述。要知披发习俗为北方游牧民族所常有，自两汉之际的匈奴始，汉晋之西羌、隋唐之突厥大都采用此种发式，难以确定具体族属。

十六国大多国祚短暂，尚未形成本族广泛的文化特色就已然灭亡。故十六国墓葬中胡人图像并不多见，属于汉晋至北魏的过渡。北魏统一了北方，采用了积极的民族政策，缓和了胡汉矛盾。在北方的游牧地区，保持旧的部族组织，通过地方豪酋、领民酋长进行管理，吸纳胡族武士担任骑兵，同漠北柔然帝国争雄；而在广大中原地区，采用

〔1〕 程林泉、张小丽、张翔宇、李书锁：《陕西西安发现北周婆罗门后裔墓葬》，《中国文物报》2005 年10 月21 日。

〔2〕 孙彦：《河西魏晋十六国壁画墓研究》，文物出版社，2011 年版，第233 页。

"离散部落"的政策，使部民成为编民，同时联合汉人大族，利用汉人先进的农耕技术恢复生产。北朝政权对胡汉的不同态度也反映在北朝墓葬艺术中，胡人俑和汉人俑同时出现，身份各有侧重。武士俑大多以胡俑为主，面容粗犷，表情凶悍；汉人大多瘦骨清像，面露微笑，受到南朝制像艺术风格的影响。我们注意到，北朝政权中胡人武士俑形象蓝本并非直接取自鲜卑，或羌、氐、羯、卢水胡等诸多北方胡族，也并非粟特、波斯等西域胡人，而是继承了汉晋时期程式化的胡人图像，是一种经过艺术加工的、带有夸张和想象的异域人物。

从粟特人石质葬具的经验看，在华外国人往往在葬具上选择采用本民族的形象。罽宾人李诞石棺墓后挡板玄武旁的"有圆形头光，深目、高鼻，上身袒露，腰穿短裙"[1] 的胡天神形象（图24）是否就是以

图 24　北周李诞墓后挡板图像

罽宾胡人为蓝本创造的呢？我们不得而知。但在唐代，这种具有浓郁胡状外貌的人物大量出现在墓葬中，成为造型夸张的镇墓武士俑；甚至被吸纳到佛教中来，成为佛教的天王、力士，并在后世广为流传。此间涉及艺术化或想象中的胡人形象和真实胡人形象的关系，无疑值得我们深思。

作者单位：华东师范大学艺术研究所

收稿日期：2015 – 5 – 16

---

〔1〕 程林泉：《西安北周李诞墓的考古发现与研究》，《西部考古》（第一辑），三秦出版社，2006 年版，第 393 页。

"拟古"与"溯古"

——论隋唐两京空间设计中的文脉意识

于志飞　王紫微

公元 6—9 世纪的隋大兴—唐长安城与隋唐洛阳城在中国古代都城设计史上占有重要地位，以空间严整、区划分明而自成"新意"。然而微观层次上，两京却呈现出耐人寻味的空间形态细节，如隋大兴—唐长安城的东南角与东北侧外凸空间、唐大明宫东北角的斜向抹角走向宫墙、隋唐洛阳城偏西布置的中轴线、西南角的曲折墙段、外郭北墙的斜切走向等。作为集中体现王权礼制结构与威仪的都城空间，起伏的土塬与蜿蜒的河川似乎不足以影响设计的严整性，当有更为深刻的历史与人文环境因素隐含其中。本文尝试对此进行梳理、探讨，进而揭示其背后的"真义"。

一　"双城共形"的"宇文恺模式"

（一）从汉长安城到隋大兴城

隋大兴城始建于隋文帝开皇二年（582 年），位于西汉—十六国北朝的旧长安城东南方。关于这座都城形制设计的来源，研究者多将其与北朝洛阳、北朝邺城以至南朝建康间进行比较。从中古时期国家权力运行制度下的都城功能结构角度来看，其间确然有着不可忽视的内在传承关系。然而若从都城所在地的历史地理空间角度观察，大兴城却有着作为古长安城之旁新造都城的地域特质，这种空间上的传承关系尚未引起研究者的注意。

《太平广记》卷一百三十五"隋文帝"条（引《西京记》）云："长安朝堂（在隋广阳门—唐承天门前）即旧杨兴村，村门大树今见在。初，周代有异僧号为枨公，言词恍惚，后多有验。时村人于此树下集言议，枨公忽来逐之，曰：'此天子坐处，汝等何故居此？'及隋文帝即位，便有迁都意。"这一传说暗示广阳门在大兴城定位设计中颇为重要。自广阳门南望，向东南的视域边界基线过皇城东南角而指向芙蓉园东北角，向西南的视域边界基线过皇城西南角而指向外郭城西南角[1]，使得广阳门成为总揽全城的视觉中心，正与其"外朝"的意义吻合。然而若将视野扩展至隋迁都前所用的旧长安城，

---

〔1〕　本文插图所绘都城方位、结构主要参考以下文献：中国科学院考古研究所唐城发掘队：《唐代长安城考古纪略》，《考古》1963 年第 11 期，第 597 页；董鸿闻等：《汉长安城遗址测绘研究获得的新信息》，《考古与文物》2000 年第 5 期，第 39～49 页；中国社会科学院考古研究所：《隋唐洛阳城 1959—2001 年考古发掘报告》，文物出版社，2014 年版，第 5 页。但均据 GoogleEarth 软件卫片进行了必要的校正。

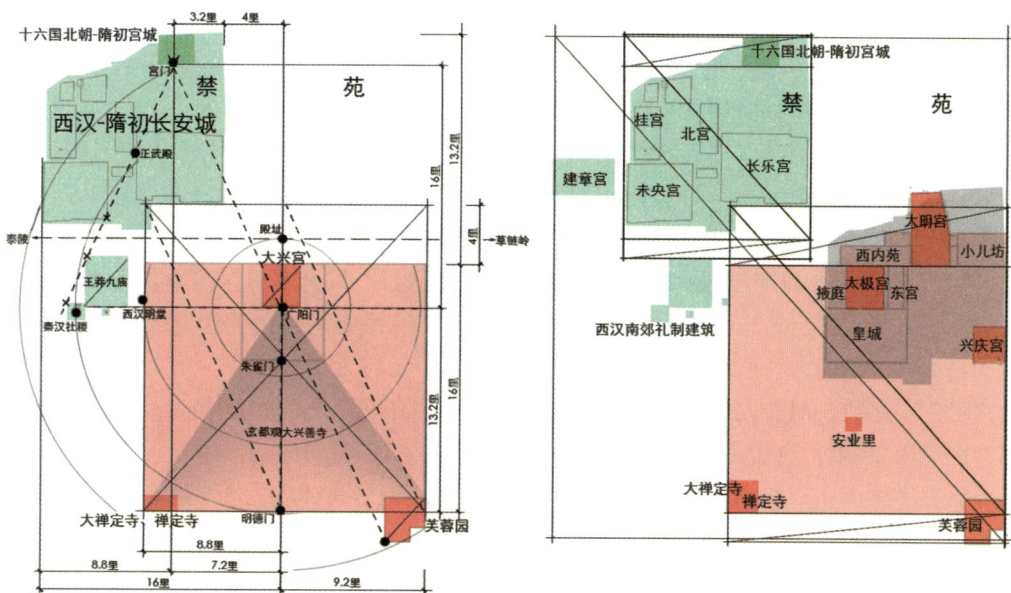

图 1　隋大兴—唐长安城与汉长安城空间关系设计分析
左：初期基本空间关系　　　右：隋—唐时期形态拟象

则发现设计在此继续延伸——自旧长安宫城[1]南宫门（今"楼阁台"遗址，应为隋迁都前宫之阙门）南望，东侧之大兴宫西北角、广阳门与西侧之西汉"王莽九庙"西北角及社稷围墙西北角恰成对称之势，且各与楼阁台遗址共在同一视线之上。东侧视线继续南延，则直指芙蓉园西南角；西侧视线亦过西汉未央宫东南角与北朝长安的"讲武殿"高台建筑遗址（传为北周正武殿），由此构成以隋之旧宫阙门为基点而"统御两城"的视域，涵盖了新旧都城的多处重要空间节点，使得新旧都城的重要宫殿楼阙重叠于同一视线方向，形成互动统一的空间秩序。值得注意的是大兴宫（东西 1285m × 南北 1492㎡[2]）与"王莽九庙"大围墙（东西 1490m × 南北 1660m[3]）空间规模、深广比例相近，比照二者在视域设计中的方位关系，可知非为巧合，而是有意的拟象。

以广阳门为中心，更隐含着自内而外的四重圆形基线，使之进一步成为名副其实的"双城"空间轴心——第一重与皇城南侧两转交相切，北与大兴城轴线相交处则有一大型夯土殿址，1932 年"西京筹备委员会"标曰"练马台"，现场勘查可见明显的夯土层。《长安志》卷六云"观德殿在元（玄）武门外"，这处殿址很可能是隋观德殿，惜已因近年文景路建设而毁去。第二重正与外郭城东西两墙相切，西墙相切处恰为西汉明堂（或辟雍）所在，正南则与宇文恺因"九五"之地而建的玄都观、大兴善寺（《元和

〔1〕　中国社会科学院考古研究所汉长安城工作队：《西安市十六国至北朝时期长安城宫城遗址的钻探与试掘》，《考古》2008 年第 9 期，第 25～28 页。

〔2〕　中国科学院考古研究所唐城发掘队：《唐代长安城考古纪略》，第 597 页；马得志、杨鸿勋：《关于唐长安东宫范围问题的研讨》，《考古》1978 年第 1 期，第 64 页。

〔3〕　中国社会科学院考古研究所：《西汉礼制建筑遗址》，文物出版社，2003 年版，第 10 页。

郡县图志》云"九五贵位，不欲常人居之，故置玄都观、兴善寺以镇其地"）南缘相切。第三重南过明德门，西过秦汉社稷旧址，西北过"讲武殿"遗址。第四重东南与曲江阶梯形的东南围墙相切，西北则正过旧长安宫南宫门。

旧长安宫与大兴间亦形成独特的尺度关系，其中反复体现历代王朝相当重视的"九五"之数——横向上，以两宫轴线及两城东西城墙为基准，3.2里∶4里＝7.2里∶8.8里＝4∶5[1]、16里∶9.2里＝9∶5。纵向上，以两宫南墙及两城南、北墙为基准，13.2里∶16里＝4∶5。纵横两方向定位基线的交点，仍为两宫南宫门。可见广阳门作为新旧两城共成空间的视域节点与定位中心，在大兴城空间设计中具有举足轻重的定位意义，这就应是前文杨兴村谶语的传说所本。而这组数据中的16里与18里（8.8里＋9.2里）则正为大兴城深广之数。旧长安城东南部凹入空间也成为大兴城向北的扩展空间，自大兴城南墙至此总深20里，皇城正门朱雀门正在这一18里×20里空间的几何中心。

大兴城东南角地势高亢，而西南角"有昆明池，地势微下"，颇不均衡。设计者宇文恺遂于西南角建大型木塔以补地势缺憾，形成木塔与东南角芙蓉园"对称均衡"的空间视觉效果[2]。木塔所建之处，即西南角永阳坊东半隋文帝为独孤后所建禅定寺，嗣后炀帝又于坊之西半为文帝建大禅定寺，亦设木塔，《两京新记》残卷载其"高下与东浮图不异"。这两处左右拱卫大兴城的空间节点与旧长安宫所构成的矩形空间几何中心，正是新都大兴宫所在。且两寺作为为隋帝后"追福"之所，正在帝后生前旧居所在的旧长安宫正南，再次证明旧长安城空间要素在新都设计中的重要影响力与大兴宫的"中心"意义。

空间尺度与比例上，大兴宫的规模为东西1285m×南北1492m[3]，而旧长安城内十六国北朝—隋初宫城（西城）的规模为东西1236m×南北974m[4]，东西之广甚相接近。旧长安城东西约6.4km合隋12里（以1里＝530m计）、南北约7km合隋13.2里，此尺度扩大1.5倍，正为大兴城及其北嵌入旧长安城东南角空间总成的东西18里×南北20里。而加入旧城西之汉建章宫在内的旧长安城之东西广8.8公里合隋17里，近于大兴城东西面阔；自汉长安南郊礼制建筑群南缘至城内北部北朝—隋初宫城南缘8.5公里合隋16里，正与大兴城南北进深相当。两城总体构成的空间规模为东西广15.6km、南北深17.7km，比值近于大兴城尺度之18里∶20里。

空间形态上，大兴城总的矩形平面虽不同于汉长安城的曲折平面，但东南角芙蓉园却呈向南折角凸出，且凸出空间两侧的东西向墙体并不在东西一线上。这处细节，类于

〔1〕 本文距离数据均取自 GoogleEarth 软件，并按隋唐1里＝530m 计。
〔2〕（元）骆天骧《类编长安志》：大庄严寺在永阳坊。隋初，置宇文氏别馆于此坊，仁寿三年，文帝为献后立为禅定寺。宇文恺以京城之西有昆明池，地势低下，乃奏于此寺建木浮图，崇三百二十尺（案：宋志三百三十尺），周回一百二十步，大业七年成。大总持寺在永阳坊。隋大业三年，炀帝为文帝所立，初名大禅定寺，寺内制度与庄严寺正同。武德元年，改为总持寺。庄严、总持，即隋文、献后宫中之号也。寺中常贡梨花蜜。景龙文馆记曰："隋文自立法号，称总持，呼萧后为庄严，因此名寺。"
〔3〕 马得志、杨鸿勋：《关于唐长安东宫范围问题的研讨》，第64页。
〔4〕 中国社会科学院考古研究所汉长安城工作队：《西安市十六国至北朝时期长安城宫城遗址的钻探与试掘》，第25～28页。

汉长安城南段安门两侧城墙的凸出、西侧西安门一线城墙与东侧覆盎门一线城墙亦不在东西一线。且芙蓉园南墙相对于外郭城南墙南偏约 1010m,正与旧长安城安门城墙相对于覆盎门城墙南偏约 950m 近似,当亦为有意的"拟象"。而大兴城内皇城及其北宫城东西两端掖庭、东宫的空间尺度、形态与方位,则类于旧长安城内汉未央宫、桂宫、北宫。唐代正是在此基础上,完成了对旧长安城东北部阶梯形外凸空间的拟象设计(详见后文)。

这些现象暗示,从隋代规划新都开始,虽然在功能结构上继承魏晋南北朝以来特别是北魏洛阳的都城规划思想,但在空间形态上仍然有意识地与旧都长安取得定位、规模、比例的"同构",并在视域设计创构联系两城重要空间节点的景观基线,使之取得内在相通的秩序。隋与西汉相去近六百年,隋时期的汉长安城郊外,汉代遗迹当仍历历可辨,如汉长安城礼制建筑南缘第十二号遗址中心建筑在 20 世纪 50 年代尚"高出周围地面,形似汉代大土塚"[1],这些遗迹与汉长安城城垣构成的旧长安城空间,成为设计者确立新都空间尺度、比例的重要参照。

(二)从东周王城到隋东都城

仁寿四年(604 年),隋文帝"下诏于伊洛建东京"(《资治通鉴·隋纪四》),当年文帝崩,东京(东都)洛阳城实始建于炀帝大业元年(605 年)。

东都城被定位于"自故都西移十八里"处(《旧唐书·地理志一》),可见两城也有一定的几何方位关系。唐人所指的"故都"乃是汉魏洛阳城,实测此城中轴线西偏十八里(约 9540m)之线恰穿过隋东都外郭城东南角,当为文献所指。但这种关系并非如旧长安城与大兴城的关系般紧密而有机,实非东都城设计所依。于是另一处与之关系更加紧密的都城——东周王城就不得不被引入了研究的视野。此城是周平王东迁后定都之地,为都 500 余年,在今涧河两岸,其东墙与隋东都城西墙相距仅二百余米。隋唐时"东周王城和汉河南县城旧址仍有断壁残垣存于当时地表之上",并且曾被修葺使用[2],这就说明隋代的东周王城遗迹曾是这一区域重要的人文环境要素。

从考古探得的东周王城平面图分析,其东、北城墙走向正与隋东都城东、北墙基本平行,且夹角均略呈锐角。东周王城西墙北段偏东、中段曲折向西、南段偏西凸出,也正与隋东都城极为相类。东周王城深、广约 3.4km 合隋 6.3 里,扩大 2.22 倍,正为隋东都城东西 14 里×南北 14 里的标准设计尺度[3]。

东周王城的宫城偏于王城西南隅,多年来的考古发掘研究表明其"北起今行署路南一线,南至瞿家屯村东周王城南城墙一带,东起王城大道以西、东周王城仓窖区东侧的河道,西至古涧河"[4],这也与隋唐东都城宫城中轴偏西相似。前者东西广约 1030m,合隋唐 700 步[5](以 1 步 =1.47m 计),正与隋唐东都宫规模的 700 步×700 步相合。据

〔1〕 中国社会科学院考古研究所:《西汉礼制建筑遗址》,第 104 页。
〔2〕 石自社:《隋唐东都形制布局特点分析》,《考古》2009 年第 10 期,第 80 页。
〔3〕 于志飞:《隋唐都城尺度设计方法新探》,《中国文物科学研究》2012 年第 4 期,第 72～74 页。
〔4〕 徐昭峰:《试论东周王城的城郭布局及其演变》,《考古》2011 年第 5 期,第 68～69 页;徐昭峰:《试论东周王城的宫城》,《考古与文物》2014 年第 1 期,第 31～34 页。
〔5〕 于志飞:《隋唐都城尺度设计方法新探》,第 72～74 页。

已发现的大型夯土基址推测，东周宫城的中轴线很可能为自瞿家屯遗址向北与东城墙平行一线。此轴线距王城西墙南段约 1.1km、距东墙约 2.5km，而隋唐洛阳城中轴线亦偏西，距郭城西墙南段约 2.3km、距东墙约 5.2km，两者皆分各自城西、城东广之比例为 1:2.26 左右。两城中轴线相距约 3.8km，正近于隋唐七里，此"七"，正为隋唐洛阳城 7 里—

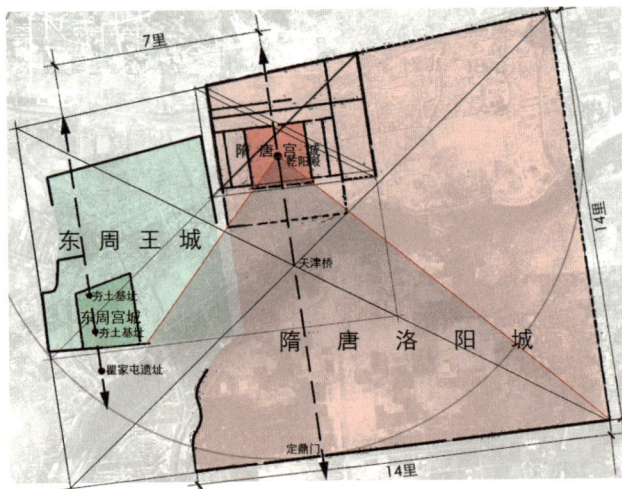

图 2　隋东都城与东周王城空间关系设计分析

700 步—1400 步的空间设计基准数值[1]。隋唐郭城东墙至东周王城西墙南段约 9.9km 合 18.7 里，隋唐中轴线正近这一空间的中分线。东周王城西墙南段、南墙与隋东都圆璧城北墙、东城东墙构成的空间，东周王城东墙与隋东都圆璧城北墙、东城东墙与南墙构成的空间，也皆与王城及隋唐外郭城构成总空间的深广比例相同。

此外，而两城共同构成空间的几何中心，则正是昭示"洛水贯都"的天津桥所在。隋唐洛阳宫几何中心——乾阳殿则距郭城西北角、东周王城西南角、定鼎门尺度均相同。乾阳殿也成为"统御全城"的视域基点，其东南边界基线过大内、皇城东南角而直抵外郭城东南角，西南边界基线过大内、皇城西南角直抵东周宫城东南角。以正殿而非正门作为视域基点，是其与大兴城有所区别之处。至唐高宗、武则天时期，乾阳殿之地被更为峻极高耸的"明堂"，强化了其视觉"焦点"意义。这一设计有违明堂"在国之阳"的"古制"，却正合乾阳殿在东都城中特殊的空间地位。

因此，隋东都城形态、尺度、朝向、轴线皆是比定东周王城而来，东周王城乃是隋东都城空间的一个"有机"构成要素，两城不但形成近于大兴城 18 里的东西广度，而且正是以隋唐洛阳城中轴线为对称轴，这应就是隋东都城轴线偏西设计的真正原因。

隋两京的主要设计者均为宇文恺，《隋书·宇文恺传》言其"少有器局……独好学，博览书记，解属文，多伎艺，号为名父公子"。北周大象二年（580 年）杨坚任北周宰相后，宇文恺被任命为上开府、匠师中大夫。《唐六典》卷二三"将作都水监"条云"后周有匠师中大夫一人，掌城郭、宫室之制及诸器物度量"，"制"及"度量"正是前文所述都城设计的关键因素所在。可见宇文恺在北周时已任职此中，通过览阅图籍、亲身踏察，北周都城旧长安城的深广高下、尺度形势、历史旧迹已为宇文恺熟稔于心。营造大兴城时，宇文恺"领营新都副监，高颎虽总纲要，凡所规画，皆出于恺"。嗣后隋文帝欲造仁寿宫时，"访可任者，右仆射杨素言恺有巧思，上然之，于是检校将作大

---

[1]　于志飞：《隋唐都城尺度设计方法新探》，第 72~74 页。

匠。"杨素直言其有"巧思",暗示宇文恺在设计实践中善于运用独树一格的规划手法。其"撰《东都图记》二十卷、《明堂图议》二卷、《释疑》一卷,见行于世",可见其非凡的设计才华,既通晓古今建筑制度,更善于结合实地而将种种"巧思"付诸工程实践,集周汉代以来关洛古今空间要素之大成,创造了有隋一代都城空间的独特个性。

二 唐长安"三大内"设计中的时空互动

武德元年(618年)唐高祖李渊以唐代隋,仍以大兴城为都并更名长安。政权稳定后的唐王朝不但接续完成隋代未竟的长安外郭城营造工程,并陆续增建了大明宫、兴庆宫,与原太极宫(隋大兴宫)形成"三大内"格局。这一系列重大设计营造活动,表面上似乎改变了此城的空间格局,其实仍然承袭着宇文恺规划既有的空间设计理念。

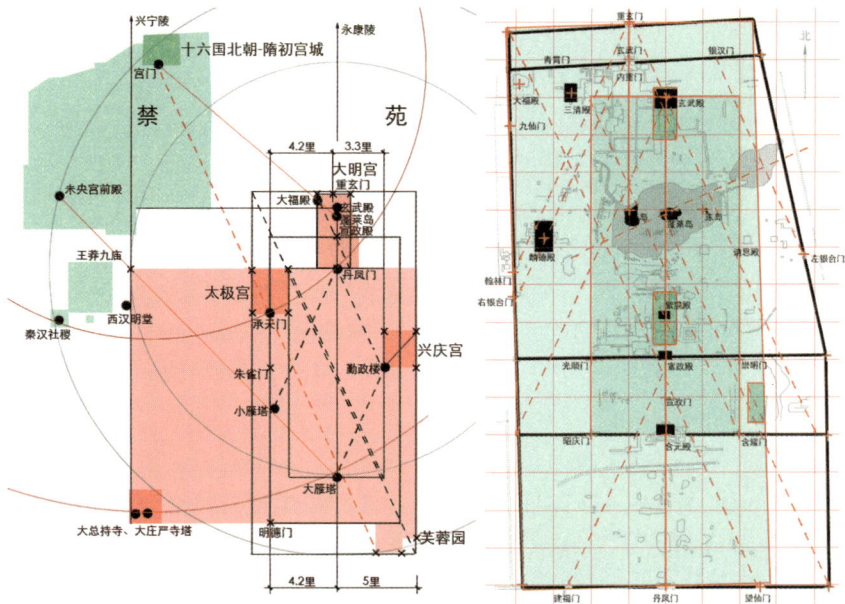

图3 大明宫与"三大内"、大雁塔、小雁塔设计定位分析
右图大明宫网格单元为唐112步

(一)拟象汉隋

大明宫营造始于唐太宗即位之初,名"永安宫",宣称是为太上皇李渊"清暑",但直至高宗时方成,并为此后绝大部分时期唐帝听政、居寝所在。除了龙首塬地势高亢的有利因素,大明宫的位置正与旧长安城东北部最凸部位为十六国北朝至隋初宫城位置所在相类。其广约1385m,近北朝宫城之"西城"1236m之广。汉长安城中北朝宫城中轴线与汉长安城东、西墙距离比例约为1.8km:4.5km＝1:2.5,正与大明宫轴线与唐长安东、西墙距离比例2.7km:7km＝1:2.6近同。在这一格局下,包括西内苑、小儿坊在内的城北禁苑内几处空间也呈现出如汉长安城东北部外凸的形态,且其阶梯形轮廓细节一如旧长安城北墙顺渭水南岸形成的斜向阶梯形走向。再计入城内宫城皇城、兴庆宫这些都城中枢空间,其总规模约为东西6.3km×南北5.9km,正与旧长安城东西6.4km×

南北 5.9km（以东墙计）形成对应。且三宫形势颇似旧长安城中北朝宫城、汉未央宫、汉长乐宫关系。大明宫在建成以后直至唐末的绝大部分时间里，均是唐代的政治中枢。除却高踞龙首塬的地势因素，对于"历史格局"的回归，恐怕也是相当重要的原因之一。此外，隋代曾计划于安业里兴建明堂，此方位恰相当于唐"三大内"所成旧长安空间的南郊礼制建筑区，种种设计现象皆暗示对汉长安空间的又一次"回归"。这不但体现在空间设计上，甚至城市的名称也恢复了"长安"旧称。

大明宫特殊之处是东北部斜向抹角，形成北部渐窄的格局[1]。宫中南北向以丹凤门至玄武殿一线形成中轴，但宫北门玄武门、重玄门西偏于此轴线，向南直对太液池西岛，形成"西轴"。偏移量约合唐 112 步（按唐 1 步 = 1.47m），经作图分析，这一数值正是大明宫整体空间设计划分的基准模数，显然是有意设计[2]。大明宫宫域广深比例以南墙计为 8.5:15 = 1:1.76，其所对长安东半区域广深比为 9 里:16 里 = 1:1.78，近同大明宫广深之比。但以北墙计时，大明宫广深比为 6.7:15 = 1:2.24。宫中南至含元殿、北至玄武殿（主轴线北端基点）、东至含耀门—崇明门一线、西至昭庆门—光顺门一线的矩形空间是以"禁庭"为主体的核心区[3]，其广深比例为 4:9 = 1:2.25；含耀门东北的方形院落深广比为 95m:205m = 1:2.16[4]；紫宸殿院与玄武殿院深广比约为 1:2.2。此外，宫中还存在着多条与此比例矩形对角线平行之线构成的定位基线。可见以北墙计的大明宫广深比，是大明宫内建筑群落空间深广比例设计的基本数值，这一空间比例正是源自宇文恺设计中的旧长安宫门—大兴宫广阳门—芙蓉园西南角视线。

玄宗即位后的开元二年（714 年），于春明门内北侧"兴庆里旧邸为兴庆宫"（《旧唐书·玄宗本纪》），号称"南内"。兴庆宫本身的规模为东西 1080m × 南北 1250m[5]，与太极宫广深比例近同，并在方位上形成拱卫大明宫的格局，构成长安"三大内"。玄宗还专在外郭城东城墙建造夹城之道，使得"三大内"与芙蓉园贯通联络，暗示芙蓉园地位颇高。这一时期的长安东半空间，也已于此前建成穿过大明宫中轴线的大慈恩寺塔（大雁塔）与荐福寺塔（小雁塔）。三大内与大雁塔内部围合的矩形空间，深广比 6 里:13 里比恰为 1:2.2，且其深 13 里正与宇文恺规划的明德门至承天门距离一等，其广 6 里则近于西内所在宫城皇城 5.3 里之广。可见"三大内"与大雁塔的出现，构成了另一个一等于大兴宫前空间的虚拟"宫前空间"。而以长安南墙、朱雀大道—太极宫中轴线、大明宫宣政殿两侧隔墙、兴庆宫中轴线为四界，或以芙蓉园南墙、太极宫西墙、大明宫北墙、兴庆宫东墙为四界，构成空间比例依然为 1:2.2，形成内、中、外三重深广比一同的空间。对于"三大内"而言，内重空间关键边界均为各宫面向长安东半空间的宫墙，中重空间关键边界均为各宫正殿之地，外重空间关键边界皆为各宫背向长安东半空间的宫墙，体现出构思相当条理化的设计意图。

---

〔1〕 图据龚国强等：《西安市唐大明宫遗址考古新收获》，《考古》2012 年 11 期。

〔2〕 本文大明宫遗迹布局底图取自龚国强等：《西安市唐大明宫遗址考古新收获》，图 1。

〔3〕 傅熹年：《中国古代建筑史》第二卷，中国建筑工业出版社，2011 年版，第 378 页。

〔4〕 中国社会科学院考古研究所：《唐长安城大明宫》，科学出版社，1959 年版，第 32 页。

〔5〕 陕西省文物管理委员会：《唐长安城地基初步探测》，《考古学报》1958 年第 3 期，第 86 页。

小雁塔—丹凤门、大雁塔—兴庆宫西南角、兴庆宫西南角—丹凤门四道基线角度比例亦为1:2.2。从吕大防《兴庆宫图》可知,兴庆宫西南角正为勤政务本、花萼相辉楼。二楼建于开元八年(720年),对于兴庆宫意义颇为特殊:改元、科举、大赦等宫廷重大典礼均在勤政务本楼前广场举行;每年正月十五上元节、八月初五千秋节,玄宗皆登临此楼以见群臣百姓,实与太极宫承天门、大明宫含元殿相当,为宫之外朝。相邻的花萼相辉楼,《唐会要》载每值玄宗生日皆在此大宴,《明皇杂录》云楼前"大陈山车旱船,寻橦走索,丸剑角抵,戏马斗鸡。又令宫女数百,饰以珠翠,衣以锦绣,自帷中出,击雷鼓为《破阵乐》《太平乐》《上元乐》。又引大象、犀牛入场,或拜舞,动中音律"。今所见的基线设计,也正为二楼地位重要的又一佐证。

隋大兴城轴线上重要空间节点的方位设计方法亦为大明宫所继承——测量计算发现,郭城南墙—延兴门至延平门大街—皇城南墙—宫城南墙—宫城北墙间南北进深均以约1.25倍比率递减。唐代以后,长安北墙—含光殿区北墙与小儿坊墙一线(紫宸殿所在)—玄武殿南缘间的南北进深,仍基于隋代确定的宫城进深以1.25倍比率继续向北递减。玄武殿是大明宫主轴线终点所在,其西直对旧长安城东南角,正是隋代规划大兴城的北部扩展空间边界。兴庆宫南墙

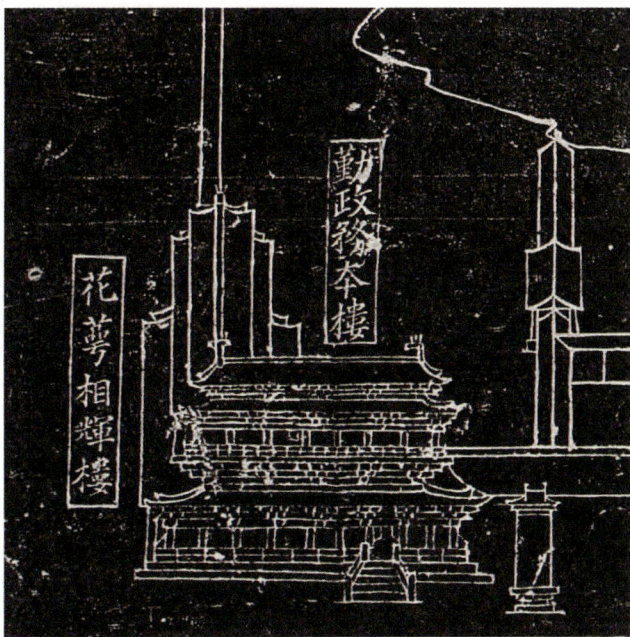

图4 吕大防《兴庆宫图》中的勤政务本楼与花萼相辉楼

及勤政务本楼也选于西对朱雀门之线。而大明宫中也按照这一比例规则,确定了丹凤门—含元殿—紫宸殿—蓬莱岛—内重门—重玄门之中轴空间进深序列的比例设计。

1:2.2之数,既为宇文恺设计大兴城时联系长安两城视域边界基线的倾斜比例,也为隋东都城轴线分郭城空间的东西广度比例、东周王城规模与隋东都城之比,可见是隋时已定。这一比值亦为"九五""九二"比例衍生,如(9-5):9=1:2.25,宇文恺规划时以六道高坡附会《易经》而"于九二置宫殿"(《元和郡县图志·卷一 关内道》),大兴城东半空间为9.2里:20里=1:2.2,又衍生"九二"为9:20=1:2.2。唐长安与大明宫轴线空间进深尺度的1.25倍率,也为与"九五"相关的4:5=1:1.25所得。大明宫轴线分长安东半广度之比亦为4里:5里(不计入朱雀大道);大明宫玄武门轴线分太极宫轴线至兴庆宫西墙间空间广度比例为4.2里:3.3里=5:4;大明宫本身南部广950步(约1397m),皆是这种附会的体现,反映了其自隋至唐的延续与共融。

这些空间比例"同构"现象暗示，以大明宫为核心的"三大内"格局规划，实非偶然因素促成，皆为唐王朝的有计划举措，并延续了宇文恺既有的空间规划思想，不排除直接参阅使用了宇文恺的相关设计著作，甚至直接使用了宇文恺未实施之设计。唐初因战事未定、民力疲敝，故未大兴土木，并焚毁东都应天门、乾元殿以示与隋之奢侈决裂。但社会渐趋稳定、经济恢复后，不但太宗时假借为太上皇"清暑"之名开始营造永安宫，高宗时更修复了应天门、乾元殿，并增筑上阳宫，较隋时已有过之而无不及。

（二）视域、"对景"与"立中"

随着唐代"三大内"等营造工程的完成，宇文恺两京设计中使用的视域、"对景""立中"空间设计方法继续为唐人所用，并踵事增华。

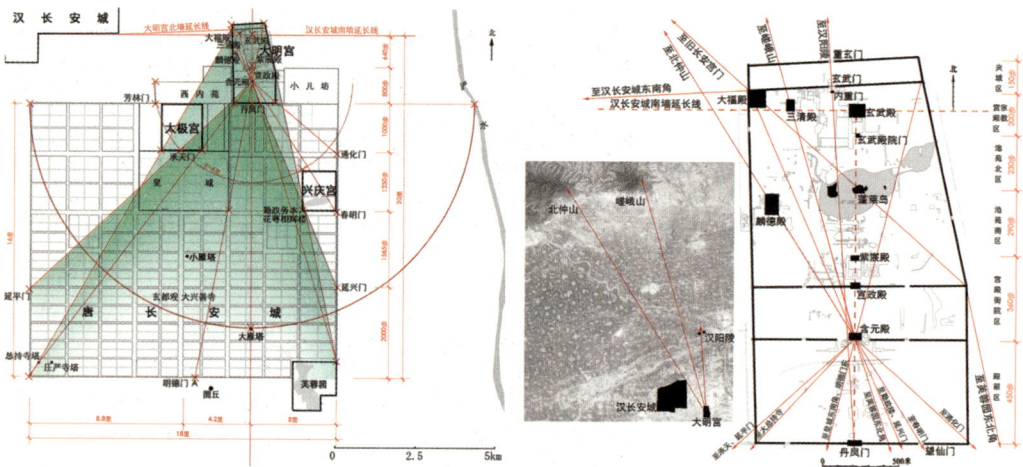

图 5、图 6　大明宫"对景"与视域设计分析

大明宫东北斜向抹角的宫墙向南延长，恰好过勤政楼而直抵芙蓉园东北角。而连接大明宫西北角与长安城西南角之线则正与太极宫西南角相切，此两线构成与宇文恺设计方法类似的视域空间，明示大明宫为"三大内"之首而统御长安空间。大明宫北墙、西墙也略向西北扭转而并非正方向，作图发现其北墙向西延长正对旧长安城墙东南转角，延续着宇文恺以旧长安城为参照的设计方法。又李华《含元殿赋》曰大明宫含元殿"北据高岗，南望爽垲，终南如指掌，坊市俯可窥"，高踞龙首塬头的含元殿左右有翔鸾、栖凤二阁，各为三出阙状，实构成大明宫的"阙门"。以含元殿为中枢，存在着三清殿—含元殿—长安东南角、大福殿—含元殿—兴庆宫西南角—延兴门、麟德殿—含元殿—春明门这三组"对景"设计，麟德、大福、三清这三处后宫最显赫的巨大殿阁，均以含元殿为中枢节点而与长安"对景"，使含元殿成为名副其实的空间"焦点"。而自宫中太液池蓬莱岛望大福殿的视线，则直指十六国—北朝长安南宫门，再次构成"溯古"的"对景"意象。

唐人的大明宫景观设计视野更延伸至都城以外的陵寝史迹以至自然山岳——西汉诸陵列布于长安渭北塬上，巨大的覆斗形封土至今巍然。由丹凤门望玄武门、重玄门的视线向北延伸，恰通过西汉景帝阳陵帝、后二陵封土所夹空间，二陵有如"北阙"大明宫北的另一处门阙，使得宫的景深得以继续向远方延伸。似非巧合的是，大明宫轴线正北所指的唐太祖永康陵[1]陵主李虎，亦被追尊为"景皇帝"，景观设计与宗法追溯在此合为一体，正是玄武门偏于大明宫主轴之西的最终深意。而由含元殿向麟德殿与三清殿两道"对景"视线延伸，则更直指关中北缘突兀高耸的北仲山与嵯峨山主峰，构成了宫殿与山岳"同位"的宏大空间设计。

兴庆宫勤政务本楼则也有若干组"对景"设计，与宫外重要的宫阙、寺塔、礼制建筑、城角相关联，尤以勤政楼—太极宫西南角—旧长安城西南角、勤政楼—大明宫东墙北段这两道基线为边界构成的视域，恰好括入另外两宫。而大雁塔作为象征大明宫统御长安的重要空间节点，其最重要的基线无疑是大明宫中轴线南延而过。其西北指向太极宫西南角一线延伸至芳林门，反向则指向芙蓉园西南角；东北指向兴庆宫东南角一线则反向恰指圜丘，这两道基线正括入"三大内"空间。连接大、小雁塔之线，则正过皇城西南角与郭城西北角，更直指汉未央宫前殿高台。其余几道过大雁塔的基线，则与长安城北部几处"内苑"边界转角互为"对景"关联。

与隋大兴广阳门、东都乾元殿类似，唐"三大内"中的丹凤

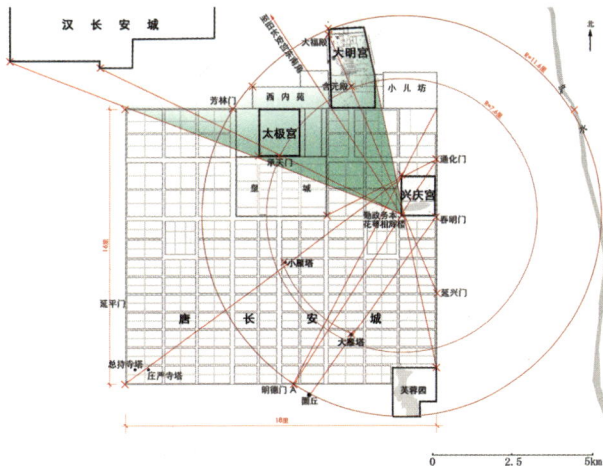

图7 兴庆宫"对景"与视域设计分析

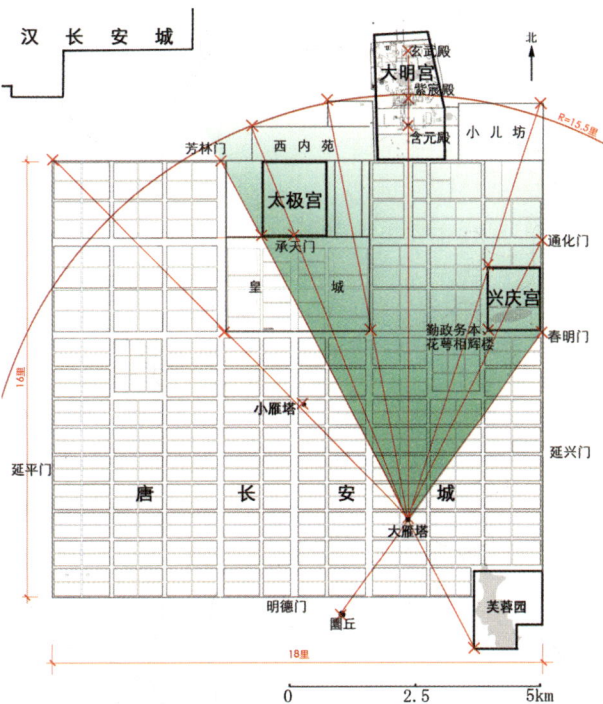

图8 大雁塔"对景"与视域设计分析

门、含元殿与勤政务本楼，也恰好成为长安的三处"隐性"中心：（1）以含元殿为中心的半径6里的圆形基线正过承天门、兴庆宫西北角、长安东墙北延线与汉长安南墙东

---

〔1〕 秦建明等：《唐初诸陵与大明宫的空间布局初探》，《文博》2003年第4期，第44～47页。

段东延线交点、西内苑西墙。（2）以丹凤门为中心的半径 13 里圆形基线正过长安西北角、大雁塔、浐水，浐水为长安东郊著名的送别之地，具有长安的"东界"意义，而大明宫轴线，恰好也为这一东西广 26 里空间的中轴线。这一偏东轴线的设计，正与隋代东都城偏西轴线的设计形成"曲异工同"之妙。其外更有第二重圆形基线过芙蓉园、大庄严寺、秦汉社稷、汉末央宫前殿高台、十六国—北朝宫城。（3）以勤政务本楼为中心的半径 7.6 里基线正过含元殿、承天门；其内半径 7 里圆形基线则过大雁塔、小雁塔；其外半径 11.6 里圆形基线正过芙蓉园西南角、圜丘、西内苑西北角、芳林门、大明宫西北角、浐水，且这一范围恰好括入包括宫城皇城、三大内与芙蓉园在内的长安东半。此最外一重圆形基线与长安南墙交点（图中 A 点），与含元殿—皇城东南角、长安东北角—兴庆宫西北角、勤政楼—通化门各为一线。由此更见勤政楼偏居兴庆宫边缘却成为兴庆宫实际中心的地理空间深刻意义。这些设计使"三大内"间形成更加微妙的方位关联，乃是其布局定位的意匠巧思之一，凝聚了唐代长安时空结构随历史演进的动态变化进程。

三　隋唐都城"拟古"设计动因蠡测

秦汉以来王朝都城也多有利用旧都之法，如汉长安城之承秦渭南宫室、东汉魏晋北魏洛阳之历世相承、东晋南朝建康之承东吴建业、北朝邺南城之承曹魏邺北城。在以关洛为都的隋唐帝王概念中，周汉时代开创而地面犹存的古都形制，更是表现王朝"正统"的有形"范式"。隋王朝继承的是文化上相对于南朝处于劣势的北朝政权，为了宣示王朝建立的合法性，构建凌驾于建康城之上的唯一"正统"都城也成为隋帝急迫而强烈的意识与需求。平陈不久，文帝就下令摧毁了繁盛数百年的南朝建康城，"使作为东晋南朝主要舞台和历史记忆的都城从地面上消失，以确立新营造的大兴城成为绝对唯一的正统性都城"[1]。与此同时新建的大兴和东都，则延续了周汉都城空间的"历史记忆"。

另一方面，隋本立国于汉代留下的长安城，作为国祚肇兴之地，其空间当在杨坚个人心中也相当重要。敦煌莫高窟 323 窟有表现隋文帝延请高僧昙延祈雨的壁画，文帝所处的就是曲折的汉长安城。根据榜题，此事发生于开皇六年（586 年），其时隋已迁都大兴城近四年，但祈雨活动仍在旧长安的佛寺中举行。这一方面暗示旧长安城的宫室佛寺仍在使用，另一方面可见旧长安城仍被隋文帝视为重要仪式举行场所。敦煌至长安相隔近三千里，这一图像很可能是由源自长安而传至斯地的粉本绘成，也可见城墙曲折的汉长安形态已成为"长安"这一地理空间概念固有的"符号"之一。隋文帝泰陵在长安之西的三畤塬，察其方位，陵之正东轴线恰过旧长安城与大兴城所夹空间，东部与之对称的正是秦岭东部主峰草链岭。可见泰陵的选址充分考量了与都城的方位关系，并将新城与旧城视为一个空间整体。这一东西轴线与大兴城南北轴线相交之处，正是疑为观

---

〔1〕〔日〕妹尾达彦：《帝都的风景、风景的帝都——建康·大兴·洛阳》，陈金华等编《神圣空间：中古宗教中的空间因素》，复旦大学出版社，2015 年版，第 71 页。

图9 莫高窟 323 窟"昙延祈雨"壁画中的汉长安城形象

德殿的"练马台"殿址。而隋所承政权本为北周，北周之国号，即已是继承姬周"正统"之意。隋东都承东周王城，亦当为这种思想的另一种表达。嗣后武则天时期立此为"神都"，国号更直称"周"，意图乃更加明确。

延至唐代，唐高祖临终亦遗诏依从"汉制"而葬（见《旧唐书·高祖纪》），今日所见献陵封土也确如渭北塬上的汉陵般呈现出覆斗状。实际上覆斗形的隋文帝泰陵已见其一改东汉至北朝以来圆冢的形制，开始了追溯"汉制"的进程，而泰陵的设计者也是宇文恺（见《隋书·宇文恺传》）。最新的考古勘探表明，泰陵和献陵封土之南均有分属帝后的两条并列的墓道，陵墓是地面建筑空间的投影，这种双墓并列的形制与同为宇文恺设计之长安西南角双塔并立的两寺可视为"同构"设计，同时也新见于唐初改葬的隋炀帝与萧后墓方位关系[1]。这再证宇文恺关于都城、宫室、陵墓的设计图籍著作很可能为唐人所继承。

隋唐皇室皆曾为北周重臣，且三代皇室有着多重姻亲关系。北周明帝、隋文帝、唐世祖（李渊之父）皆以独孤信之女为皇后，即明敬皇后、文献皇后、元贞皇后，文献皇后生隋炀帝，炀帝女之一成唐太宗妃。隋文帝女之一则成北周宣帝皇后，即天元皇后。北周文帝之外孙女窦氏则为唐高祖之皇后，即太穆皇后，其子之一即唐太宗。这种关系使得三朝皇室前后相袭之时均为前朝皇室保留了一定的"尊位"，并体现在长安都城的空间设计中。北周旧长安宫的方位仍是唐代宫室布局的重要参照要素——丹凤门与承天门同处于以北朝至隋初长安宫正门"楼阁台"为中心的半径 17.3 里圆形基线上，明确反映出以旧长安宫为空间轴心的理念。又如大明宫轴线分长安东半广度比例为 4:5，旧长安宫轴线分长安城轴线至旧长安城西半空间广度之 7.2 里:8.6 里 = 4:5，正与长安东半

〔1〕 张建林等：《唐高祖献陵陵园遗址考古勘探与发掘简报》，《考古与文物》2013 年第 5 期，第 33 页；文艳等：《泰陵近日考古探明——隋文帝与独孤皇后"同坟异穴"》，《西安日报》2011 年 3 月 12 日；束家平等：《江苏扬州市曹庄隋炀帝墓》，《考古》2014 年第 7 期，第 72 页。

形成以隋建唐承之太极宫为轴的对称关系，形成北周隋唐政权更替历史在空间中的互动。而隋代于旧长安宫正南建大型寺塔以为逝去帝后"追福"的传统在唐代也得到继承。大明宫正南建造的大慈恩寺塔，系贞观二十二年（648年）太子李治为母文德皇后"追福"所建，高宗即位后于寺内所建大雁塔成为长安至高建筑。太极宫南有睿宗文明元

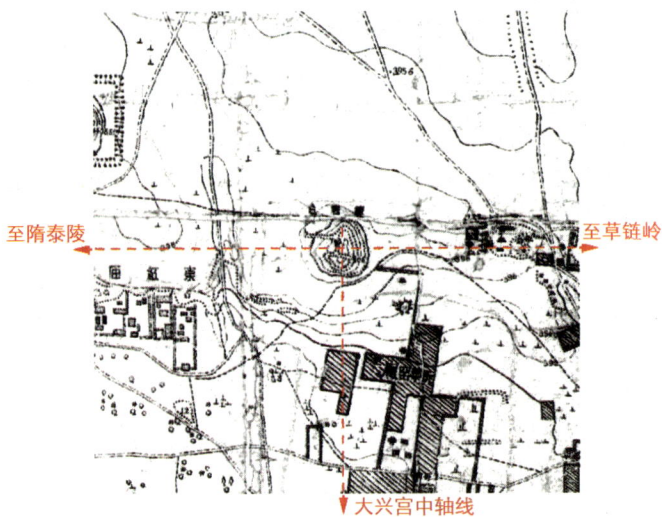

图10 "西京市图"中的"练马台"

年（684年）为高宗"追福"而建之荐福寺，中宗神龙时期建成小雁塔，亦为仅次于大雁塔的城内胜景，形成了三宫之南各有佛塔相对的空间格局。大雁塔与隋代大禅定寺、禅定寺皆处于以旧长安宫正门为中心的半径约28里圆形基线上，再证两代皇室对旧长安宫的时空追溯意识。大禅定寺、禅定寺在唐代以隋文帝伉俪法号更名为大总持寺、大庄严寺并扩大为各占一坊，背后原有深刻的动因。三代皇室紧密的姻亲关系，为唐代长安接续隋宇文恺的设计思想而继续营造提供了充分的内在支持。

以宇文恺为首的隋唐都城宫室设计者，通过空间深广的拟象排布、视域范围的开合延伸、景观节点的对位重叠、空间轴心的转换互动，使得关洛两京旧城空间"扩展"至新城，实现了隋唐人眼中"古都"空间记忆的延续与重生，赋予新都空间以深刻的人文地理"文脉"。虽然这种"拟古"设计发端于隋唐帝王对于古代周、汉王朝"正统"的崇奉与宗室溯源意识，但其手法却是超越前朝、更加感人而富有魅力的空间再创作，令人不得不重新审视、理解以宇文恺为首的设计者们"铸古烁今"的思想理念与设计水平。这种"续写空间文脉"意识，也为今日古城与古村镇等活态文化遗产保护及有机更新中合理处理古今空间关系提供了一种别样的启示。

作者单位：中国文化遗产研究院；文物出版社

收稿日期：2015 – 4 – 17

知白守黑：《中山出游图》的视觉性考察

刘中玉

一　引言

客观来说，元初所接收的南宋文化遗产并非如遗民笔下批判的那样，是"光景不露""大雅不浇"的，而是具有相当的多面性，即在积极和消极的层面皆有延伸和发散。不过，在经历蒙古人豪猛刚戾之风的"洗礼"后，相当一部分遗民痛定思痛，除开从政治、军事的角度检讨宋廷溃败的原因之外，还将批判引入到文化和社会的层面。只是在南北之间由武力冲突转为文化冲突的社会情境下，这种文化省思更多地表现为一种群体意识，而非来自于个体的心理检视。或可进一步言之，即在两种文化角力的背景下，宋室倾覆的责任不是归咎于个体的缺位和逃避，而是归咎于文化的劣根性。于是，关于南宋文化的"羸弱"印象便自然而然地被放置在一个"想象"的层面（而非个体身体力行的层面），这就使宋人对于汉文化消极性的检视不可避免地被强调和放大了，以致在整体上陷入一种更为保守的文化心态[1]：怀念和强调汉文化的古典传统，缺少合作、参与的开放视野。虽然在一定层面上这种由冲突带来的内缩性也体现为积极的觉醒意识，但总体上是消极的，并且倾向于本土化与外来文化的平衡和调节。这就无异于把文化的宽度限制在气节的层面，而非拯救和突围的层面来考量。

或许，我们可以将这种现象归结为宋人在过度惊吓之后陷入绝望的真实反映，甚至也可以认为，这种保守意识正是南宋后期士阶层个体支配权力欲望的上升与整体政治权力分配的失控被戛然中止后的反向运动的结果。

而在以往的研究中，我们往往被士大夫们在国家覆亡这一大不幸之下群起应和的文化救赎气场所震撼，然细细思味之后会发现，我们对于"救赎"的观察大都停留在对"知"的检讨上，而鲜少将士大夫们的"知"与"行"贯通起来综合考察。本文认为，相较于这种普遍泛滥的保守性的文化内省（即"知"）来说，具有振兴意识的创作实践（即"行"）更具有历史考察的价值。在此，本文将考察对象锁定为宋末元初的遗民龚开，拟通过对其最具代表性的作品《中山出游图》的综合分析，来揭示其具有先锋精神的笔墨实践之于当时艺术创作和文化振兴的意义。

---

[1]　当然，在遭遇破碎之后，文化心态的重新梳理和整合需要一个相当长的缓冲期。不过，由于以杭州为核心的江南已从原来所处的国家层面的支配地位而跌落为地方的一元，这也促使文化精英本能地产生自发性的保护意识。

二　龚开及其作品

龚开（1221—1307 年），字圣与，一作圣予，号翠岩，又号龟城叟，晚号岩翁，人称髯龚、老髯等，淮安军（今江苏省淮安市楚州区）人。宋亡前，在大多数文儒士夫唯有袖手空谈心性时，龚开选择了投笔从戎的军幕生涯。其后宋室倾覆，义军星散，他虽放弃抵抗，却未像谢翱、方凤等人那样因绝望而恸挽难抑，也未如钱选等人那样尽毁著述，掩迹于湖光山岚之间，而是一面频繁穿梭于苏杭诗酒文会，一面又倩笔谋稻粱，故而其作品见于著述者甚夥。然今核之诸家藏录，其名迹手泽已十不存一。在此不妨征诸载录，以梳其概：

诗文：据汤垕《画鉴》记载，龚开"读书为文，能成一家法"。其诗文现存有《宋江三十六画像赞》《宋陆君实传》（1279 年）、《辑陆君实挽诗序》（参见陶宗仪《草莽诗剩》、佚名《宋遗民录》）、《宋文丞相传》（1283 年）等。其中《宋江三十六画像赞》画虽亡佚，其赞文则成为研究《水浒传》的重要资料。

书法：龚开善隶书，夏文彦《图绘宝鉴》称其"作隶字极古"，陶宗仪《书史会要》称其"作古隶得汉魏笔意"。今可从其《骏骨图》《中山出游图》等题跋中，一睹其书风（图 1）。

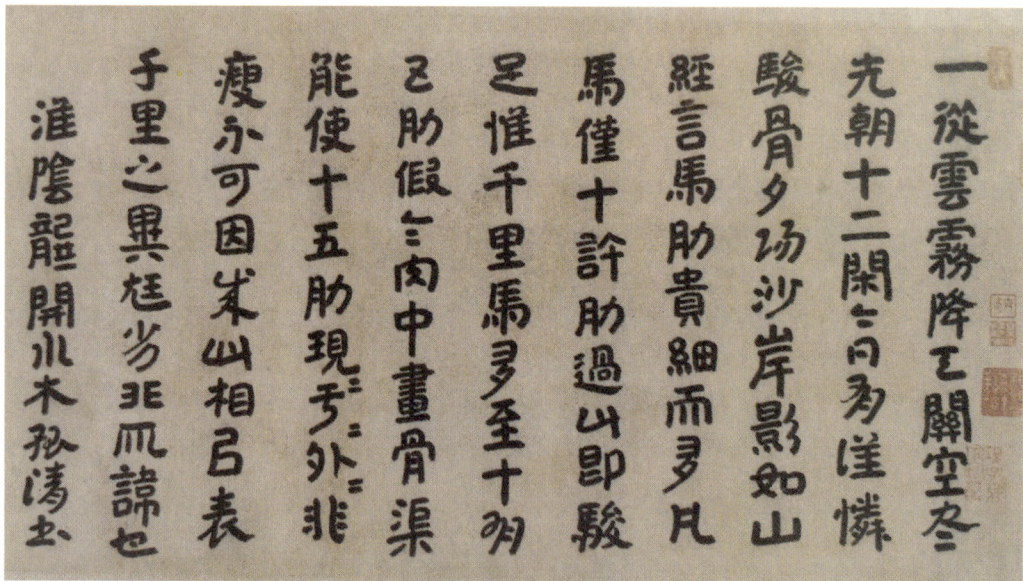

图 1　龚开《骏骨图》题跋　日本大阪市立美术馆藏

绘画：在诸艺当中，龚开的绘画成就最高，山水、人马、花卉，几无所不通，尤其擅长墨鬼、钟馗。汤垕《画鉴》云："（龚开）画马专师曹霸，得神骏之意，但用笔颇粗，此为不足耳。人物亦师曹、韩。画山水师米元晖。梅、菊、花卉，杂师古作。"夏文彦称其"尤善作墨鬼钟馗等画，怪怪奇奇，自出一家"。对其山水成就，赵孟頫亦推崇有加，赵曾题诗曰："当年我亦画云山，云白山青咫尺间。今日看山还自笑，白头输

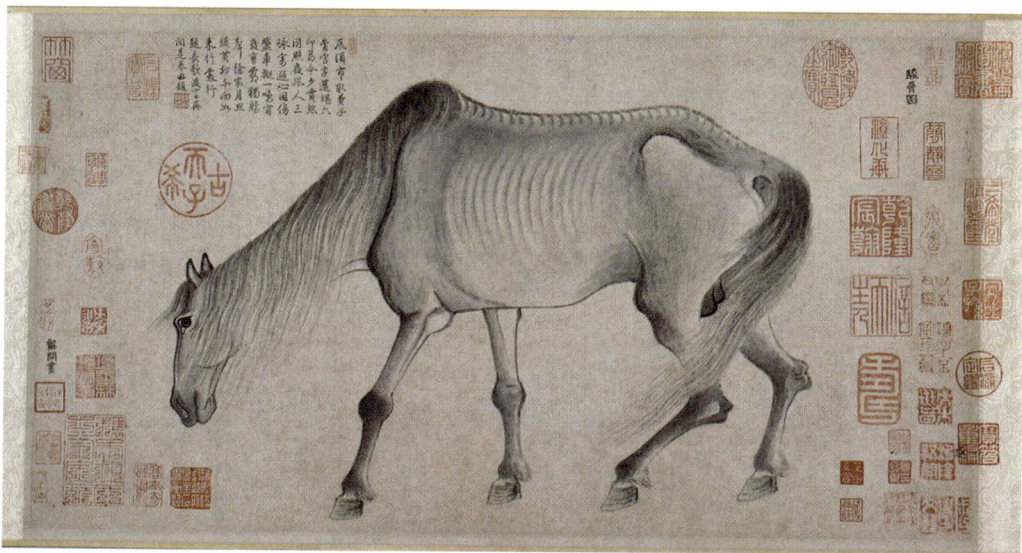

图 2　龚开《骏骨图》　日本大阪市立美术馆藏

与楚龚闲。"[1]

　　龚开见于著录之作品有《山水图》（赵孟頫《松雪斋文集》卷五《题龚圣予山水图》）、画稿《云山稿》五册（汤垕《画鉴》）、《马图》（方回《桐江续集》卷二十二《题画马》）、《马图》（张之翰《西岩集》卷十《龚翠岩以画马见寄，且题绝句于后，因次韵奉谢二绝》）、《江矶图》（柳贯《柳待制文集》卷十八《题〈江矶〉卷后》）、《马图》（马臻《霞外诗集》卷四《题邓苏壁所藏龚处士画马卷》）、《小儿高马图》（吴莱《渊颖集》卷三《同吴正传咏龚岩叟〈小儿高马图〉》）、《孟浩然诸意图》（黄溍《金华先生文集》卷二十一《题翠岩画》）、《江山图》（华幼武《黄杨集》卷下《题龚翠岩〈江山图〉》）、《天马图》（郭畀《快雪斋集》之《龚翠岩〈天马图〉》）、《龙马图》（龚璛《存悔斋诗》之《题龚岩翁〈龙马图〉》）、《乱山图》（龚璛《存悔斋诗》之《龚翠岩以焦墨作乱山甚奇，为题六言》）、《马图》（龚璛《存悔斋诗》之《题龚圣予画马》）、临《昭陵什伐赤马图》（王逢《梧溪集》卷二《题林芝隐所藏龚翠岩临〈昭陵什伐赤马图〉龚诗附》）、《煎茶索句图》（凌云翰《柘轩集》卷一《龚翠岩所画〈煎茶索句图〉》）、《宋江三十六人画像》（周密《癸辛杂识》）、《洪厓出游图》等，数量颇为可观，惜皆亡佚。而现公认为其真迹者唯《中山出游图》《瘦马图》二幅。其中《瘦马图》，又名《骏骨图》（图 2），纸本水墨，纵 29.9 厘米，横 56.9 厘米，现藏日本大阪市立美术馆。归列其名下、藏于台北故宫博物院、创作于南宋宝祐元年（1253 年）的《天香书屋图》（图 3），绢本设色，纵 145.3 厘米，横 79.6 厘米，被认为是其见于著录的早期作品。其他如《百马图》（日本小川广己收藏）、《芦汀醉卧图》（图 4，美国弗利尔美术馆藏）、《胡笳十八拍图》（弗利尔美术馆藏）、《三星图》（弗利尔美术馆藏）、《鹭鸶捕鱼图》（弗利尔美术馆藏）、《聚仙图卷》（美国大都会博物馆藏）、《百老图卷》

————————

〔1〕（元）赵孟頫：《松雪斋文集》卷五《题龚圣予山水图》，四部丛刊初编本。

图3　龚开《天香书屋图》
台北故宫博物院藏

图4　《芦汀醉卧图》
美国弗利尔美术馆藏

（美国大都会博物馆藏）、《钟进士移居图》（台北故宫博物院藏）等，一般目为伪作。

三　相关研究梳括

简诸研究现状，或缘于龚开创作风格怪奇，而与画坛主流笔墨交涉不多故，学界对其本人及作品的关注明显少于钱选、赵孟頫、郑思肖等同时代人。在此，谨将所知相关研究列要如下：

文学。主要集中在龚开的传世诗文尤其是其题画诗《宋江三十六赞并序》与《水浒传》关系的探讨，如张国光《龚开〈宋江三十六赞并序〉评释——谦谈〈忠义水浒传〉与此赞序的关系》[1]、萧相恺《龚开及其〈宋江三十六赞〉并〈序〉初探》[2]、佘太平

〔1〕　张国光：《〈水浒〉与金圣叹研究》，中州古籍出版社，1981年版，第44～55页。
〔2〕　萧相恺：《中国古代小说考论编》，凤凰出版社，2010年版，第215～225页。原载《贵州文史丛刊》，1985年版。并附有《龚开资料辑录》，载《明清小说研究》1986年第1期。

《从龚开、陈泰诗文看早期水浒故事中的忠义思想》[1]、袁世硕与阿部晋一郎《解识龚开》[2] 等文。其中袁世硕《解识龚开》一文，对龚开的前世（指宋亡前的经历）、今生（指入元后的交游），以及诗画作品进行了较为细致的归类梳理，对其情感托寄的阐释也比较到位[3]，惜乃将其入元后的交际圈收缩得太窄，仅注目于考察俞德麟、方凤等悲宋情结深郁沉重的遗民身上，而忽略了其交际的广泛性，同时也未触及其晚年认可元朝统治合法性的问题。

艺术史。主要成果有朱禹惠《开卷如闻嘶风声：宋代画家龚开初探》[4]、余辉《龚开其人其画初探》[5]、朱德慈《画坛奇士龚开》[6]、（美）彼得·施图尔曼与斯内塔·巴巴拉《元初宋遗民书法》（李若晴译）[7]、金建荣《龚开绘画艺术特点研究述评》[8]、袁平《元初遗民画家的经济生活——以钱选、郑思肖、龚开为例》[9] 等文。余辉在《龚开其人其画初探》一文中认为，在文人画的发展中，龚开和郑思肖等人是一个新的转机。这不仅仅是因为他们在笔墨技法和个人风格上有新的开拓，更重要的是他们借用隐喻表达他们的政治态度，深化了文人画的立意。他还进一步将之与苏轼所代表的北宋后期的盘郁情结相比较，认为：

> 如果说北宋后期苏东坡《木石图》所表现的"盘郁"是宣泄了社会给个人带来的烦恼的话，那么龚开等人的作品则更多的是积淀了对社会的忧患。前者偏重自我精神的畅达，后者倾向国家意识的强化，这是时代的产物，是末代王朝的没落文人所特有的精神气质。这种精神气质在三百多年后的明末清初又再次出现。他们因亡国而产生了失落感，只得将一定的图像隐喻特定的社会意义来作为自身的心理补偿。[10]

彼得·施图尔曼、斯内塔·巴巴拉在《元初宋遗民书法》一文中谈论龚开甚多，他们认为龚开在《中山出游图》中更多地将批判的矛头指向了他的同类——大厦将倾而无所作为的文人士大夫，并进一步指出：

> 依我看来，这件作品，与其说是嘲讽蒙古人，不如说是尖刻的自责——鬼魅和小丑组成的行列，表现的正是尸位素餐的文人士大夫的悲伤，他们目睹王朝覆灭并在元朝统治下感到绝望。

---

〔1〕 张国光、祝敏彻主编：《文学与语言论集》，湖北人民出版社，1989 年版，第 132～139 页。
〔2〕 袁世硕：《敝帚集》，山东大学出版社，2009 年版，第 118～139 页。原载《文学遗产》2003 年第 5 期。
〔3〕 同上。
〔4〕 载《美术》1992 年第 3 期，第 60～62 页。
〔5〕 载《美术史论》1991 年第 8 期，第 66～72 页。
〔6〕 江苏省政协文史资料委员会、淮安市政协文史资料委员会编：《江苏文史资料第 72 辑·淮安文史资料第 11 辑淮安古今人物（第 1 集）》，江苏文史资料编辑部，1993 年版，第 239～244 页。
〔7〕 载上海师范大学美术学院编《艺术史与艺术理论 2》，中国美术学院出版社，2004 年版，第 397～428 页。
〔8〕 载《美与时代》（下半月）2007 年第 11 期。
〔9〕 载《美术大观》2010 年第 3 期。
〔10〕 余辉：《龚开其人其画初探》，《美术史论》1991 年第 8 期，第 66～72 页。

该文同时认为，龚开的高古书风与钱选、赵孟頫等人相比，是具有创新意义的，不过又指出，"当龚开力图与王朝灭亡保持距离时，其书应视之为他自身疏远感的象征更甚于创新的象征"[1]。

此外，单国强《论龚开〈中山出游图〉的开创年代》[2]、（日）板仓圣哲《元代遗民画家的心象风景——龚开〈中山出游图卷〉》[3] 二文，是针对龚开《中山出游图》研究的最新成果。板仓氏从遗民心态自我塑造的角度来切入，认为"（龚开）将自己的奇妙画风定位于写实与写意之间，并以这种超脱于艺术性之外的主题来诠释自己的创意。《中山出游图卷》与《骏骨图卷》一样，都可以放在能够提示江南知识人共感的自我形塑的行为中"[4]。

本文认为，板仓氏以个性诠释与共性定位的视野来分析龚开的绘画风格，并将以其为代表的遗民标识为"江南知识人共感的自我形塑"。

综上来看，学界针对龚开的研究大都从其遗民身份这一时代特征入手，进而将其在诗文书画中的旨趣表达嵌入这一特征之中，并将其与郑思肖等人一道，归为善假笔墨以表现"思宋讽元"隐喻性政治主题的遗民代表。本文认为这似乎是一种"先入为主"的思维定式，即在缺乏对当时历史情境深入考察的状态下，将遗民们包括诗文书画等在内的所有行为都视为是围绕哀悼亡国和抵制新朝这一主线而展开的，似乎不如此便不合常规，有悖情理。这种貌似客观实则主观的态度，长期以来一直影响着研究的进展，尤其是牵涉到对历史人物的评价时更是如此。历史如现实一样，包含各个层面，涉及各个领域，具有多面性。意大利哲学家克罗齐在《历史学的理论与实际》中曾提出"一切历史都是当代史"的观点，便意在提醒研究者要主动与研究对象对话，要有身临其境感。故而我们不应把所接触到的某些历史片段武断地从其所处时代中抽离出来（特别是涉及到人物时），要警惕以一种看似合乎常规的视野加以归位性处理，而忽略了当时社会生活的多元性和情感表达的丰富性，进而无法正确或客观解析作品中所蕴含的丰富情感寄寓和表达。

在本文看来，无论是志坚不渝者，还是默然隐忍者，甚或是迎合取媚者，在遭逢朝代兴替之时，都有其难以言喻的伤往之情。而善假于时势者会"另辟出路"，且易走上为人所不齿的舍义取荣的极端。不过对绝大多数者而言，无论是抵触还是承认，都不得不顺受"已然"的事实，并且随着时月的迁转，人事的流变，逐渐减弱乃至消弭对抗的情绪。此外，还有一部分人的心理防线并不会因亡国而坍塌，反倒是益趋"顽固"，但他们能跳出民族冲突所引起的情感束缚，超脱遗民忠于故国的视野拘限，理性地审视随亡国而至的耻辱和使命。换言之，即他们会从文化存续而非王朝兴替的视野重新检视个

〔1〕 上海师范大学美术学院编：《艺术史与艺术理论2》，第 397~428 页。
〔2〕 "翰墨荟萃——图像与艺术史国际学术研讨会"，2012 年 11 月，相关信息参看《上海文博论丛》（第 43 辑）翰墨荟萃之会议综述（苏华），上海辞书出版社，2013 年版。
〔3〕 2014 年 4 月 2 日复旦大学文史研究院小型学术研究会（七十六）。
〔4〕 此文只是作者阶段性的成果报告，本文结撰时，尚未见公开发表。参见 http://www.iahs.fudan.edu.cn/cn/news.asp?action=page&id=601. 另，此次报告会的录音材料由复旦大学文学院的博士生王庆卫先生提供，谨致谢！

体定位，并在国家统一与文化存续的层面重新考量尽忠与守志的价值观问题。当然，囿于当时的客观情势，他们往往不会彰明心志，而是委曲以致，通常以诗文书画等笔墨创作的形式表现出来。龚开正是如此。为准确探讨其在作品中的这种委曲表达，本文先从分析其性格切入。

四　龚开之性情

关于龚开的形貌和性情，史载颇多。如汤垕《画鉴》载："（龚开）身长八尺，硕大美髯。"柳贯（1270—1342 年）记云：

> 余初见先生钱塘湖东，年已七十余，疏髯秀眉，颀身逸气，如古图画中仙人剑客。时时为好事者吟诗作书画，韵度冲远，往往出寻常笔墨畦町之外。时余稚齿，方出游诸公间，虽不敢牵率先生为之，而心实企慕焉[1]

据引文可知，世祖至元后期，年过古稀的龚开依然丰神飘逸，从而给游学于杭的柳贯留下了深刻的印象。与龚开"平生师友最相知"的马臻（1254 年—？），形容他"亹亹笑谈惊座席，昂昂标格动星辰"[2]。陶宗仪（1321—1407 年）称其"博闻多识，耿介不同于俗"[3]。可见龚开在时人眼目中，是一位姿貌丰伟、性情豪爽的美男子。而其髯君的外形，又与传说中的钟馗颇有和合之处，不仅时人、后学以"髯龚""髯翁""老髯"呼之，他本人亦引以自许。

龚开在青壮时期同其他欲展羽翼的士人一样，求仕心切。他先是投信国公赵葵（1186—1266 年）不遇，遂与陆秀夫（1236—1279 年）同入李庭芝（1219—1276 年）幕府，为两淮制置司监当官。监当官职虽低，却主管盐、酒、茶等税课，以及督造钱币等工作，是当时最能详谙民生之差[4]，是苦差，也是肥差。不过，从其后来潦倒困塞的生活处境来看[5]，他似乎并未乘机营肥，由此可想见其操守。

宋亡之时，龚开已年近花甲（58 岁）。从他壬辰年（至元二十九年，1292 年）所作《辑陆君实挽诗序》中可以看出[6]，在乘舆播迁海上的那段时间，他在福建沿海一带参与了抗元的军事行动。不久随着陆秀夫携帝昺纵崖一跳，他忠君报国的最后幻影也葬入了无底琼海。"江山故国闲停棹，风雨僧窗自瀹茶。甚欲从翁俱隐去，云深何处问桃花。"[7] 在当时江南上空氤氲着的"哀鸿遍野"的气氛之下，仕进之念已从大多数士人

---

〔1〕（元）柳贯：《柳待制文集》卷十八《题江矶图卷后》，四部丛刊初编本。
〔2〕（元）马臻：《霞外诗集》卷四《哭岩翁龚处士二首》，汲古阁元人集十种本。
〔3〕（元）陶宗仪：《书史会要》卷七，民国十八年（1929 年）武进陶氏影印洪武本。
〔4〕关于宋代监当官的问题，可详参雷家圣《宋代的监当官及其对经济的影响》，《逢甲人文社会科学报》第 11 期，2005 年 12 月。
〔5〕（元）吴莱《渊颖集》卷十二《桑海遗录序》记云："（龚开）少尝与秀夫同居广陵幕府。及世已故，多往来故京。家益贫，故人、宾客候问日至，立则沮洳，坐无几席。一子名浚，每俯伏榻上，就其背按纸作唐马图，风鬃雾鬣，豪骭兰筋，备尽诸态。一持出，人辄以数十金易得之，藉是故不饥，然竟无求于人而死。"四部丛刊初编本。另参见（元）夏文彦《图绘宝鉴》卷五《元朝》、（元）陶宗仪《书史会要》等记载。
〔6〕（元）陶宗仪：《草莽私乘》，玒跋廛丛刊本。
〔7〕（宋）陈深：《宁极斋稿》，《和龚翠岩雨中述怀韵》，宋集珍本丛刊本。

的人生选项中勾除，"不管六朝兴废事，一心只向画图开"的江湖生涯，似乎成了他们相互慰藉的最佳选择。如前所论，龚开虽然已无再图兴复之志，但他并未把自己完全拘役于山林，而是很快调整了心态，时人谓其"多往来故京"，即频繁穿梭于杭州、平江之间[1]，成为当时士林文聚的重要参与者。这种由"隐士"组成的圈子，被高居翰称为"士大夫次社会（Scholarly sub‑Society）"[2]。

在这个次社会的圈子中，经常与他相与唱和、倡明雅道者，有何梦桂（约1228年—?，今浙江省淳安县人）、鲜于枢（1246—1302年，今河北省涿鹿县人）、赵孟頫（1254—1322年，今浙江省湖州市人）、方回（1227—1305年，今安徽省歙县人）、张之翰（生卒未详，今河北省邯郸市人）、俞德邻（1232—1293年，今浙江省永嘉县人）、柳贯（今浙江省兰溪市人）、周密（1232—1298年，今山东省济南市人）、马臻（今浙江省杭州市人）、戎使君（未详）、盛彪（生卒未详，今江苏省苏州市人）、黄瀑翁（未详）、仇远（1247—1326年，今浙江省杭州市人）、戴表元（1244—1310年，今浙江省奉化市人）、牟应龙（1247—1324年，今浙江省湖州市人）、胡纯（生卒未详，今浙江省永康市人）、胡长孺（1240—1314年，今浙江省永康市人）、黄溍（1277—1357年，今浙江省金华市人）等，多达数十人（这些还只是名缀于史者，湮没不闻者更不知凡几）。其中既有南方的遗民，如俞德邻，也有北客，如鲜于枢、张之翰；既有应征出仕的遗民，如赵孟頫，也有衔命选贤的官员，如戎使君。由此可以看出，龚开不像"坐必南向、不与北人语"的郑思肖（1241—1318年）那样坚贞独绝，而是能正视现实，接受改变，并有不以一时胜败论短长的胸襟和气度。他这种"放眼量"的心胸，在为好友陆秀夫所作挽诗中即有所体现。

前引壬辰年（至元二十九年，1292年）《辑陆君实挽诗序》中，录有其《陆右丞君实挽诗》二首，诗云：

> 一
>
> 立事宁将败事论，在边难与在朝分。从来大地为沧海，可得孤臣抱幼君。南北一家今又见，乾坤三造古曾闻。他年自有春秋笔，不比田横祭墓文。
>
> 二
>
> 数关天地人何预，分在君臣理可无。周粟如山夷叔馁，史书犹目白婴诬。旧邦新命方开化，公法私情本不渝。忠义未须论彼此，后先从长是昌图[3]。

在上引两诗中，龚开将陆秀夫与田横、伯夷、叔齐相比，认为对其无须急着盖棺定论，后人自会如韩愈《祭田横墓文》一样，将其彪炳史册的。在龚开看来，像田横、伯夷、叔齐那样死节是何其易也，而若能像春秋时公孙杵臼与程婴为保护赵氏孤儿一样，在"南北一家今又见""旧邦新命方开化"的现实面前，为守护住文脉而忍辱负重，无异于舍易取难，其志节亦不输于烈士，故而有"忠义未须论彼此，后先从长是昌图"之

---

[1] 对于他与遗民之间的往还，可参看前引袁世硕文。另可参看陈高华《元代画家史料汇编》之龚开解题，杭州出版社，2004年版，第449页。

[2] 〔美〕高居翰著、李渝译：《图说中国绘画史》，生活·读书·新知三联书店，2014年版，第113页。

[3] （元）陶宗仪：《草莽私乘》。

语。由此可见龚开之坚忍，其意在趁元朝铺陈维新之风时，成为汉文化的捍卫者。这也正是他不知疲倦地奔波于苏杭之间，无论南北文士皆相与交的苦心之所在。

龚开在《高马小儿图》题诗中亦流露出这层意思，诗云：

> 华骢料肥九分膘，童子身长五尺饶。青丝鞚短金勒紧，春风去去人马骄。莫作寻常厮养看，沙陀义儿皆好汉。此儿此马俱可怜，马方三齿儿未冠。天真烂漫好容仪，楚楚衣装无不宜。岂比五陵年少辈，胭脂坡下斗轻肥。四海风尘虽已息，人才自少当爱惜。如此小儿如此马，它日应须万人敌。老夫出无驴可骑，乃有此马骑此儿。呼儿回头为小驻，停鞭听我新吟诗。儿不回头马行疾，老夫对之空啧啧。[1]

在诗中，龚开以高马小儿暗讽南宋末有窃据国政之心而无匡济扶危之才的士大夫，认为正是由于他们的"负且乘"，才激起了蒙古人图谋江南的野心。同时他又流露出另外一层意思：士大夫中虽然有不少人为新朝网罗效命，成为"沙陀义儿"，不过也无须对他们苛责过甚，而是认为假以时日，他们必会成为汉文化复兴的重要推手，故而又有"四海风尘虽已息，人才自少当爱惜"之叹。对于龚开的画与诗，吴师道品题道："《易》不云乎：小人乘君子之器，盗思夺之矣。龚圣予作《高马小儿图》，盖出于此。其自为诗，则姑文致委曲，而略于末语见意，不敢尽也。"[2] 由此可见一斑。

结合以上的分析，我们不难看出，龚开不愿出仕新朝，成为粉饰太平的塑蜡，但却主张放弃对抗，甚至承认元朝的统治，以混融其间。他在作品落款时留题元朝年号，便很能说明问题。清人胡敬《西清札记》中录龚开《洪厓先生出游图》自题诗云：

> 洪荒上古洪厓仙，见自尧时丙子年。隋唐二代复相见，往往始有名迹传。憧术长馋荷大瓢，酒榴巨杓俱齐县。栗也负铛在其背，束书如意安在肩。……固知先生好游戏，汗墨从来偏有缘。大德甲辰游戏，时年八十有三。[3]

大德甲辰（1304年），即元成宗大德八年，龚开时年八十三岁。事实上（参前引壬辰年《辑陆君实挽诗序》），他早在忽必烈时期便已认可了元朝的统治。因此，他在《人马图》题跋时书至元壬辰年（1292年）之说，是可信的。

龚开的这种致委曲的心境，其道友马臻可谓是惺惺相惜。马臻《送龚圣与之姑苏别业谒戎使君》诗云：

> 每因送别忆前时，淮海名流渐渐稀。独树草堂工部老，苍苔茅屋广文归。三峰有约期终隐，五马推贤莫谩违。若遇天随凭寄语，布袍今拟换荷衣。

戎使君者，难考其名，据诗意来看，应是当时平江路的主要官员。马臻在诗中不仅流露出相与约隐的心意，同时也提醒龚开切勿推拒失当，以免留下"谩违"荐举的印象。此外，他还表明了自己遁入道教的心迹，即"布袍今拟换荷衣"。大德五年（1301年），已寄身黄冠的他，受命从张天师（与材）进京行内醮，醮成，辞受道秩，由此可见其"和光同尘"的心态。

客观来说，由于当时元廷主张文化多元，并未禁断汉文化的流播，加之在朝汉族士

---

[1]　（元）吴师道：《吴礼部诗话》，知不足斋丛书本。
[2]　（元）吴师道：《吴礼部集》卷十一《高马小儿图赞》，续金华丛书本。
[3]　（清）胡敬：《西清札记》，嘉庆二十一年（1816年）刻本。

大夫的努力，朝廷还掀起一股比拟唐宋的风气[1]。汉文化非未断绝，反而得到了南北整合的机会。与此同时，南北士大夫又在此基础上开展了以古风激荡时俗的运动。龚开由原来的孤绝之心也过渡到舂容开豁的状态，从而更坚定了他对未来"以夏变夷"的乐观态度[2]。而若潜移默化地达成"以夏变夷"的宏愿，其前提便是要有"何意百炼钢，化为绕指柔"的意志和心境，混融其间的道家处世哲学再次成为遗民们的人生选项，于是"知白守黑"的道家价值取向暂时取代儒家"经世致用"的价值取向，成为士大夫的通识和共有的语境。值得注意的是，虽然在处世心态上，龚开与大多数遗民并无二致，不过其并非仅仅停留在"空持"的层面，而是以文人所擅长的笔墨形式付诸行动，通过理性的笔墨传递"借古更今"的志向。他在《中山出游图》中通过对"知白守黑"这一道家语境的营设，从视觉层面展露了他积极而为的心态。

五　《中山出游图》的基本信息

《中山出游图》，又名《元夜出游图》《钟馗元夜出游图》《中山夜游图》。纸本水墨，纵32.8厘*，横169.5厘米，现藏美国弗利尔美术馆（Freer and Sackler Galleries，图5-1、2、3）。拖尾有龚开八分书题诗及跋文，后有李鸣凤（黄山樵叟）、古并王肖翁、袯襫翁、韩性、陈方、宗衍、钱良右、宋无、刘洪、孙元臣、吕元规、汤时懋、龚骕、王时、白珽、周耘、高士奇、朱彝尊、李世倬等元、明、清及民国四朝人士题跋，钤鉴藏印三十余方。项元汴、韩世能、毕泷飞、明安国、高士奇、庞莱臣等人递藏，后庞氏以资窘售予美国人查理斯·朗·弗利尔（Charles Lang Freer，1854—1919年），弗利尔美术馆，即由其创建。

对于龚开三件存世真迹有两件流落外域的事实，叶恭绰时有不能完璧之憾，其在所藏《宋龚开〈洪厓出游图〉》题跋云：

> 龚开真迹，流传于世者只有三件：一《中山出游图》，一《洪厓出游图》，一《瘦马图》，皆卷。三十年前，颜韵伯得《瘦马图》《洪厓出游图》，庞莱臣得《中山出游图》，皆不甚宝爱。继闻韵伯之《瘦马图》，已流出国外。余惊问之，以"资窘"对。余曰："然则《洪厓出游图》一卷，必留以与余。"遂以四千元之物，与易之。继移居沪上，与庞莱臣往还，询其《中山出游图》。庞曰："此图有何殊异？而君注意。"余曰："此瑰宝也。龚画传世极少，《中山图》全用素描，尤为超特。"因展观之，庞亦爽然。其后年余，闻庞以一万五千美金售与美国人矣。其《瘦马图》，闻为日本人山本悌二郎所得，今属何人，则不知之矣。《洪厓出游图》则历经变故，尚在余处。《中山出游》为墨笔，而《洪厓》乃着色者。余固不喜炫耀，然真正赏音，亦难得也。《瘦马》乃粗笔，两《出游》皆细笔。《瘦马》有龚

〔1〕　对此，拙著《混同与重构：元代文人化画学》一书中，有专门章节阐论之（人民出版社，2012年版）。

〔2〕　从后来历史发展的轨迹来看，蒙古帝国虽恢弘一时，然在数十年间陆续为各个本土文化所征服，最终剩下空囊，再次印证了草原政权一旦失去其游牧根基，便不得不接受被农耕文化所同化的命运。

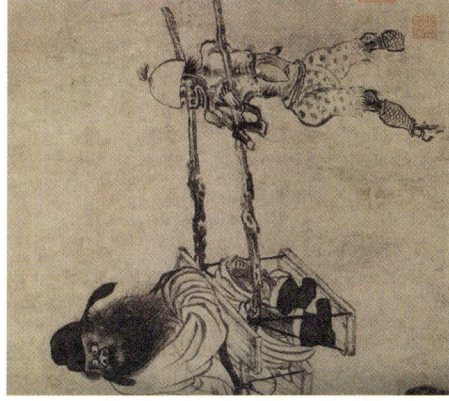

图5 龚开《中山出游图》 美国弗利尔美术馆藏

自题一诗，曰："一从云雾降天关，空尽先朝十二闲。今日有谁怜俊骨，夕阳沙岸影如山。"诵之令人慨然![1]

不过，饶是叶氏所藏的《洪厓先生出游图》，今亦湮没不闻，良为可叹！龚开留下来的画作虽然仅能见到《中山出游图》和《瘦马图》两幅，难以窥探其艺术才能的全面性，然而即便仅此两幅，也已较充分展示了他作为有担当意识的儒者的思想深度和情感深度。尤其是在《中山出游图》中，他对于钟馗题材的处理既吸收了前人的经验，又融入了自己的独特体味，即大胆突破固有的程式，在短短一百多厘米的尺幅间，从打夜胡的民俗题材中推衍出一个高雅而又带有悲壮情结的动态环路。其笔墨中所蕴含的精神气质，不仅引起了时人的共鸣，至今仍能对观者形成强烈的视觉冲击。为便于读者的理解，本文拟从母题、技巧、内涵三个层面逐一分析。

六 《中山出游图》与"钟馗样"

关于钟馗的起源，民俗及文学层面的研究已相当深入，无须赘述。在长期的历史演绎中，钟馗不仅发展为民间信仰的一支，成为民俗文化和说唱话本的重要题材之一，同时也被引介到绘画之中。据传钟馗捉鬼的绘画自吴道子始，并由此形成了一个独特的鬼部母题——"钟馗样"。

所谓"钟馗样"，最早见于北宋郭若虚的《图画见闻志》，其卷六《近事》"钟馗样"条载：

> 昔吴道子画钟馗，衣蓝衫，鞹一足，眇一目，腰笏巾首而蓬发，以左手捉鬼，以右手抉其鬼目。笔迹遒劲，实绘事之绝格也。有得之以献蜀主者，蜀主甚爱重之，常挂卧内。一日，召黄筌令观之，筌一见称其绝手。蜀主因谓筌曰："此钟馗若用拇指掐其目，则愈见有力。试为我改之。"筌遂请归私室。数日，看之不足，乃别张绢素画一钟馗，以拇指掐其鬼目。翌日，并吴本一时献上。蜀主问曰："向止令卿改，胡为别画？"筌曰："吴道子所画钟馗，一身之力、气色、眼貌，俱在第二指，不在拇指，以故不敢辄改也。臣今所画，虽不迨古人，然一身之力并在拇指，是敢别画耳。"蜀主嗟赏之，仍以锦帛鎏器，旌其别识。[2]

据上文描述可知，所谓钟馗样，即钟馗的形象为衣蓝衫，鞹一足，眇一目，腰笏巾首而蓬发，以左手捉鬼，以右手抉其鬼目。沈括《补笔谈》卷三也有类似记载：

> 禁中有吴道子画钟馗，其卷首有唐人题记曰："明皇开元讲武骊山，岁翠华还宫，上不怿，因痁作，将逾月，巫医殚伎，不能致良。忽一夕梦二鬼，一大一小。其小者衣绛犊鼻，屦一足，跣一足，悬一屦，搢一大筠纸扇，窃太真紫香囊及上玉笛，绕殿而奔。其大者戴帽，衣蓝裳，袒一臂，鞹双足，乃捉其小者，刳其目，然后擘而啖之。上问大者曰：'尔何人也？'奏曰：'臣钟馗氏，即武举不捷之士也。誓与陛下除天下之妖孽。'梦觉，痁若顿瘳，而体益壮。乃召画工吴道子，

〔1〕 叶恭绰：《遐庵谈艺录》，香港太平书局，1961年版。
〔2〕 （宋）郭若虚：《图画见闻志》，中国美术论著丛刊本，人民美术出版社，1964年版。

告之以梦曰：'试为朕如梦图之。'道子奉旨，恍若有睹，立笔图迄以进。上瞠视久之，抚几曰：'是卿与朕同梦耳，何肖若此哉！'道子进曰：'陛下忧劳宵旰，以衡石妨膳，而痁得犯之。果有蠲邪之物，以卫圣德。'因舞蹈上千万寿。上大悦，劳之百金，批曰：'灵祇应梦，厥疾全瘳。烈士除妖，实须称奖。因图异状，颁显有司。岁暮驱除，可宜遍识，以祛邪魅，兼静妖氛。仍告天下，悉令知委。'熙宁五年，上令画工摹拓镌板，印赐两府辅臣各一本。是岁除夜，遣入内供奉官梁楷就东西府给赐钟馗之象。"观此题相记，似始于开元时。皇祐中，金陵上元县发一冢，有石志，乃宋征西将军宗悫母郑夫人之墓。夫人汉大司农郑众女也。悫有妹名钟馗。后魏有李钟馗，隋将乔钟馗、杨钟馗。然则"钟馗"之名，从来亦远矣，非起于开元之时。开元之际，始有此画耳。"钟馗"字亦作"钟葵"。[1]

郭、沈二人皆认为"钟馗样"由吴道子所创（图6），特别是沈文记载，从盛唐开始，钟馗像已与岁暮驱除结合起来，官方也重视起来，"颁显有司"，并成为驱傩戏打夜胡的一个重要组成部分（北宋《大傩图》，图7）。

所谓打夜胡，南宋吴自牧《梦粱录》卷六《十二月》记云：

图6　（传）吴道子《钟馗抉目图》
采自王阑西主编《钟馗百图》，岭南美术出版社，1990年版。

> 岁旦在迩，铺席有货画门神桃符，迎春牌儿，纸马铺印钟馗、财马、回头马等，馈与主顾。更以苍术、小枣、辟瘟丹相遗。如宫观羽流，以交年疏、仙术汤等送檀施家。医士亦馈屠苏袋，以五色线结成四金鱼同心结子，或百事吉结子，并以诸品汤剂，送与主顾第宅，受之悬于额上，以辟邪气。街市扑买锡打春幡胜、百事吉斛儿，以备元旦悬于门首，为新岁吉兆。其各坊巷叫卖苍术小枣不绝。又有市爆杖、成架烟火之类。自此入月，街市有贫者，三五人为一队，装神鬼、判官、钟馗、小妹等形，敲锣击鼓，沿门乞钱，俗呼为"打夜胡"，亦驱傩之意也。

《除夜》记云：

> 十二月尽，俗云"月穷岁尽之日"，谓之"除夜"。士庶家不论大小，家俱洒扫门闾，去尘秽，净庭户，换门神，挂钟馗，钉桃符，贴春牌，祭祀祖宗。遇夜则备迎神香花供物，以祈新岁之安。禁中除夜，呈大驱傩仪，并系皇城司诸班直，戴面具，着绣画杂色衣装，手执金枪银戟、画木刀剑、五色龙凤、五色旗帜，以教乐

[1]　又见《梦溪笔谈》卷二十七《岁首画钟馗于门》，胡道静校证本，上海古籍出版社，1987年版，第986~987页。

所伶工装将军符使、判官钟馗、六丁六甲神兵五方鬼使、灶君土地、门户神尉等神，自禁中动鼓吹，驱祟出东华门外，转龙池湾，谓之"埋祟"而散[1]。

参上引文可知，"钟馗样"除了捉鬼的图式外[2]，还有携眷、嫁妹等图式。宋李廌《德隅斋画品》云："尝见恪所作《鬼百戏图》，钟馗夫妇，对案置酒，供张果肴，及执事左右，皆述其情态，前有大小鬼数十，合乐呈伎俩，曲尽其妙。"《宣和画谱》收录南唐周文矩五福《钟馗氏小妹图》。北宋程坦《钟馗小妹图》（汤垕《画鉴》），此外，见于著录者还有石恪《钟馗小妹图》、李公麟《钟馗

图 7　北宋大傩图（局部）　故宫博物院藏

嫁妹图》、颜庚《钟馗嫁妹图》（图8），等等。这些正是"打夜胡"的仪式内容。

相较而言，《中山出游图》在构图和内涵表达上，明显异于其前的作品。在主题表达上，不是单一的出游、携眷，而是将这两个主题融合在一起。在内涵表达上，龚开明显从风俗画中脱离出来，并且赋予了它历史的深度。以颜庚《钟馗嫁妹图》来说，颜庚此图的主题仍然是除夜"打夜胡"，其画面布置可以说是对当时"三五人为一队，装神鬼、判官、钟馗、小妹等形，敲锣击鼓"的驱傩场景的移植，是一幅风俗画。类似的构图模式还可参见元颜辉《钟馗雨夜出游图》（图9）。龚开《中山出游图》则不同，而是有了新的寓意，正如他在题跋中所说："在昔善画墨鬼者有如颐真、赵千里。千里《丁香鬼》诚为奇特，所惜去人物科太远，故人得以戏笔目之。颐真鬼虽甚工，然其用意猥。近甚者作髯君野溷，一豪猪即之，妹子持杖披襟赶逐，此何为者耶？仆今作《中山

〔1〕　（宋）吴自牧《梦粱录》，丛书集成初编本。
〔2〕　唐宋时期钟馗捉鬼画颇多，如上文提到的吴道子的《趋殿钟馗图》、五代牟元德《钟馗击鬼图》、孙知微《雪中钟馗》、梁楷《钟馗策蹇寻梅图》、马和之《松下读书钟馗》等。

图8 （南宋）颜庚《钟馗嫁妹图卷》 绢本水墨，24.4×253.4厘米，美国大都会艺术博物馆藏。

图9 （元）颜辉《钟馗雨夜出游图》 绢本水墨淡设色，24.8×240.3厘米，美国克利夫兰美术馆藏。

图10 （元）钱选《杨贵妃上马图》 卷纸本设色，29.5×117厘米，美国弗利尔美术馆藏。

出游图》,盖欲一晒颐真之陋,庶不废翰墨清玩。"正是由于他对于墨鬼之戏有如此的认识,是以他在绘画中更着意于"清玩"之雅。在《中山出游图》中,他从钟馗出游引向了天宝史事("八姨豪买他人宅,□□君醒为扫除,马嵬金驮去无迹",参看元钱选《杨妃上马图》,图10),再由天宝史事引向咸淳史事(陈方题跋有"嗟哉咸淳人不识,夜夜宫中吹玉笛"之句),其用意非常明显。

如前所述,龚开常以钟馗自喻。他认为自己与钟馗的人生遭际相似,都是生不逢时,遭逢阴(元)阳(宋)两世。不过钟馗并未因此沉沦于阴曹,而是以驱鬼除恶的方式来实现其未竟之经世夙愿。以此来观照龚开,其心境亦大抵类此。作为从南宋灭亡中较早的觉醒者,在当时遗民普遍沉郁于以胡变夏的悲伤和绝望的气氛中,即在从人世沦入"鬼蜮"的现实中,他悟出了鬼生即人生。因此他并未消极逃避,执念自困,也并未死节抗争,而是选择了坚忍。即在无鹰犬、乏酒食、有家室[1]的现实情境下,秉持了"知其白,守其黑"的智慧,并将其书法入画法的创作思路贯穿于实践之中。

以书入画,强调画法即书法,这并非仅仅是技巧和形式层面的问题,而是牵涉到儒家艺道观的问题。儒家强调"士先器识,而后文艺",艺在儒家看来,可以华国,可以藻物,可以饰身,换言之,文艺近则可以修身,远则可以弘教化。这是儒家文艺的理论基础。从北宋后期至南宋末,儒家对于孔子所谓"志于道,据于德,依于仁,游于艺"的阐发发生了很大的变化。具体来说,即由古之礼乐射御书数之六艺,演变为诗文书画之四艺(刘因《叙学》主张艺随世变,参前引拙著),笔墨逐渐成为士大夫修身养性的主要方法,并日趋精致化、细腻化[2]。

以此观照,龚开正是通过绘画来传达这一观念。他不轻视笔墨的表达,认为通过笔墨同样能扭转风气,厘定乾坤,并不乏惊人之语,如他宣称"墨鬼乃书法之草圣"即为一例。其题跋云:

人言墨鬼为戏笔,是大不然。此乃书家之草圣也。世岂有不善真书而善草者?在昔善画墨鬼者有呔颐真、赵千里。千里《丁香鬼》诚为奇特,所惜去人物科太远,故人得以戏笔目之。颐真鬼虽甚工,然其用意猥。近甚者作髯君野涧,一豪猪即之,妹子持杖披襟赶逐,此何为者耶?仆今作《中山出游图》,盖欲一晒颐真之陋,庶不废翰墨清玩。譬之书,犹真、行之间也。钟馗事绝少,仆前后为诗,未免重用,今即他事成篇,聊出新意焉耳。淮阴龚开记。

从表面上看,龚开以墨鬼为草圣,似乎是其性情之使然,不过并非其一时兴起之

---

〔1〕 龚开题诗云:"髯君家本住中山,驾言出游安所适,谓为小猎无鹰犬,以为意行有家室。阿妹韶容见靓妆,五色胭脂最宜黑,道逢驿舍须小憩,古屋何人供酒食。赤帻乌衫固可亨,美人清血终难得,不如归饮中山酿,一醉三年万缘息。却愁有物觑高明,八姨豪买他人宅,□□君醒为扫除,马嵬金驮去无迹。"

〔2〕 高居翰认为,过于细致而无法用诗歌语言来表达的观念和情感,可以通过专一的绘画方式来传达,作为对"象外"的回应。将一种教化的心灵传达于人,这种交流模式实现了儒家通过社会和跨越时代传播智慧和美德的理想。这也正是儒家所秉持的艺术理论基础。"新的理论体系容许绘画作为一门'高雅艺术'与诗歌、音乐及书法一同登堂入室,有文化的人便可以参与其中并展现自己的教化水平。"参见〔美〕高居翰《中国绘画三题》,载范景中、高昕丹编选《风格与观念:高居翰中国绘画史文集》,中国美术学院出版社,2011年版,第71页。

语，而是有"去浮荡意猥之陋，立翰墨清玩新意"的志趣所在。我们注意到，与龚开同时或后世的评论者大都称其这类画"怪怪奇奇"，但这并非是批判，反而带有欣赏的意味。如陈方（？—1367年？）称他"翁也有笔同干将，貌取群怪驱不祥。是心颇与馗相似，故遣麾斥如翁意"。李鸣凤亦题跋云："人言个是翠岩老子游戏笔，却忆渔阳铁骑来如云，骑骡仓遑了无策，锦鞯游魂意弗归，方士排空御气无从觅。"的是知言。高居翰认为，在这类评论的背后，实际上反映了当时对个性的崇尚，并且，舆论也鼓励和称赞将个性与古典相融合的表现形式[1]。虽然在当时大一统文化建设有背景下，他这种革新笔墨的"光芒"为赵孟頫等人所掩盖，但由于他的这份坚持和努力并蝴蝶是个案和特例，而是相当一部分亡国而不沉沦的士大夫共有的态度，故而在他的作品中，我们能感受到他似借助文艺以提振文心的强烈愿望。

七　小结

综上来看，龚开出笔虽然看似怪怪奇奇，但实际上其情感的抒发宣泄并未超出其儒士的身份，时不际遇之残酷现实，并未磨灭其忧患意识、担当意识和使命意识，这也正是儒家思想蕴育下知识精英的文化秉性。他尝试通过革新笔墨来展现一种虽浮湛于俗而不流于俗的奇伟丈夫之气，这是其"磊落轩昂峥嵘突兀"不同于他人的一面，同时也是艺术表达的一种技巧（西方艺术理论中有一种观点：艺术在于对艺术的掩饰）。本文认为，《中山出游图》并非仅仅是对题材的一种复古，而是通过借用母题来传递现实的表达。从图卷的表面来看，这种主题的再现，并非是传统的复古，而是传统的再现。其意义已经置换，即将民俗的主题转换提升为精神引领的主题。套用现代理论来说，再现传统比反传统更吻合他的理性认知[2]。虽然在当时大一统文化建设的背景下，他这种革新笔墨的"光芒"为赵孟頫等人所掩盖，但由于他的这份坚持和努力并非是个案和特例，而是相当一部分亡国而不沉沦的士大夫共有的态度，故而在他的作品中，我们能感受到他拟借助文艺以提振文心的强烈愿望。

作者单位：中国社会科学院历史研究所，出土文献与中国古代文明研究协同创新中心
收稿日期：2015－3－28

〔1〕 James Cahill., *Hills Beyond a River: Chinese Painting the of Yuan Dynasty*(1279 – 1368), New York: Wealtherhill, 1976, p. 17. 原句为: Behind this appraisal we may note another aspect of the new view of painting, an admiration of individualism, or of a satisfying blend of individualism and traditionalist references to the past.
〔2〕 方闻即认为中国绘画最晚从14世纪开始就在根本上超越了具象艺术，提前越过了模仿阶段，开始关注自我指示的绘画符号，从而趋向于一种"艺术史式的艺术"，在其中图画只是对其他已经完成和尚未完成的图画的能指。Wen C. Fong, "Beyond Representation: Chinese Painting and Calligraphy 8th – 14th Century," *Princeton Monographs in Art and Archaeology*, No. 48, Yale University Press, 1992.

洛阳历史文物中含绶鸟美术遗迹的文化学考察

张乃翥

自 20 世纪 80 年代末期以来，洛阳地区相继出土了一批带有美术价值的唐代石刻文物。这些作为视觉读品的历史遗迹，以其艺术题材的天方诡异和工艺技巧的绝世独立，诉说着它们赖以产生年代审美世界里的基因渊源、乡土承续。在此之中，一种富有"舶来"寓意而镌刻有"含绶鸟"题材的石刻作品，引起了我们极大的关注。故笔者撰此薄文片言，缕列相关文物并做一详细梳理，冀以激扬洛阳这一历史文化名城厚重积淀的微澜。

一　近年来中原地区含绶鸟美术遗迹的发现

2004 年 8 月，洛阳邙山出土垂拱四年（688 年）博州刺史韦师墓志一合。志石长 72.5 厘米，宽 72.5 厘米，厚 17 厘米；志盖长 72.5 厘米，宽 72.5 厘米，厚 14 厘米，盖芯篆书"大唐故博/州刺史京/兆韦府君/墓志之铭"。志盖盝顶四刹的下侧和右侧，分别刻有绶带自身下飘于尾后的含绶鸟各一躯（图 1）[1]。

1981 年，葬于景龙三年（709 年）的唐陆胡州大首领安菩墓葬文物于洛阳龙门东山北麓出土。其中石刻墓门一套，通高 173 厘米，宽 129.4 厘米，门洞高 92 厘米，宽 82 厘米，是洛阳首次经考古发掘出土的一组珍贵的粟特人文物。在其拱形门楣的正面，有含绶鸟线刻画一铺，透露出唐代入附中原的胡人部落中富有浓郁的西域文明内涵（图 2）[2]。

2004 年春，河南孟县北岭出土先天二年（713 年）幽州都督左威卫大将军裴怀古墓志一合。志石长 87.5 厘米，宽 87.5 厘米，厚 13 厘米；志盖长 92.5 厘米，宽 91.5 厘米，厚 13.5 厘米，盖芯篆书"大唐故/裴府君/墓志铭"。在其志盖四刹所刊"四神"图像中，有颈部系扎绶带的双头"朱雀"形象的刻画（图 3）[3]。裴怀古，《唐书》有传。这是唐史传记人物历史遗物中涉及这一美术题材的典型实例。

2004 年 10 月，洛阳龙门东山北麓出土开元六年（718 年）饶州刺史来景晖墓志一合。志石长 75 厘米，宽 75.5 厘米，厚 14 厘米；志盖拓本长 51 厘米，宽 50.5 厘米，其

---

〔1〕　图版引自张乃翥《龙门区系石刻文萃》，国家图书馆出版社，2011 年版，图版 77。

〔2〕　图版引自洛阳市文物工作队《洛阳龙门唐安菩夫妇墓》，《中原文物》1982 年第 3 期，第 21～26 页，图版捌。

〔3〕　图版引自张乃翥《龙门区系石刻文萃》附录图版 74，第 479 页。

图1

图2

图3

图4

四刹装饰图案纹样中，亦有含绶鸟线刻之一例（图4）[1]。

2004年春，洛阳偃师县首阳山南麓出土开元十八年（730年）许景先墓志一合，志石长88厘米，宽88厘米，厚15厘米，其四周装饰纹样中见有含绶鸟线刻两例（图5）[2]。许景先，《唐书》有传。此亦唐史传记人物历史遗物涉及这一美术题材的实例。

近年龙门东山南麓出土有开元十九年（731年）卢正容墓葬石刻一套，墓门通高

---

〔1〕 石刻拓本系笔者购藏于洛阳古旧市场。
〔2〕 图版引自张乃翥《龙门区系石刻文萃》附录图版87，第492页。

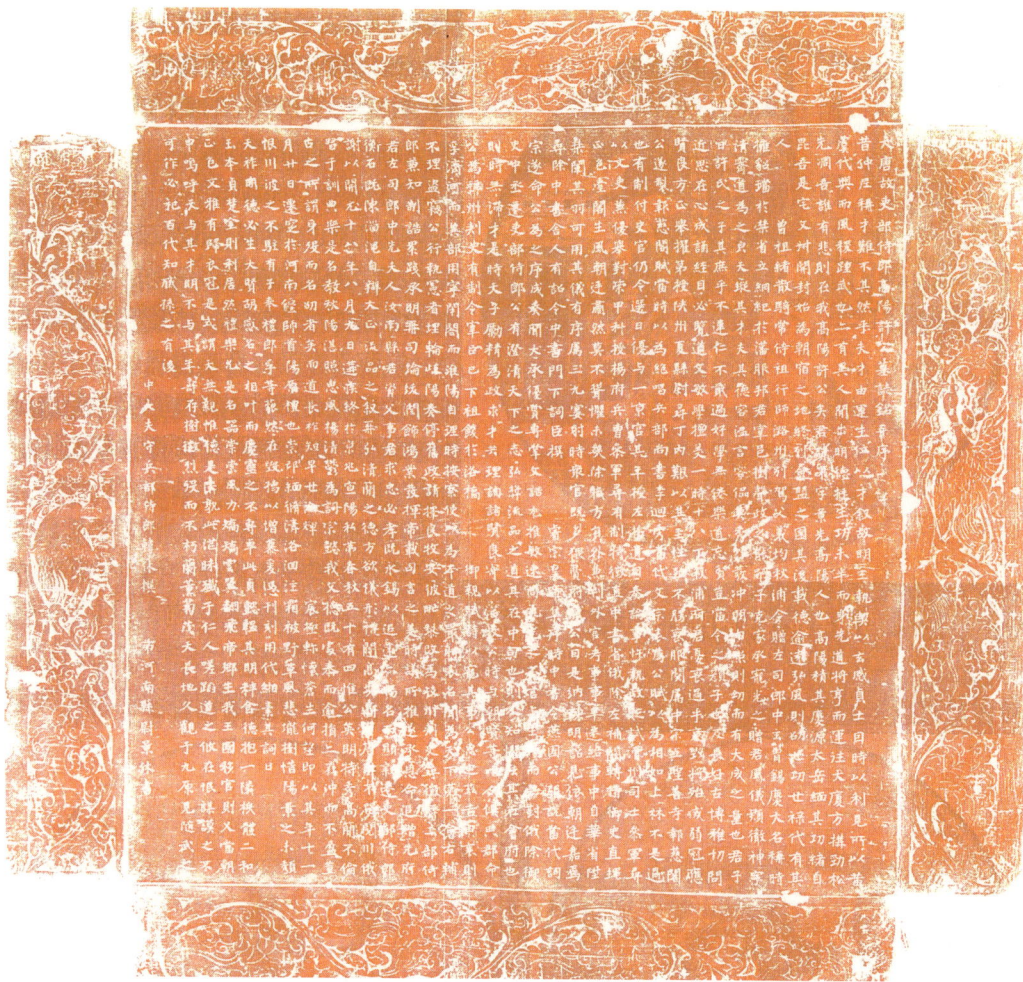

图 5

180 厘米，宽 116 厘米，该石刻后为河南博物院收藏。其墓门门楣亦有含绶鸟线刻一铺（见图 6）[1]。

1998 年冬，龙门东山南麓出土开元二十年（732 年）张说墓志一合，石长 79 厘米，阔 79 厘米，厚 16 厘米。志石四周立面的左侧，镌刻含绶鸟线刻一铺（图 7）[2]。志主张说，开元名相，《唐书》有传。该墓志石刻中另有翼马等富有西域文化气息的美术遗存，这与裴怀古、许景先墓志石刻的美术风尚有着共同的时代特征。

2002 年 1 月，龙门西山张沟出土开元二十四年（736 年）柳泽墓志一合。墓志拓本长 73 厘米，宽 72.5 厘米；志盖拓本长 50.5 厘米，宽 51 厘米，其四刹所刊"四神"线刻图案中，有系绶"朱雀"形象的刻画（图 8）[3]。

---

〔1〕 图版引自张乃翥《龙门区系石刻文萃》图版 158，第 155 页。
〔2〕 图版引自张乃翥《龙门区系石刻文萃》图版 159，第 156 页。
〔3〕 石刻拓本系笔者购藏于洛阳古旧市场。

2005 年春，龙门西山出土开元二十七年（739 年）比丘尼悟因墓门石刻一套，墓门立面通高 172 厘米，宽 118 厘米。门楣底宽 97 厘米，楣拱高 37 厘米，其装饰刻画中亦见含绶鸟线刻一铺（图9）[1]。

图 6

图 7

图 8

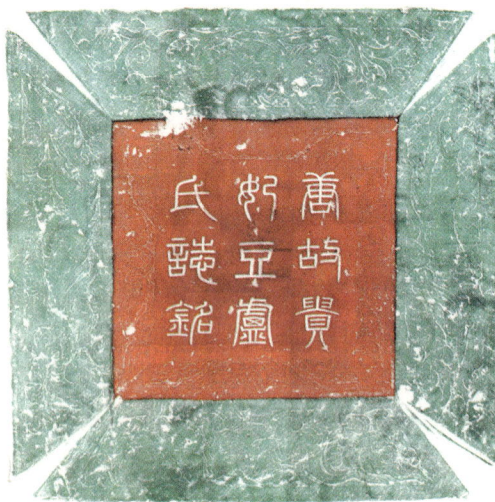
图 10

1992 年 5—9 月，龙门西山北麓发掘出土开元二十八年（740 年）唐睿宗贵妃豆卢氏墓志一合。志石长 77 厘米，宽 77 厘米，厚 20 厘米；志盖长 75.5 厘米，宽 75.5 厘米，厚 18.5 厘米，盖芯篆书"唐故贵/妃豆卢/氏志铭"。志盖四刹"四神"装饰图案

〔1〕 图版引自张乃翥《龙门区系石刻文萃》图版 189，第 186 页。

中，有系绶"朱雀"及系绶翼龙、系绶翼虎、系绶玄武的图像（图10）[1]。同墓出土石刻墓门一套，其圆拱形门楣底宽122厘米，拱高57厘米，厚11厘米，内有含绶鸟线刻一铺（图11）[2]。

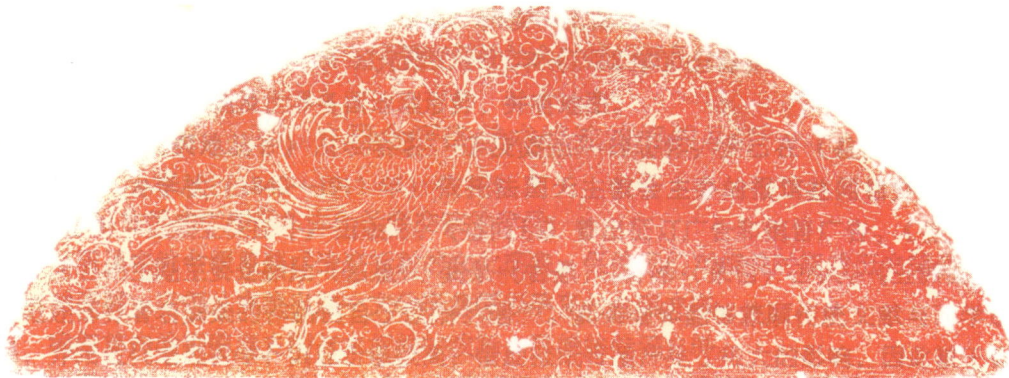

图9

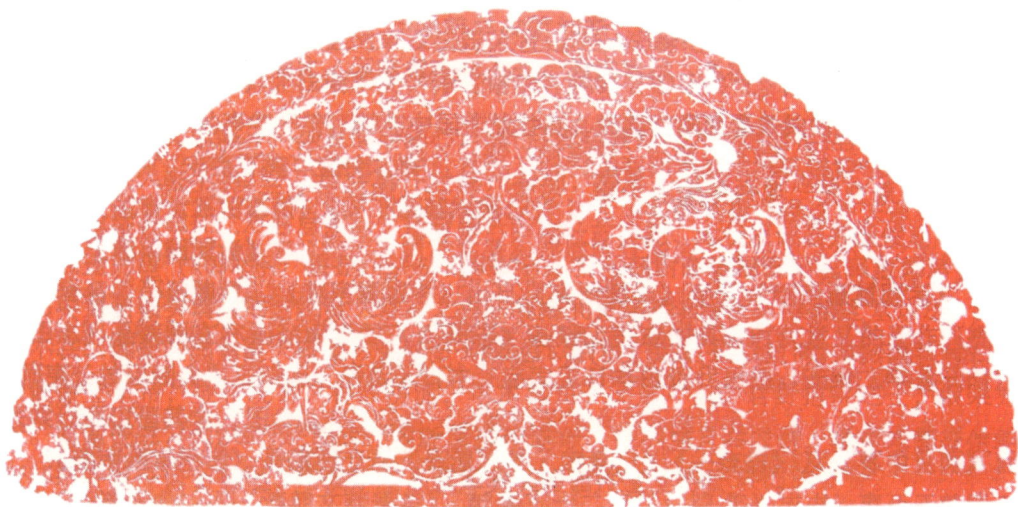

图11

2005年3月，龙门西山张沟村东南出土开元二十九年（741年）唐凤州别驾张景尚墓志一合。志石拓本长51.5厘米，宽51厘米；志盖拓本长57厘米，宽57.5厘米，盖芯楷书"大唐故/张府君/墓志铭"。在其志盖四刹所刊"四神"图像中，亦有颈部系扎绶带的"朱雀"形象出现（图12）[3]。

2005年冬，西安出土天宝六载（747年）裴智墓志一合，志石长57厘米，宽57厘米，厚11厘米；志盖拓本长58.5厘米，宽58.5厘米，其四刹装饰浮雕中亦有含绶鸟线

〔1〕 图版引自张乃翥《龙门区系石刻文萃》图版193，第191页。
〔2〕 图版引自洛阳市文物工作队《唐睿宗贵妃豆卢氏墓发掘简报》，《文物》1995年第8期，第45～46页。
〔3〕 图版引自张乃翥《龙门区系石刻文萃》图版197，第195页。

图 12   图 13

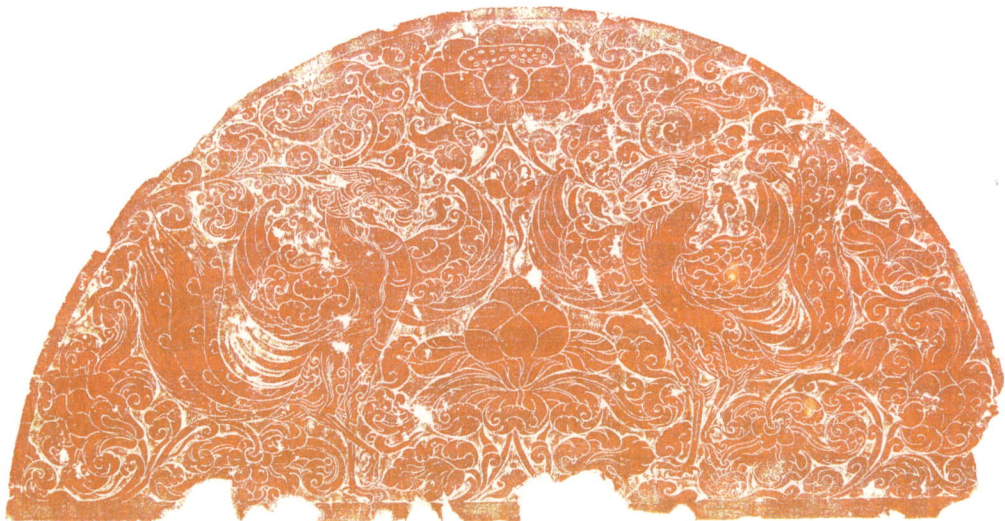

图 14

刻一铺（图 13）[1]。

　　2008 年秋，龙门西山出土盛唐石刻墓门门楣一件，门楣底宽 94 厘米，楣拱高 47 厘米，内有含绶鸟线刻一铺（图 14）[2]。

　　1999 年秋，偃师县首阳山南麓出土长庆四年（824 年）何抚墓志盖一合。志石长 60 厘米，宽 60 厘米，厚 11 厘米；墓志盖拓本长 62 厘米，宽 62 厘米。盖芯楷书"唐故沔州/刺史庐江/何公墓志"，志盖四刹所刊"四神"中，见有颈部系扎绶带的"朱雀"和"青龙"、"白虎"各一躯（图 15）[3]。

〔1〕 图版引自张乃翥《龙门区系石刻文萃》附录图版 98，第 479 页。
〔2〕 石刻拓本系笔者购藏于洛阳古旧市场。
〔3〕 石刻拓本系笔者购藏于洛阳古旧市场。

伴随着近年来地下文物的不断出土，中原地区含绶鸟美术遗迹接连出现，实际上远远不止于笔者以上挂一漏万的罗列。囿于笔者乡土阅历的局限，同类美术题材的报道只能告一段落了。

从文化形态学角度考察，上述石刻中所谓的"含绶鸟"美术造型，其典型的形象特征是其颈部系有抑或口中含有向后飘拂的绶带，由此形成中古美术史上一种具有标识性形象特征的视觉样本。

需要指出的是，在这些美术作品的线刻造型中，附加于含绶鸟颈部或口中的绶带，因图像载体石刻质地的差异，某些个体造型的细部形态与效果不甚清

图 15

晰，这或许给人们判断其形象的规律性带来了困难。即便如此，只要我们善于运用考古形态学的分析方法，仍然不难从这些形象颈部的系结造型或其臆前的绶带条贯刻画中，判定其文化属性的确切意义。

二　域外含绶鸟美术遗迹钩沉

美术史考察表明，汉地流行的这种富于题材特征的动物形象，或渊源于公元前古代波斯地区流淌千祀的文化崇拜。

众所周知，自公元前6世纪阿契美尼德王朝（公元前553—公元前330年）奄有伊朗高原以来，波斯帝国即以蓬勃建树称雄于幅员辽阔的西亚地区。后经安息王朝（公元

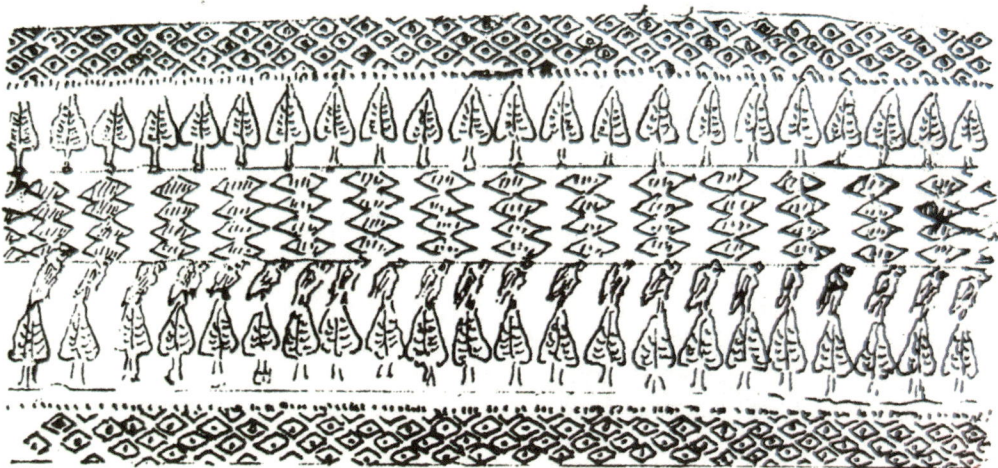

图 16

图 17

前247—公元226年）、萨珊帝国（226—651年）的继踵再造，波斯文化遂以澎湃之势彰显于丝绸之路连结起来的东西方世界。

据《史记》，张骞"所遣使通大夏之属者，皆颇与其人俱来，于是西北国始通于汉矣。……初置酒泉郡，以通西北国。因以发使，抵安息、奄蔡、黎轩、条枝、身毒国。……是时汉既灭越，而蜀西南夷皆震，请吏入朝"[1]。"初，汉使至安息，安息王令将二万骑迎于东界。东界去王都数千里。行比至，过数十城，人民相属甚多。汉使还，而后发使随汉使来观汉广大，以大鸟卵及黎轩善眩人献于汉。及宛西小国驩潜、大益，宛东姑师、扞采、苏薤之属，皆随汉使献见天子"[2]。曾经震古烁今的汉地文物遗迹，亦从实物视域印证了当年波斯文明行化东方的历史存在。

20世纪50年代以来，洛阳西郊浅井头西汉壁画墓出土了模印有雪杉纹、双菱纹的画像砖实物（图16）[3]。同类的模印纹样，亦出现于1984年洛阳伊川县和1988年山东济宁出土的西汉空心砖墓的装饰题材中（图17）[4]。中原地区西汉文物遗迹中的雪杉纹样及其雕刻技法，使人们联想到伊朗阿契美尼德王朝故都波斯波利斯王宫石刻浮雕中的同类艺术样本。回顾当年汉使访问安息曾有"过数十城，人民相属甚多。汉使还，而后发使随汉使来观汉广大，以大鸟卵及黎轩善眩人献于汉"的往事，审度二者文物形态之雷同，人们不难想象那时东西方文化交流的畅通。

西亚与中原故地人际往来的信息，更有萨珊时代两地文物的互动源委折射其存在。回溯萨珊时代，西亚不少文物造型中每有波斯诸王皇冠系绶的形象。如俄罗斯艾尔米塔什博物馆藏伊朗北

〔1〕《史记》卷一二三《大宛列传》，中华书局点校本，1959年版，第3169~3170页。

〔2〕《史记》卷一二三《大宛列传》，第3172~3173页。

〔3〕河南省文化局文物工作队第一、二队编：《河南出土空心砖拓片集》，人民美术出版社，1963年版，图45、图73。

〔4〕李献奇、杨海钦：《洛阳又发现一批西汉空心画像砖》，《文物》1993年第5期，第17~23页，图版来自第19页。济宁市博物馆：《山东济宁专西汉墓清理简报》，《文物》1992年第9期，第22~36页。

图 18

图 19

图 20

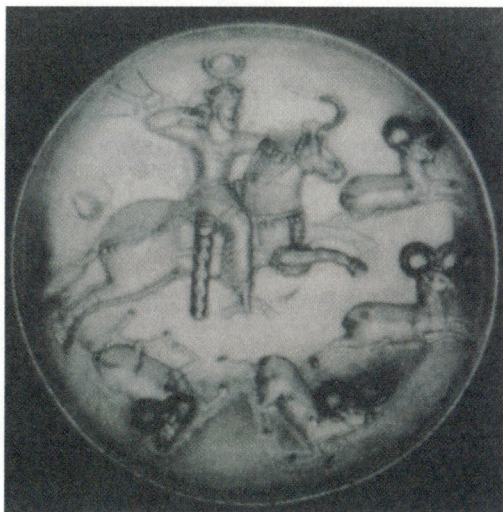

图 21

部马赞德兰省（乌拉尔）出土的一件公元4世纪的"帝王狩猎"银盘中，即有皇冠系绶形象的刻画（图18）[1]。形制类同的金属器皿，中国国内与萨珊同期的北魏平城时代亦有文物的发现。1981年，山西省大同市北魏封和突墓出土5世纪萨珊鎏金银盘一件，内中见有人、兽系绶的例证（图19）[2]。出土于中亚奇尔克的一件公元5世纪后期的贵霜/嚈哒舞蹈纹银碗，底部构图之中亦有冠后系绶的人物形象（图20）[3]。美国纽约大都会博物馆藏一件公元5世纪末期的"帝王狩猎"萨珊镀金银盘，内有皇冠系扎绶带的

---

〔1〕 图版引自罗世平、齐东方著《波斯和伊斯兰美术》，中国人民大学出版社，2004年版，第83页。

〔2〕 图版引自《波斯和伊斯兰美术》，第84页。

〔3〕 图版引自《波斯和伊斯兰美术》，第126页。介绍引自沈爱凤《从青金石之路到丝绸之路》，山东美术出版社，2009年版，第447页。

人物造型（图21）[1]。伊朗北部出土的一件公元5—6世纪的"帝王狩猎"银盘，同样刻画有人、兽系绶的美术图像（图22）[2]。

图22 图23

此外，20世纪以来，仅在中国境内就出土了1200余枚萨珊王朝各个历史时期的波斯银币[3]。这些银币的正面，模制有花冠间系扎绶带的历代波斯国王的侧面头像[4]。这从一个侧面再次印证了系绶习俗流行于萨珊王庭的事实。

据传另一件出土于波斯故地、现藏于俄罗斯圣彼得堡冬宫的银盘，其国王狩猎图中的人物造型，不仅头部系有向后飘逸的绶带，而且头顶戴有刻画双翼的王冠（图23）。这一人物造型揭示了萨珊王庭与祆教含绶鸟图腾崇拜之间有深刻的联系。这种戴有鸟翼冠帽的人物形象，美国弗利尔美术馆并有中国安阳石棺床人物造型和另一件文物遗迹可资比较[5]，从中反复折射出西域故地崇拜系绶鸟纹的文化传统。

如果我们撇开以上萨珊文物语义概念的历史背景，偏重于从文化产品的社会学层面来思考，毫无疑问这类美术形象本身已带有突出的国家政治属性——因为这类美术题材渲染皇权的主题寓意，自来富有鲜明的国家主流意识形态的特征。

由此我们可以明了，"系绶"美术题材之显示于萨珊王朝，首要原因为国家政治意图的倡导。至于这种国家意图的深层渊源，自然有其特定的历史环境的培植。这一点，在萨珊故地的其他历史文物中，更有诸多的美术实例透露出当地信仰意识对文化生态的影响。如前引乌兹别克斯坦国家历史博物馆藏有的那件公元5世纪后期属于嚈哒（白匈

---

〔1〕 图版引自沈爱凤《从青金石之路到丝绸之路》，第371页。

〔2〕 图版引自罗世平、齐东方著《波斯和伊斯兰美术》，第84页。

〔3〕 宿白：《中国境内发现的中亚与西亚遗物》，《中国大百科全书·考古学卷》，中国大百科全书出版社，1986年版，第679页。

〔4〕 洛阳文物工作队编：《洛阳出土文物集粹》，朝华出版社，1990年版，第111页。

〔5〕 姜伯勤：《安阳北齐石棺床画像石的图像考察与入华粟特人的祆教美术》，《艺术史研究》第1辑，中山大学出版社，1999年版，第151～186页。又参见 Angela F. Howard, "Highlights of Chinese Buddhist Sculpture in the Freer Collection," *Orientations*, May 1993, p. 99。

奴）王朝的舞蹈纹银碗，其外缘即有六身头部系扎绶带，双臂挽曳帔帛的女神形象。这种既有世间现实人物妆扮遗风又有神化故事人格赋予的美术产品，透露出西亚一带人、神二元化人文生活的独特面貌。

另有史料表明，中古时代葱西地区的绿洲邦国，其上层豪族亦有浸染波斯装束遗风的实际生活。《大唐西域记》卷一叙及"窣利"（粟特）服饰风俗时曰："服毡褐，衣皮氍，裳服褊急，齐发露顶，或总剪剃，缯彩络额。"[1] 这或许与粟特诸部承替波斯祆教意识形态有着直接的关系。

中亚社会上层如此行化"系绶"装扮的风俗，势必招致相应的审美观念向着这一带有强烈信仰意识的美术创作发生态势的倾斜——当地美术题材中各式"系绶"动物的出现，大抵反映了古代西域根植于信仰沃土的文化生态。

文物研究已经揭示，从波斯地区美术遗存中流行头部系扎绶带的国王形象以降，西亚及中亚一带亦曾出现众多其他带有系绶形象的美术题材。

例如，与乌兹别克斯坦国家历史博物馆收藏上件银碗的造型风格相近，德黑兰国立考古美术馆收藏有一件口径23.4厘米出土于马赞德兰省属于公元6—7世纪的舞蹈纹银碗（图24）[2]。这件银碗环壁一周排列的四尊女性人物，不唯下身装束着具有希腊化风格的薄质长裙，且其身旁一律装饰着树冠回环的葡萄树植物纹样，从而使这一组画面充斥着地中海文明盛行已久的"葡萄酒神"的美术意境。引人注目的是，这件银碗底部中心圆中的造型题材，已改变为一只颈部结扎有绶带的含绶鸟形象，进而透露出这件萨珊银器兼有祆教信仰崇拜的创作意图。

画面构图有相似之处的器物，圣彼得堡艾尔米塔什博物馆另有一件萨珊银盘亦值得人们给予足够的重视（图25）[3]。波士顿弗利尔美术馆藏伊朗地区出土的一件7世纪的

图24

图25

〔1〕 （唐）玄奘、辩机原著，季羡林等校注：《大唐西域记校注》卷一，中华书局，1985 年版，第 72 页。
〔2〕 图版引自罗世平、齐东方著《波斯和伊斯兰美术》，第 89 页。
〔3〕 图版引自沈爱凤《从青金石之路到丝绸之路》，第 374 页。

图 26

图 27

萨珊银壶，腹部亦有系扎绶带的含绶鸟形象（图 26）[1]。

依照萨珊时代流行中亚的祆教经典及其世俗社会的解经传说，这类颈部系扎绶带的动物形象尝被赋予祆教神祇的寓意。

域外学人阿扎佩在《粟特绘画中的若干伊朗图像程序》一文中认为，这种颈部结扎绶带的鸟类美术形象，实乃描绘伊朗故地传统流行的"赫瓦雷纳"的美术概念。它"表达运气、好运的概念。……伊朗的 Hvarenah 的概念，在表达好运的场合，据波斯作家的资料，总是与兽身鸟、光线、头光、光焰等表现形式联系在一起"[2]。

"Hvarenah"亦被解释为"生命中的吉祥"，转义为幸运，使好运得以实现的幸运事业，与光明的性质相联系的好运，最后是关于王家无上光荣的思想，等等[3]。"在波斯

---

〔1〕 图版引自罗世平、齐东方著《波斯和伊斯兰美术》，第 91 页。

〔2〕 Guitty Azarpay, "Some Iranian Iconographic Formulae in Sogdian Painting," *Iranica Antiqua* XI. 转引自姜伯勤《中国祆教艺术史研究》，生活·读书·新知三联书店，2004 年版，第 67~69 页。

〔3〕 参见 Guitty Azarpay, "Some Iranian Iconographic Formulae in Sogdian Painting"，注 23。据贝利（H. W. Bailey）《九世纪典籍中的琐罗亚斯德教问题》，牛津，1943 年版。转引自姜伯勤《中国祆教艺术史研究》，第 69 页。

的语境中，与动物形式相联系的 hvarenah，意味着一种盛大的好运随之而来。"[1] 人们称它们为"波斯式吉祥鸟图像"[2]。

对于这一盛行西域的美术题材而言，有西方学者在其著作中使用"ring – bearing bird"一词，意谓"垂着绶带的鸟"（戴环鸟）[3]，显然是依据它们的视觉形象给出的直解。其实，就目前业已收集到的图像资料来看，这种颈部系扎有织物绶带的美术题材在西方应该称之为"ribbon – bearing bird"更为合适。

这种鸟在粟特佛典资料中曾被称作 farn(prn)。因而我们相信画像石中频频出现的这些有头光的瑞鸟，就是这种称为 Hvarenah 的吉祥鸟。有的吉祥鸟颈部有中国传统称为"戴胜"的饰物。我们联想起"在安息艺术中，戴环鸟（ring – bearing bird）是表达一种 Hvarenah 式的繁盛或好运的概念……伊朗 Hvarenah 的概念，在波斯史料中与好运相关联的场合，有好几种现象，包括有翼兽、有翼羊和有翼的'光'"。如我们论述有翼"异兽"图像时已经指出的那样，Hvarenah 的另一种化身见于 Senmurv 的母题[4]。

萨珊波斯艺术中亦有类似凤凰的神鸟，波斯人所谓"森穆夫"（Sermuv），是波斯火袄教十大保护神之一。萨珊金银器和建筑构件上常见森穆夫图案，主要为有翼神犬、有翼骆驼形象，只是尾部采用孔雀尾。

耶鲁大学收藏一件西亚出土的6—8世纪萨珊系绶羊纹织锦，从美术遗迹中显示出

图28

图29

〔1〕 Guitty Azarpay, "Some Iranian Iconographic Formulae in Sogdian Painting", 转引自姜伯勤《中国袄教艺术史研究》，第48页。

〔2〕 姜伯勤：《中国袄教艺术史研究》，第47页。

〔3〕 Guitty Azarpay, "Some Iranian Iconographic Formulae in Sogdian Painting, "pp. 168 – 177.

〔4〕 姜伯勤：《中国袄教艺术史研究》，第48页。

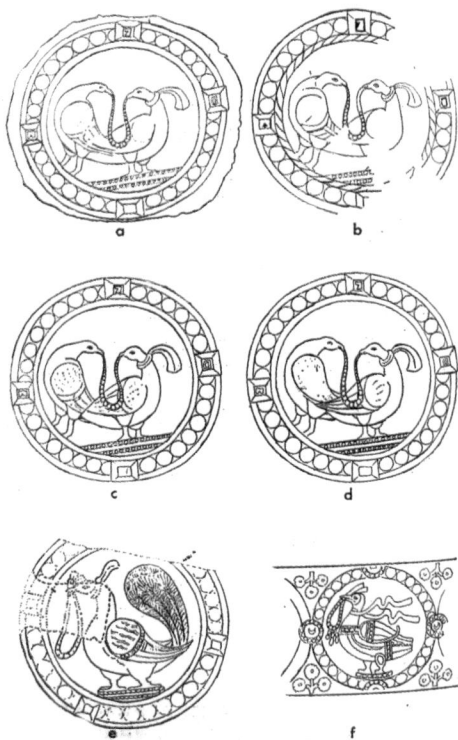

图30

系绶动物的别样题材（图27）[1]。

粟特美术遗迹中题材类同的典型实例，可以从俄罗斯艾尔米塔什博物馆藏藏品中列举一二。俄罗斯圣彼得堡艾尔米塔什博物馆藏8世纪粟特山羊纹银杯一件，内中见有系绶动物的形象（图28）[2]。同馆收藏7世纪后半叶粟特产银壶一件，壶腹錾刻翼驼纹Sermuv一尊（图29）[3]。

在中亚的佛教艺术遗迹中，同样发现有萨珊式联珠纹样中摹画含绶鸟的美术实例。如巴米扬石窟约当7世纪之后的第51窟、第167窟装饰壁画中，即有此类美术题材的出现。此类美术题材新疆克孜尔石窟亦有一再地显现（图30）[4]。

回顾以上流行于波斯故国以及粟特地区的"系绶"美术题材及其衍变的"森穆夫"文化遗迹，人们自然可以意识到这类美术产品与流行当地的祆教信仰有着密切的联系——祆教诸神的宗教寓意及其对所在民众的信仰激发，为这类美术题材的形象创作提供了可供人们进行思维畅想的广阔空间。因此，"系绶"美术文物之流被西域，体现出这一宗教文明为西方信众喜闻乐见的人文生态。

不仅如此，上述巴米扬石窟、克孜尔石窟系绶文物遗迹的出现，更从"符号学"实例显示出在中亚一带的美术崇拜进程中，与之发生地缘联系的佛教信仰及其艺术创作，曾经在文化题材的选取及视觉形象的设定中，从祆教文化元素中汲取了营养。这种受地缘条件限制的"跨文化"现象，在魏唐时代的华夏腹地得到了延伸——随着丝绸之路的拓展和东西方文化交流的日益增进，这一文化律动曾在中原地区演绎得五彩斑斓、熠熠生辉。

三　早年中国发现含绶鸟美术遗迹的回顾

出土文物实例表明，自萨珊波斯和粟特地区流行含绶鸟美术题材以来，中原地区濒临丝绸之路的若干城市的人文生活中，即有同类美术遗迹相当普遍的显示。中外文化遗

---

〔1〕　图版引自罗世平、齐东方著《波斯和伊斯兰美术》，第100页。

〔2〕　图版引自《波斯和伊斯兰美术》，第138页。

〔3〕　图版引自《波斯和伊斯兰美术》，第137页。

〔4〕　图版引自国家文物局教育处编《佛教石窟考古概要》，文物出版社，1993年版，第284页。

产领域这一引人注目的历史现象，端的折射了东西方文化交流的客观存在。

中国早期的含绶鸟美术遗迹，迄今所知者似以东汉晚期中原密县打虎亭张伯雅墓室影雕石刻为最早。在这一墓室的石雕门扇上，曾有"孔雀、鸽子、戴胜、绶带鸟、天鹅、象、虎、鹿、獐、熊、野猪等"动物形象的刻画[1]。

以北魏南迁以来的洛阳为例，众多的石刻文物中都留下了以含绶鸟为美术形象的文化遗迹。1931 年洛阳邙山出土孝昌三年（527 年）宁懋石室一座，石室整体系仿木结构，高 1.38 米，宽 2 米。内中所见的含绶鸟线刻画一铺，是为洛阳文化遗物中见有绝对

图 31

图 32

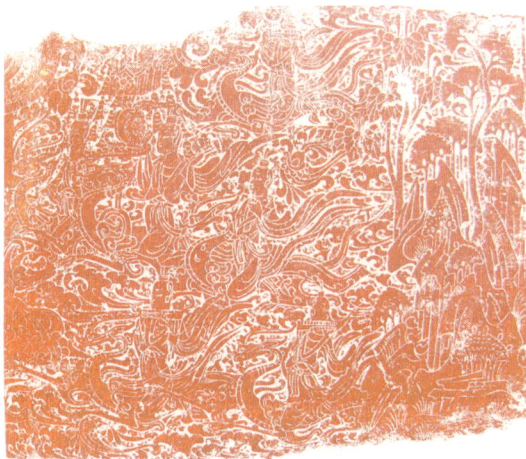

图 33

图 34

---

〔1〕 参见常任侠《河南省新出土汉画像石刻艺术初探》，《东方艺术丛谈》，上海文艺出版社，1984 年版，第 235 页。

图 35

图 36

纪年的最早的一例（图 31）[1]。1977 年洛阳邙山出土北魏升仙石棺前档见有含绶鸟线刻画一铺（图 32）[2]。形象与之接近的美术样本，同一石棺的左、右两边亦有以对称形式分别展示的线刻图画（图 33、图 34）[3]。又洛阳邙山早年出土的一方北魏墓志，其四周线刻画中见有系绶朱雀一铺（图 35）[4]。但就其画面的构成要素来考察，这一美术作品的题材设置则带有鲜明的含绶鸟意味。

其次，早年洛阳邙山出土的另一件北魏石棺前档，内中亦有含绶鸟线刻画的镌刻（图 36）[5]。

值得回顾的是，在吐鲁番阿斯塔那墓地，早年曾经出土一件属于北朝时期的对羊对鸟树纹织锦（图 37）[6]。其中对羊的颈部即有系扎绶带的设计，这与波斯及中亚祆教教区流行的同类美术题材保持着审美的一致性。这些织物的出土，使人们感受到北朝时代西域系绶动物的美术样本，正沿着丝绸之路播植于东方。

继北魏之后的高齐时代，治下诸城更有相同的美术题材出现于石刻文物中。如 20

〔1〕 石刻原件藏美国波士顿美术馆，图版引自黄明兰编著《洛阳北魏世俗石刻线画集》，人民美术出版社，1987 年版，第 101 页。

〔2〕 图版引自《洛阳北魏世俗石刻线画集》，第 11 页。

〔3〕 图版引自《洛阳北魏世俗石刻线画集》，第 14、20 页。

〔4〕 图版引自《洛阳北魏世俗石刻线画集》，第 94 页。

〔5〕 图版引自《洛阳北魏世俗石刻线画集》，第 48 页。

〔6〕 图版引自中国大百科全书出版社编辑部编《中国大百科全书·考古学》，中国大百科全书出版社，1986 年版，彩图版第 58 页。

图 37

图 38

世纪初叶安阳附近出土石棺床一具，其中流入巴黎吉美博物馆的一件石屏风构件，内中多有"波斯式吉祥鸟"——实亦"含绶鸟"图像的刻画（摹本）（图 38）[1]。青州北齐傅家画像石中，带有情节意味的人物场景的上方，另见五例萨珊式含绶鸟形象。这些带有汉地线条造型韵致的含绶鸟美术遗迹（图 39、图 40）[2]，为我们考察北朝晚期域外美术题材的濡染东华提供了珍贵的样本。

隋唐以降，丝路沿线地区含绶鸟图像屡有发现。如敦煌石窟隋代壁画遗迹中，即有此类美术形象的摹画（图 41）。又1999 年我国山西太原晋源区王郭村出土隋开皇十二年（592 年）虞弘墓彩绘石椁浮雕中，曾有多例这样的美术形象的显示[3]。其中第 1、第 5、第 7 幅画面之构图（图42、图 43、图 44），反映出这一内徙胡人部族对域

图 39

---

〔1〕 参见 Gustina Scaglia, "Central Asians on a Northern Chi Gate Shrine," *Artibus Asiae*, Institute of Fine Arts, vol. XXI, New York University, 1958, pp. 9 – 28. 图版引自姜伯勤《中国祆教艺术史研究》，第 47 页。

〔2〕 参见夏名采《益都北齐石室墓线刻画像》，《文物》1985 年第 10 期，第 49 ~ 54 页。夏名采：《青州傅家北齐线刻画像补遗》，《文物》2001 年第 5 期，第 92 ~ 93 页。图系郑岩先生摹本，图版转引自姜伯勤《中国祆教艺术史研究》，第 65、68 页。

〔3〕 参见山西省考古研究所、太原市晋源文物旅游局《太原隋代虞弘墓清理简报》，《文物》2001 年第 1期，第 27 ~ 52 页。

图 40

外这一美术题材典型的范式理解[1]。

关中地区的唐代陵墓中，如神龙二年（706 年）陪葬乾陵的懿德太子墓、永泰公主墓，其石椁线刻图画中并有这类美术题材的再现（图 45、图 46）。西安碑林所藏开元二十四年（736 年）大智禅师碑，其牡丹边饰纹样的线刻中，更有含绶鸟形象反复的刻画（图 47）。

1955 年，洛阳涧西区唐墓出土"月宫海龙双鸟纹"铜镜一件，镜纽外围纹样中，见有两只对称飞舞的含绶鸟形象[2]。1970 年，洛阳关林唐墓出土一件"金银平脱花鸟"纹铜镜，镜纽外围错金锤脱的装饰图案中，共有四只处于中心对称的含绶鸟形象（图 48）[3]。

1982 年以来，古代丝织品文物的另一座宝藏在青海省都兰县唐墓群中被逐渐发掘出来。这是一处规模巨大的墓葬群，分布在都兰热水、夏日哈等乡。其中最大的墓区极为雄伟，推测为吐谷浑旧部在吐蕃时期的墓葬。墓中出土的 300 余件丝织品，含有百余种不同的图案或结构，其中大部分为锦、绫，织造功良，花纹精美。从产品年代上考察，这些织物属于北朝至中唐时代前后跨越 300 余年的历史遗存。

据报道，都兰吐蕃墓地至少发现了 18 种外来丝织品，其中既有萨珊波斯王室使用的婆罗钵文织锦和大食出产的织金锦，亦有中亚撒马尔干的粟特锦和来自拜占庭帝国的大秦锦，生动地反映了唐朝与拜占庭之间丝绸古路文化交流的盛况。都兰唐墓织锦图案

<hr>

[1] 山西省考古研究所等编：《太原隋虞弘墓》，文物出版社，2005 年版。
[2] 谢虎军主编：《河洛文明》，中州古籍出版社，2012 年版，第 432 页。
[3] 图版引自谢虎军主编《河洛文明》，第 438 页。

图 41 图 42 图 43 图 44

图 45 图 46 图 47 图 48

中，有形象鲜明的含绶鸟纹样（图49、图50）[1]。大约居住在吐谷浑故地的吐蕃上层对这种来自西域的美术纹样抱有倾心热衷的情态，以至于流行当地的其他生活器物中亦出现同类美术题材。此类见于考古报道的实例，有1982年这一墓区殉马坑出土的透雕鎏金银饰残片，内中即有造型精美的含绶鸟纹样（图51）[2]。

学者们认为，"这类含绶鸟图案从5世纪到8世纪初期流行，其中，与都兰含绶鸟图像最为接近的见于撒马尔干地区7世纪中到8世纪初期的壁画。""都兰含绶鸟锦纬线显花，丝线强捻、斜纹组织等特点，均与中亚、西亚织锦的特点相符，应属于西方织锦系统。""都兰第一类含绶鸟锦同中亚粟特人织

图 49

图 50

---

〔1〕 图版引自姜伯勤《中国祆教艺术史研究》，第178页。
〔2〕 图版为笔者2011年12月9日于国家博物馆拍摄藏品原件。

图 51

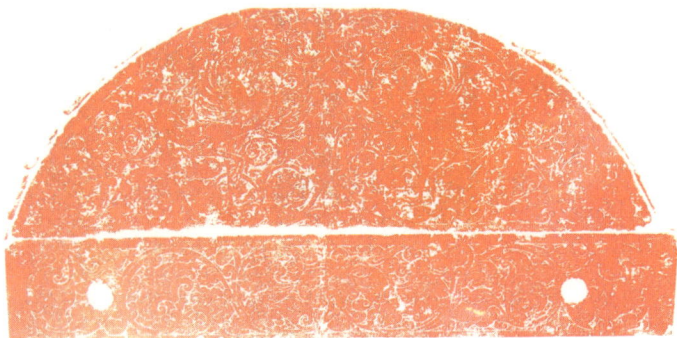

图 52

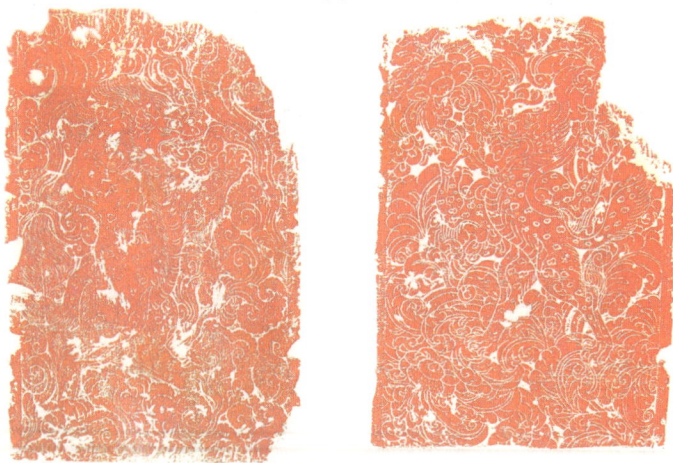

图 53

造的织锦织造技法、纹样风格非常近似，……据此，我们将都兰第一类含绶鸟锦归属于赞丹尼奇组，属于粟特织锦系统。""都兰第二类含绶鸟锦与第一类粟特含绶鸟锦的主要区别在于：粟特锦鸟足下均踏有棕榈叶状座，而波斯锦鸟足下均踏平板状连珠纹座。"[1] 姜伯勤先生亦指出，"所谓'赞丹尼奇锦'与中亚信奉袄教的粟特人有关。青海都兰墓中发现的粟特锦，就顺理成章地成为若干袄教图像传入中国西北地区的载体"[2]。

我国前辈美术教育家王子云先生 20 世纪中叶收集的陕西等地的石刻文物史料中，亦有相当数量的含绶鸟美术题材公布于书刊，其中唐墓门拱石刻及唐代华表石刻线画所见含绶鸟图像者各一铺（图 52、图 53）[3]，可见关辅一带此种美术题材之流行。

王子云先生早年临摹开元二十四年（736 年）大智禅师碑碑侧石刻线画所见头部扎有绶带的频迦陵鸟图像，让我们明显感觉到具有含绶鸟图像的视

---

〔1〕 许新国：《都兰吐蕃墓出土含绶鸟织锦研究》，《中国藏学》1996 年第 1 期，第 3～26 页，图版见封 2、封 3。

〔2〕 姜伯勤：《中国袄教艺术史研究》，第 178 页。

〔3〕 图版引自王子云《中国古代石刻画选集》，中国古典艺术出版社，1957 年版，图版二一、图版二七。

图 54

图 55

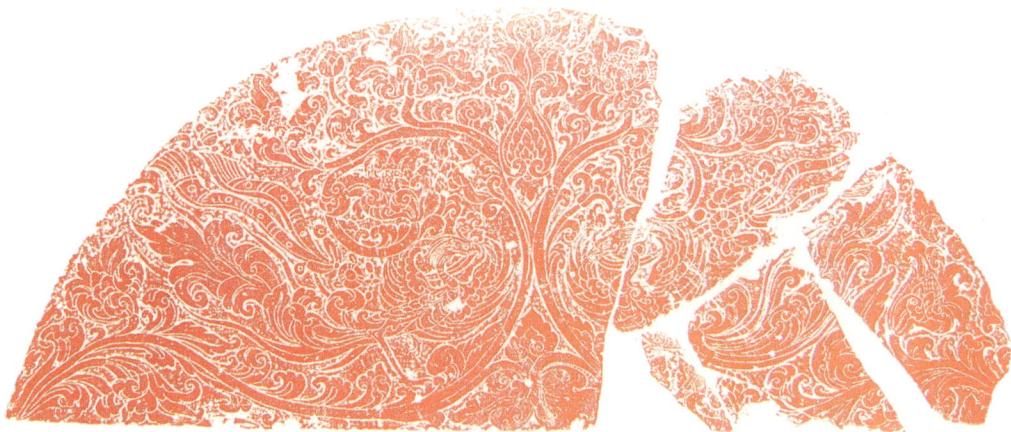

图 56

觉寓意（图54）[1]。这种以"系绶"为视觉特征的唐代美术遗迹，先生刊布的尚有另外一件碑座石刻的实例（图55）[2]。

又开元二十五年（737年）卒于长安兴庆宫的唐玄宗惠妃武氏，其葬于敬陵的石椁线刻美术遗迹中，至少刻画了十一幅颈部见有"系绶"的含绶鸟形象[3]。

〔1〕 图版引自王子云《中国古代石刻画选集》，图版三一。
〔2〕 图版引自王子云《中国古代石刻画选集》，图版二九。
〔3〕 线图参见程旭、师小群《唐贞顺皇后敬陵石椁》，《文物》2012年第5期，第74~96页。

图 57 图 58

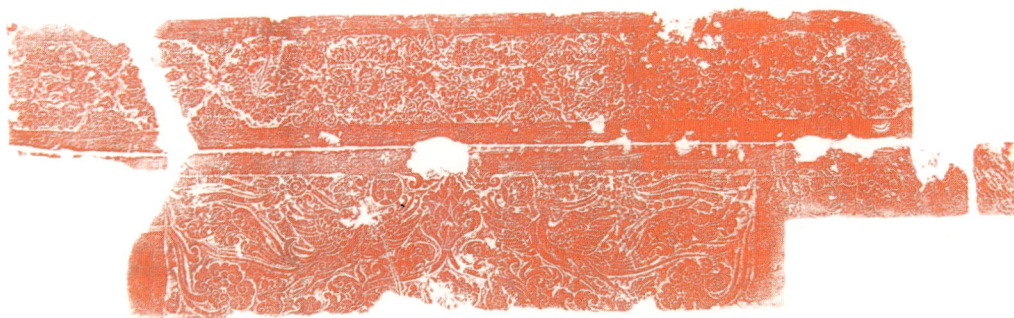

图 59

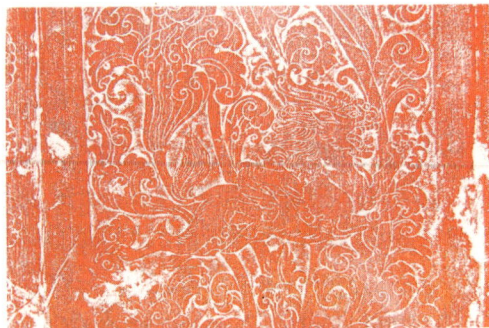

图 60 图 61

此外，山西唐代墓葬遗迹中，亦有含绶鸟美术题材的出现。例如 1995 年秋山西省万荣县出土开元九年（721 年）薛儆墓石刻中，即有众多同类美术形象的刻画。此类图像分别位于该墓石椁门楣（图 56）[1]、石椁外壁（图 57）[2]、石椁内壁（图 58）[3]、石椁门槛（图 59）[4] 等建筑部位。该墓石椁线刻画中另有翼马和胡人骑狮的形象（图 60、图 61）[5]，从中可以看出盛唐时代晋南民俗社会对域外胡风美术文化的濡化。

四　中国含绶鸟美术遗迹的相关思考

（一）古籍文献透露的中外社会交流的背景

洛阳及内地含绶鸟美术遗迹折射的文化现象，促使我们对相关时期的历史背景作出必要的回溯，以便从中找出这一文化现象得以孕育的合理史态。

我们首先检阅魏唐史籍与之相关的波斯、粟特的传记史料。

太平真君五年（444 年）三月，北魏"遣使者四辈使西域"。正平元年（451 年）正月，"破洛那、罽宾、迷密诸国各遣使朝献"[6]。

皇兴二年（468 年），魏遣"使者韩羊皮使波斯，波斯王遣使献驯象及珍物。经于阗，于阗中于王秋仁辄留之，假言虑有寇不达。羊皮言状，显祖怒，又遣羊皮奉诏责让之"[7]。

永平二年（509 年）正月"丁亥，胡密、步就磨、忸密、盘是、悉万斤、辛豆（身毒）、那越、拔忸诸国并遣使朝献。壬辰，嚈哒、薄知国遣使来朝，贡白象一。乙未，高昌国遣使朝贡。……三月癸未，磨豆罗、阿曜社苏突阇、地伏罗诸国并遣使朝献"[8]。

永平四年（511 年）"三月癸卯，婆比幡弥、乌苌、比地、干达诸国并遣使朝献。……六月乙亥，干达、阿婆罗、达舍、越伽使密、不流沙诸国并遣使朝献。……九月甲寅，……嚈哒、朱居盘、波罗、莫伽陀、移婆仆罗、俱萨罗、舍弥、罗盘陀等诸国并遣使朝献"[9]。

延昌元年（512 年）"戊申，疏勒国遣使朝献。……三月辛卯朔，渴盘陀国遣使朝献。……（十月）嚈哒、于阗、高昌及库莫奚诸国并遣使朝献"[10]。

二年（513 年）八月"庚戌，嚈哒、于阗、盘陀及契丹、库莫奚诸国并遣使朝献"[11]。

---

〔1〕　图版引自山西省考古研究所编著《唐代薛儆墓发掘报告》，科学出版社，2000 年版，图版一四 – 1。
〔2〕　图版引自《唐代薛儆墓发掘报告》，图版三六。
〔3〕　图版引自《唐代薛儆墓发掘报告》，图版四八。
〔4〕　图版引自《唐代薛儆墓发掘报告》，图版二四 – 1。
〔5〕　图版引自《唐代薛儆墓发掘报告》，图版一六、四九 – 1、四六 – 2。
〔6〕　（北齐）魏收：《魏书》卷四下《世祖纪》，中华书局点校本，1974 年版，第 105 页。
〔7〕　《魏书》卷一〇二《西域传》，第 2263 页。
〔8〕　《魏书》卷八《世宗纪》，第 207 ~ 209 页。
〔9〕　同上书，第 210 ~ 211 页。
〔10〕　同上书，第 211 ~ 212 页。
〔11〕　同上书，第 213 页。

神龟元年（518年）闰七月"丁未，波斯、疏勒、乌苌、龟兹诸国并遣使朝献"[1]。

正光二年（521年）五月"乙酉，乌苌国遣使朝贡。闰月丁巳，居密、波斯国并遣使朝贡。六月己巳，高昌国遣使朝贡"[2]。

北魏迁都洛阳后西域诸国奉使东夏如此频繁，足以反映当时中外交流、社会往来的畅通。对于西方世界络绎款塞、频示友好的姿态，北魏王庭亦有不失时机之响应。《魏书·西域传》载："嚈哒国，……在于阗之西，都乌许水南二百余里，……自太安（455—459年）以后，每遣使朝贡。正光（520—524年）末，遣使贡狮子一，至高平，遇万俟丑奴反，因留之。丑奴平，送京师，……熙平（516—517年）中，肃宗遣王伏子统宋云、沙门法力等使西域访求佛经，时有沙门慧生者亦与俱行，正光中还。"[3] "康国者，康居之后也。……旧居祁连山北昭武城，因被匈奴所破，西逾葱岭，遂有其国。……名为强国，西域诸国多归之……人皆深目、高鼻、多髯。善商贾，诸夷交易多凑其国。……奉佛，为胡书。……太延（435—439年）中，始遣使贡方物。"[4]

当北魏迁都洛阳以来，史传载波斯国谓："神龟（518—520年）中，其国遣使上书贡物，云：'大国天子，天之所生，愿日出处常为汉中天子。波斯国王居和多千万敬拜。'朝廷嘉纳之。自此，每使朝献。恭帝二年（555年），其王又遣使献方物。隋炀帝时，遣云骑尉李昱使通波斯，寻使随昱贡方物。"[5]

《洛阳伽蓝记》叙西域胡僧入华之事有谓："永宁寺，熙平元年（516年）灵太后胡氏所立也。……外国所献经像，皆在此寺。……时有西域沙门菩提达摩者，波斯国胡人也。起自荒裔，来游中土，见金盘炫日，光照云表，宝铎含风，响出天外。歌咏赞叹，实是神功。自云：'年一百五十岁，历涉诸国，靡不周遍。而此寺精丽，阎浮所无也。极佛境界，亦未有此。'口唱南无，合掌连日。"[6]

同书同卷记河间王元琛，前"在秦州，多无政绩，遣使向西域求名马，远至波斯国，得千里马，号曰'追风赤骥'。次有七百里者十余匹，皆有名字。……琛常会宗室，陈诸宝器，金瓶银瓮百余口，瓯檠盘盒称是。自余酒器，有水晶钵、玛瑙杯、琉璃碗、赤玉卮数十枚，作工奇妙，中土所无，皆从西域而来"[7]。

隋史记载："波斯国，都达曷水之西苏蔺城，即条支之故地也。其王字库萨和。……王着金花冠，坐金狮子座，傅金屑于须上以为饰。衣锦袍，加璎珞于其上。……炀帝遣云骑尉李昱使通波斯，寻遣使随昱贡方物。"[8]

唐史又载：贞观十三年（639年），"高丽、新罗、西突厥、吐火罗、康国、安国、

---

〔1〕《魏书》卷九《肃宗纪》，第228页。

〔2〕同上书，第232页。

〔3〕《魏书》卷一〇二《西域传》，第2278～2279页。

〔4〕同上书，第2281页。

〔5〕（唐）李延寿：《北史》卷九七《西域传》，第3223页。

〔6〕（北魏）杨衒之：《洛阳伽蓝记》卷一《城内》条，上海古籍出版社，1978年第1版，第115页。

〔7〕《洛阳伽蓝记》卷四《城西》条，第207页。

〔8〕（唐）魏征等：《隋书》卷八三《西域传》，中华书局点校本，1973年版，第1856～1857页。

波斯、疏勒、于阗、焉耆、高昌、林邑、昆明及荒服蛮酋，相次遣使朝献。"[1]

"波斯国，在京师西一万五千三百里，东与吐火罗、康国接，北邻突厥之可萨部，西北拒拂菻，正西及南俱临大海。……其王冠金花冠，坐狮子床，服锦袍，加以璎珞。俗事天地日月水火诸神，西域诸胡事火祆者，皆诣波斯受法焉。……男女皆徒跣，丈夫翦发，戴白皮帽，衣不开襟，并有巾帔，多用苏方青白色为之，两边缘以织成锦。夫人亦巾帔裙衫，辫发垂后，饰以金银。……气候暑热，土地宽平，知耕种，多畜牧。有鸟，形如骆驼，飞不能高，食草及肉，亦能啖犬攫羊，土人极以为患。又多白马、骏犬，或赤日行七百里者，骏犬，今所谓波斯犬也。……（其王）卑路斯龙朔元年（661年）奏言频被大食侵扰，请兵救援。诏遣陇州南由县令王名远充使西域，分置州县，因列其地疾陵城为波斯都督府，授卑路斯为都督。是后数遣使贡献。咸亨中，卑路斯自来入朝，高宗甚加恩赐，拜右武卫将军。仪凤三年（678年）令吏部侍郎裴行俭将兵册送卑路斯为波斯王，行俭以其路远，至安西碎叶而还，卑路斯独返，不得入其国，渐为大食所侵，客于吐火罗国二十余年，有部落数千人，后渐离散。至景龙二年（708年），又来入朝，拜为左威卫将军，无何病卒，其国遂灭，而部众犹存。自开元十年至天宝六载（722—747年），凡十遣使来朝并献方物。四月，遣使献玛瑙床。九年（750年）四月，献火毛绣舞筵、长毛绣舞筵、无孔珍珠。"[2]

"拂菻国一名大秦，……贞观十七年（643年）拂菻王波多力遣使献赤玻璃、绿金、水精等物，太宗降玺书答慰，赐以绫绮焉。……大足元年（701年），复遣使来朝。开元七年（719年）正月，其主遣吐火罗大首领献狮子、羚羊各二。不数月，又遣大德僧来朝贡。"[3]

上元元年（674年）高宗在东都，十二月"戊子，于阗王伏阇雄来朝。辛卯，波斯王卑路斯来朝"[4]。

开元十年（722年）十月庚申，玄宗"至自兴泰宫。波斯国遣使献狮子"[5]。

正是有唐一代诸蕃部落来华的频繁，所以史籍致有开元（713—741年）以来，"太常乐尚胡曲，贵人御馔尽供胡食，士女皆竞衣胡服。故有范阳羯胡之乱，兆于好尚远矣"[6] 的感叹。由以上汉文史籍之辑录，已可窥见北魏、隋唐时代内地与波斯、嚈哒、康国等西域国家经济、文化交流的频繁。

（二）东方文物遗迹所反映的中外文化濡化的社会生态

与上述历史文献记载中西文化交流盛况相表里，出土文物亦从形象史料角度反映出古代中外社会交往的真实情状。

1988年8月，山西省大同市南郊张女坟第107号北魏墓中出土了一件具有萨珊风格的玻璃碗和一件鎏金刻花银碗。这件玻璃钵呈淡绿色透明状，高73厘米，腹径113厘

〔1〕（后晋）刘昫：《旧唐书》卷三《太宗纪下》，中华书局点校本，1975年版，第51页。
〔2〕《旧唐书》卷一九八《西戎传》，第5311~5313页。
〔3〕同上书，第5314~5315页。
〔4〕《旧唐书》卷五《高宗纪下》，第99页。
〔5〕《旧唐书》卷八《玄宗纪》，第184页。
〔6〕《旧唐书》卷四五《舆服志》，第1958页。

米，口径104厘米，直口、鼓腹、圜底，腹部有三十五个磨花椭圆形凸起装饰，分四行交错排列，圜底有六个磨花凹圆装饰。银碗高46厘米，口径102厘米，敞口、圆腹、圆底。口沿下錾联珠纹两道，腹部外壁饰四束"阿堪突斯"叶纹联成，每束叶纹中间的圆环内，各錾一高鼻深目、长发披肩的男子头像。圜底有八等分圆圈叶纹[1]。

又1988年8—11月，大同市北魏平城遗址出土了一件具有西亚古埃兰艺术遗风的花瓣纹玻璃钵。学者们认为这件器物应为萨珊波斯仿制当地古器而流入中国者[2]。

此外，20世纪80年代以来，大同市南郊北魏墓葬遗址中，曾出土了三件鎏金高足铜杯和一件银碗。研究表明，其器形和纹饰带有明显的希腊化风格[3]。

1956年秋，黄河水库考古队在河南陕县会兴镇刘家渠隋开皇三年（584年）闰十二月刘伟夫妇墓遗物中，发掘出两枚波斯萨珊朝库思老一世（Chosroes Ⅰ或Khusrau Ⅰ，531—579年）的银币。其中1号重4.0克，2号重3.9克，直径均为3.0厘米[4]。

1986年，西安东郊隋清禅寺塔基出土了一件萨珊玻璃瓶。瓶高4.6厘米，绿色透明，球形瓶体上贴有四枚三角形和四枚圆形装饰。据考，这种贴花玻璃多流行于地中海沿岸。清禅寺为隋文帝敕建，塔基埋藏于开皇九年（589年），同时埋入的还有用掐丝技术制作的金饰[5]。

仅就洛阳地区来考察，与古代中国与波斯、粟特社会往还有关的历史人物、出土文物，真可谓赓续络绎、不绝如缕。往者洛阳出土隋代文物中，有突厥裔绪名"彻"者墓志一品流散于世间。早年向达先生述及波斯诸国胡人流寓中原之实例，曾有节录之援引："君讳彻，字姞旺，塞北突厥人也。……侠侄之苗胄，波斯之别族。……"[6] 2004年秋，笔者于北京古籍书店目遇此志之拓本。浏览之间，则知向氏引文偶有佚脱，想必先生目及拓本品相未佳所致也[7]。今以所购拓本之原状，迻录墓志之全文：

　　君讳彻，字姞注，塞北突厥人也。/侠侄之苗胄，波斯之别族。祖各志，任阿/临河上府。父若多志，摩何仪通。身早/逢迷晓，皈慕大隋。勤奋赤诚，恒常供奉，/任右屯卫通议大夫。其人乃威神雄猛，/性爱武文。接事长幼，恒不失节。至于弓/马兴用，玄空走步，追生勿过三五。乃于/丙子之年，丁亥之朔，丁亥之日，忽然丧/没，埋在东都诚北老子之乡大翟村东/三百余步。……大业十二年（616

〔1〕山西省考古研究所、大同市博物馆：《大同南郊北魏墓群发掘简报》，《文物》1992年第8期，第1～11页。

〔2〕张增光：《大同市城南发现北魏墓群》，《北朝研究》1989年第1期，第114页，图见本期第66页。

〔3〕大同市博物馆、胡平：《山西大同南郊出土北魏鎏金铜器》，《考古》1983年第11期，第997～999页。山西省考古研究所、大同市博物馆：《大同南郊北魏墓群发掘简报》，第1～11页。

〔4〕黄河水库考古工作队：《刘家渠汉唐墓葬发掘简报》，《考古通讯》1957年第4期，第14～16页。

〔5〕郑洪春：《西安东郊隋舍利墓清理简报》，《考古与文物》1988年第1期，第61页。

〔6〕向达：《唐代长安与西域文明》，生活·读书·新知三联书店，1957年版，第25页；河北教育出版社，2001年版，第33页。

〔7〕吴树平、吴宁欧编：《隋唐五代墓志汇编·洛阳卷》第一册，天津古籍出版社，1992年版，第158页。该志拓片影印本，即复模糊虚幻，不易辨识。嗣后北京图书馆金石组编《北京图书馆藏中国历代石刻拓本汇编》则图像颇佳（中州古籍出版社，1989年版，第10册，第114页）。

年）三月十日。[1]

有唐一代波斯人入仕中原者，洛阳亦有墓志之载籍。

《资治通鉴》卷二〇五延载元年（694 年）八月条记："武三思帅四夷酋长请铸铜铁为天枢，立于端门之外，铭记功德，黜唐颂周。以姚璹为督作使，诸胡聚钱百万亿，买铜铁不能足，赋民间农器以足之。"[2]

《旧唐书》卷八九《姚璹传》："时武三思率蕃夷酋长，请造天枢于端门外，刻字纪功，以颂周德，璹为督作使。"[3]

这座"四夷酋长"倡建于皇城"端门之外"的巍峨建筑，其实正与一位波斯侨民有着一段富有传奇色彩的因缘。

晚清时洛阳出土《大唐故波斯国大酋长右屯卫将军上柱国金城郡开国公波斯君（阿罗憾）丘之铭》，序其行状有谓：

大唐故波斯国大酋长、右屯卫将军、上柱国、金城郡开国公波斯君丘之铭。

君讳阿罗憾，族望波斯国人也。显庆（656—660 年）年中，高宗天皇大帝以功绩可称，名闻西域，出使召来至此，即授将军北门口领使，侍卫驱驰。又差充拂菻国诸蕃招慰大使，并于拂菻西界立碑，峨峨尚在。宣传圣教，实称蕃心。……又为则天大圣皇后召诸蕃王，建造天枢，及诸军功，非其一也。此则永题麟阁，其于识终。方画云台，没而须录。以景云元年（710 年）四月一日，暴憎过隙。春秋九十有五，终于东都之私第也。……卜君宅兆，葬于建春门外，造丘安之，礼也。[4]

我们知道，萨珊波斯末代君主伊嗣侯（Yezdigird Ⅲ）于公元 651 年（唐永徽二年）失国于阿拉伯人的逐杀。其子卑路斯三世（Peroz Ⅲ）挟旧部出奔于吐火罗建立过短期的流亡政府。阿罗憾墓志既称自己"族望波斯国人也"，则其必为波斯萨珊王朝的臣民。

丘铭载其"又差充拂菻国诸蕃招慰大使，并于拂菻西界立碑，峨峨尚在。宣传圣教，实称蕃心。诸国肃清，于今无事。岂不由将军善导者为功之大矣"，指的是龙朔元年至乾封二年（661—667 年）之间唐庭遣使在西域羁縻州府设立界碑的行为。

《旧唐书》卷一九八《西戎传》："卑路斯龙朔元年奏言频被大食侵扰，请兵救援。诏遣陇州南由县令王名远充使西域，分置州县。因列其地疾陵城为波斯都督府，授卑路斯为都督。是后数遣使贡献。"[5]《通典》记此则谓："龙朔元年（661 年），吐火罗置州县使王名远进《西域图记》，并请于阗已西、波斯已东十六国分置都督府及州八十、县一百、军府一百三十六，仍于吐火罗国立碑，以记圣德。诏从之。"[6] 阿罗憾既然以波斯旧部充任于使团，是故必然因熟悉泰西风情专任"拂菻国诸蕃招慰大使，并于拂菻西界立碑"宣传唐化。

〔1〕 图版引自张乃翥、张成渝《洛阳与丝绸之路》，国家图书馆出版社，2009 年版，第 97 页。

〔2〕 （北宋）司马光：《资治通鉴》卷二〇五《唐纪二一》，中华书局，1956 年版，第 6496 页。

〔3〕 《旧唐书》卷八九《姚璹传》，第 2902~2903 页。

〔4〕 阿罗憾墓志的拓本与录文，始见端方《匋斋藏石记》卷二一，第 9 页。又刊《北京图书馆藏中国历代石刻拓本汇编》，第 20 册，第 110 页。本文图版引自张乃翥、张成渝《洛阳与丝绸之路》，第 165 页。

〔5〕 《旧唐书》卷一九八《西戎传》，第 5312~5313 页。

〔6〕 （唐）杜佑：《通典》卷一九三《边防九》，浙江古籍出版社，1988 年版，第 5277 页。

又按古代习称的"拂菻"，史界一般指为罗马帝国（公元前27—公元474年）。至于阿罗憾宣化西域时的"拂菻"，实则为东罗马帝国君士坦兹二世（Constans Ⅱ, 641—668年）执政地中海东北时期的"大秦"。当时大食频频侵扰罗马东境，故唐朝政府有意安排阿罗憾等充使拂菻与之接援。史载乾封二年（667年）拂菻"遣使献底也伽"，识者或谓正是对阿罗憾出使大秦的回访[1]。

今天，当人们回顾历史上洛阳与丝绸之路一带缤纷往事的时候，应该记住还有一位波斯侨民曾为中原、西域之间的文化交流作出了自己的贡献。

唐代两京地区入附蕃客的繁多，文物遗迹已多有反映。依据荣新江先生的研究，长安延寿里、普宁坊、金城坊、醴泉坊、怀远里、居德里、兴宁里、崇化里、道政坊、亲仁坊、金光里、修德坊、胜叶坊、通化里、光德里、开化里、群贤里、永乐里、崇仁里、义宁里、靖恭里、崇贤坊；洛阳惠和坊、章善里、弘敬里、嘉善里、敦厚里、思顺里、利仁坊、陶化里、河南里、履信坊、温柔里、福善坊等等，均有粟特移民居住[2]。

晚清以降，洛阳城郊田野出土了数量可观的西域胡人的石刻数据。仅据不完全统计，这些域外胡人的石刻史料累计超过50余例[3]。其中，志文与经幢题记涉及西域胡人于汉地信仰祆教及景教的史料，则见于大业十一年（615年）翟突娑墓志、贞观二十一年（647年）康婆墓志、咸亨四年（673年）康元敬墓志及元和九年（814年）至大和三年（829年）建树于唐感德乡的景教经幢[4]。

中古洛阳胡人之丛聚，从当地出土的数以万计文物实例中亦可窥见其端倪。

洛阳博物馆藏有隋末唐初黄釉胡人俑一件，形象塑造高鼻深目，八字胡须，络腮。头戴卷檐虚帽，身着窄袖束腰长袍及裤褶，足履扁头皮靴。手执长颈鸡首酒壶，一副中亚胡人沽酒自持的模样[5]。同类的陶俑近年出土而流失于古旧市场在在多有。该馆另藏负载行走胡俑一件，高鼻深目，络腮胡须。头戴尖顶卷檐虚帽，上着窄袖交领长袍，下束裤褶，足履尖头勒靴。肩负背囊，手执长颈鸡首壶。弯腰弓背，行色匆匆，生动地传达着丝路古道上一幅胡商贩客络绎往来、驰命不息的逆旅图画[6]。

有唐一代同类的胡商负载俑，中原出土品中尚有流散国外者，如法国吉美国立东方美术馆即藏有一件形制与此相类的作品，可见中古时期这类世俗人物为社会各界所

〔1〕 说见林梅村《洛阳出土唐代犹太侨民阿罗憾墓志》，《西域文明——考古、民族、语言和宗教新论》，东方出版社，1995年版，第103页。

〔2〕 唐代两京粟特移民的居住情况，详见荣新江《北朝隋唐粟特人之迁徙及其聚落》所列两表，载氏著《中古中国与外来文明》，生活·读书·新知三联书店，2001年版，第83~84、86~87页。

〔3〕 参见张乃翥、张成渝《洛阳与丝绸之路》，第97、165~200、220~225页。

〔4〕 参见张乃翥《中原出土文物与中古祆教之东浸》，《世界宗教研究》1992年第3期，第29~39页；同氏《跋洛阳新出土的一件唐代景教石刻》，《西域研究》2007年第1期，第65~73页。英译本刊《景教遗珍——洛阳新出唐代景教经幢研究》，文物出版社，2009年版，第17~33页。

〔5〕 洛阳博物馆、辽宁省博物馆：《大三彩》，东京：泛亚细亚文化交流センター·第一企画株式会社，1989年版，第24页图2。

〔6〕 《大三彩》，第24页图5。

熟视[1]。

1981年，龙门东山发掘的景龙三年（709年）安菩墓葬，圹内出土一批造型精美的三彩胡人牵马、牵驼俑。其中一件高鼻深目，虬髯络腮。头戴尖顶卷檐虚帽，上身着窄袖束腰长袍，垂落过膝，外罩交口翻领半臂，下身裤褶内束于深筒皮靴中。着此种装束的胡俑，该墓另有多尊出土，或束发，或幞头，然其高鼻深目之形貌造型，则传达出一致的中亚地区粟特人种的血统特征（图62、图63）[2]。希腊上古历史学家希罗多德（公元前484—公元前425年）《历史》一书曾经记载，当时往来西域的"塞人，是斯基泰部落，他们头戴高耸的尖顶厚毡帽，穿着裤子……"[3]。另有研究者认为，这类来自西方的胡人形象中，其"尖帽胡俑、剪发束带胡俑、骑马豹猎俑多为粟特人形象"[4]。

总之，这种头戴尖顶虚帽的胡俑，无论其民族身份来自于粟特还是依属于塞种，但他们一概从属于西域地区这一印欧人种血缘群体则是毫无异议的。

图62 图63

〔1〕 图版参见林树中主编《海外藏中国历代雕塑》（中卷），江西美术出版社，2006年版，第472页。
〔2〕 图版采自洛阳文物工作队编《洛阳出土文物集粹》，第88~89页，图版75。
〔3〕 希罗多德著、王以铸译：《历史》（上、下册），商务印书馆，1959年版。转引自张广达、荣新江《于阗史丛考·上古于阗的塞种居民》，上海书店，1993年版，第195页。
〔4〕 任江：《初论西安唐墓出土的粟特人胡俑》，《考古与文物》2004年第5期，第65~73页。

在洛阳出土的唐代胡俑中，另有一类题材样本同样显示着特定的人文风貌。

在洛阳唐墓出土的三彩冥器中，最能传达当时中外丝路交通的文物实例，当属这类遗存中最为常见的牵驼胡俑。这类驼骑题材的美术作品，驼背褡裢上往往见有扁壶、长颈鹰首壶、成卷的丝束及"盛于皮袋"内的祆神形象，传达出中亚祆教信徒远徙中原且祀奉故乡宗教神祇的人文背景。

中原唐三彩骆驼造型中这种特定画面的典型美术程序，集中反映了中古时代粟特部落东渐华夏过程中，缘于征途生计的必需而装配首要设备的最低限度——因始终处于"随隅平衡"状态而便于携带液体饮料的长颈扁壶，对于往来千里荒漠而倍感干渴的行人来说，其功能价值已远远超出日常使用范畴而赋有随时"救生"的特殊意义！"盛于皮袋"内的祆神形象，则体现出漫漫征程中宗教信仰对羁旅生活不可或缺的精神支撑作用。至于成束成卷的丝绸，毫无疑问，那正是东西方往来行旅舍生忘死追逐经济利益的首选目标。由此看来，一种随葬于唐人冥间世界而有传模意致的艺术品，其文化含蕴中竟浸透着古人源自现实生活的文化生态结构——文化遗产承载往日历史信息之意趣隽永，洛阳唐三彩骆驼的美术造型可谓赫然瞩目之一例。

有唐中期，洛阳地区因诸回鹘东来更有摩尼教徒的驻足。史载元和二年（807年）"正月庚子，回鹘使者请于河南府、太原府置摩尼寺三所，许之"[1]。西域胡人入附内地之秉承故乡信仰，更有长安、洛阳两京出土景教文物获得印证[2]。

西域移民风行洛阳的情势，唐人笔下亦有脍炙人口的描述，这在唐人诗词歌咏中恰有生动的流露。元稹（779—831年）《法曲》诗："自从胡骑起烟尘，毛毳腥膻满咸洛。女为胡妇学胡妆，伎进胡音务胡乐。火凤声沉多咽绝，春莺啭罢长萧索。胡音胡骑与胡妆，五十年来竞纷泊。"[3] 王建（约767—约830年）《凉州行》："凉州四边沙浩浩，汉家无人开旧道。边头州县尽胡兵，将军别筑防秋城。万里人家皆已没，年年旌节发西京。多来中国收妇女，一半生男为汉语。蕃人旧日不耕犁，相学如今种禾黍。驱羊亦着锦绣衣，为惜毡裘防斗时。养蚕操茧成匹帛，那堪绕帐作旌旗。城头山鸡鸣角角，洛阳家家学胡乐。"[4] 冯著（生卒不详）《洛阳道》诗云："洛阳宫中花柳春，洛阳道上五行人。皮裘毡帐不相识，万户千门闭春色。春色深，春色深，君王一去何处寻？春雨洒，春雨洒，周南一望堪泪下。蓬莱殿中寝胡人，鸤鹊楼前放胡马。闻君欲行西入秦，君行不用过天津。天津桥上多胡尘，洛阳道上愁煞人。"[5]

〔1〕（北宋）王钦若等：《册府元龟》卷九九九《外臣部·请求》，中华书局，1960年版，第11724页。

〔2〕长安出土《大秦景教流行中国碑》，拓本刊北京图书馆金石组编《北京图书馆藏中国历代石刻拓本汇编》，第28册，第11。洛阳地区唐代景教信仰与胡人文化群落的考察，详见前引张乃翥《跋洛阳新出土的一件唐代景教石刻》，第65~73页；英译本刊《景教遗珍——洛阳新出唐代景教经幢研究》，第17~33页；同氏《洛阳出土的景教经幢与唐代东都"感德乡"的胡人聚落》，《中原文物》2009年第2期，第98~106页；奥地利萨尔茨堡"第三次国际讨论会对中国和中亚的东方教堂的研究"（3rd International Conference on "The Church of the East in China and Central Asia"）论文集，2009年6月。

〔3〕（唐）元稹：《元氏长庆集》卷二四，《四库全书》本，第1079册，上海古籍出版社，1987年版，第475页。

〔4〕《全唐诗》卷二九八，中华书局，1960年版，第九册，第3374页。

〔5〕《全唐诗》卷二一五，第2249页。

由以上诗歌之传唱，我们不难想见中古时代两京地区胡风烟尘的潮生云起、景致斑斓。

史载贞观三年（629年）“户部奏言：中国人自塞外来归及突厥前后内附、开四夷为州县者，男女一百二十余万口”[1]。

中国人户史上如此引人注目、耐人寻味的载籍，的确让人们感受到公元七世纪初叶华戎交往的繁荣。而洛阳以上石刻史料和文物遗迹显示，这些来自西域的内徙胡人，或信奉着旧邦的祆教，或宗崇于天竺的佛法；或者以军功显赫于朝堂，或者因商贸兴贩于“关洛”；或远溯家声于西极，或称贯认籍于中州，其不惟族内婚媾于部落，更有结姻于汉族名望者。其间博大恢弘气息之散发，在在彰显着一代民族自强不息、勇于开拓的精神境界。

两京一带东来胡人如此之密集，其于汉地宗奉故国夷教且又如此之执着，无疑折射出这类移民部落对故国人文生活的怀恋与热衷——汉地文物遗迹中频频出现的“含绶鸟”之类美术图像，实际上已从一个学理角度反映出西域文明渐染华夏腹地的情态。

与文献史料及文物外在形态互为表里的是，丝绸之路畅通年代的文物遗迹，更以美学形态的多元融汇，散发出文化“涵化现象”这一人类历史上极具动态寓意的事物流程。

如前所引，原本以佛教崇拜为宗旨的巴米扬石窟、克孜尔石窟，其美术素材的选取竟然采用祆教图像样本中的含绶鸟题材。而巴米扬东大佛窟顶中脊所绘之太阳神驾车图壁画，更以一组鲜明的祆教美术题材，嵌入佛教信仰崇拜的文化场合[2]。

在中原，龙门石窟古阳洞北魏盝顶佛龛中所见“雉尾病龙”之装饰样本，实又源于古罗马早年的美术装饰题材[3]。

由此看来，不同宗教文化之间的相互亲和与共融，在东西方文化持续交流的环境下，完全有可能实现接纳异方的良性互动——从文化接触到文化融合的历史脚步，古今中外从来都没有停止过这样的势态。这一点，从下一例与含绶鸟题材相关的美术遗迹中，亦可得到确切的验证。

在中国美术史上，青龙、白虎、朱雀、玄武之“四神”形象，实乃导源于春秋战国以来五行学说盛行之后的一种图像崇拜，其中不啻含有中国传统文化方位信仰的特质。然而，仅据本文罗列的美术史例，可知至迟在北魏时代，中国传统意义上的“朱雀”已经在图像构成上实现了向西域含绶鸟形象的转身。

如本文篇首披露的先天二年（713年）裴怀古墓志盖，其“四神”装饰纹样中的“朱雀”，即被刻画成一躯“双头鸟”的艺术形象，从而使其散发出一种浓郁的西方美术图像的意蕴。

不仅如此，通过文化形态的考察我们发现，裴氏墓志盖与朱雀、玄武同时出现的青龙与白虎，亦因创作思维兼有域外信仰的倾向，其颈部亦被系扎以绶带——中华传统固

---

〔1〕《旧唐书》卷二《太宗纪》，第37页。

〔2〕国家文物局教育处编：《佛教石窟考古概要》，文物出版社，1993年版，第272～273页。

〔3〕说见张乃翥《中古时期汉地装饰美术中的“密体意致”》，《洛汭草堂藏拓撷英》，国家图书馆出版社，2015年版。

有之美术题材，在盛唐时代中外社会广泛存在文化接触的情态下，显然通过与祆教信仰的文化濡染，实现了自身的形态转换！

图像意境与裴怀古墓志盖四神造型雷同者，仅以前文述及，即有开元二十四年（736 年）柳泽墓志盖、开元二十九年（741年）张景尚墓志盖、天宝六年（747 年）裴智墓志盖、长庆四年（824 年）何抚墓志盖四例文物遗迹。2005 年龙门西山出土开元二十三年（735 年）萧元祚墓志盖，亦有形态类同的美术造型（图 64）[1]。可见中国传统文化之结缘域外文明，已至习习相因、影随风从的程度。

事实上，从世界美术史视域来考察，这种"双头鸟"艺术形象的出现，可以上溯到更为遥远的斯基泰时代（公元前 7 世纪中叶—公元前 3 世纪）甚至此前的南俄草原上的赫梯人时代。由于草原部落时代人们对翱翔于大自然中的雄鹰的崇拜，斯基泰人的祖先便容易在自己的美术生活中将这一艺术母体纳入到日常用具中来

图 64

图 65

---

〔1〕 图版引自张乃翥《龙门区系石刻文萃》，图版 168。

图 66

——阿尔泰地区美术遗迹中不断出现的连体对鸟工艺造型（图 65）[1]，实际上正是上述塞人审美传统在当地的一种流露。此外，随着塞人的东进与南迁，这种艺术崇拜遂亦流行于以伊朗高原为中心的中东、西亚一带。波斯阿契美尼德王朝以降盛行中亚的"含绶鸟"等禽兽美术遗迹，其实已经含有南俄草原移民审美崇拜的基因。

由此可见，汉地"四神"中的双头含绶"朱雀"的美术创作，无疑从文化源流角度，

图 67

---

〔1〕 图版引自吴艳春《双头鹰形金翅鸟图像源流探》，新疆维吾尔自治区博物馆编《西域历史文化宝藏探研》第三辑，新疆美术摄影出版社，2012 年版，第 205 页。

透露出内地承袭域外审美意识的现实。

从美术形态层面透露出来的这种文化转换的现象，中原文物遗迹中另有其他史料可为我们提供更为丰富的认识素材——风行西域的一种被称为"神怪鸟兽纹"的美术装饰题材，曾连绵不断地出现在汉唐时期的内地文物中。这些美术样本包括翼狮、翼马、翼鹿、翼驼等一类"格里芬"有翼神兽的图像（图66、图67、图68、图69），它至少反映着两汉以降内地汲取域外艺术题材的时代风尚。尤其是，当我们厘清中原汉人自觉采纳这类域外美术题材于自我生活需求的时候，我们不能不为其中蕴含的中外文化相互采撷、认同的生态现实感到由衷的震撼。

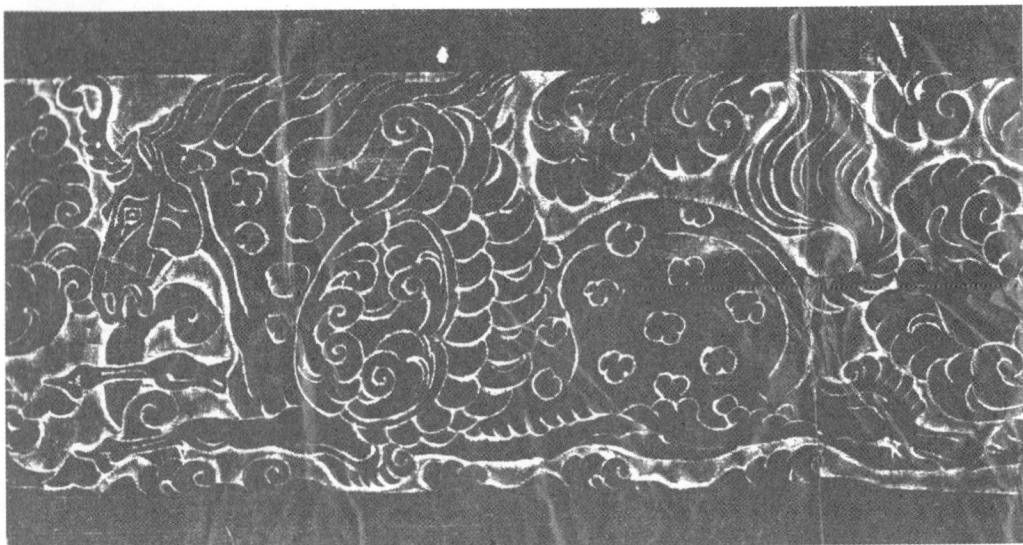

图 68

图 69

当我们回顾以上西域美术母体浸染东夏艺术消费场域的整个过程时，我们发现当年内地的美术创作不仅在艺术题材方面汲引于西方，而且贯穿其间的美术方式亦展现出浓郁的"西方化"色彩——充斥于东方那一时代的美术画面，几乎清一色采用西方美术行之已久的"密体意致"的构图技艺[1]，从而形成了东方美术造型手段一种极具时代韵致的文化时尚。

而且，从青海都兰吐蕃古墓出土的包括含绶鸟、波斯文、连珠纹等大量提花的中外丝织品来看待，我们应该认识到，中外文明的交流及其文化成果的产生，自来就包含着东西方各个民族成员的积极推动与造就。中外一切优秀文化成果的产生，是人类大家庭所有兄弟成员世世代代不懈创造与传播的结果——以洛阳为视点的"含绶鸟"美术遗迹的流布，端的验证了这一历史伦理的真实。

五 余论

本文以上的事理屡列，容易引起人们意识联想的一个问题是：在公元9世纪初叶的中国文坛，曾有学人以诗词纪事载及江南丛林中一种名为"吐绶鸟"的珍禽的奇闻逸事。事物概念如此之贴近，二者可有内在的关联？

如刘禹锡（772—842年）有《吐绶鸟词并序》七古诗曰："滑州牧尚书李公以《吐绶鸟词》见示，兼命继声。盖尚书前为御史时所作，有翰林二学士同赋之，今所谓追和也。鸟之所异，具于本篇。越山有鸟翔寥廓，嗉中天绶光若若。越人偶见而奇之，因名吐绶江南知。四明天姥神仙地，朱鸟星精钟异气。赤玉雕成彪炳毛，红绡翦出玲珑翅。湖烟始开山日高，迎风吐绶盘花绦。……花红草绿人间事，未若灵禽自然贵。……愿随青鸟向层城。太液池中有黄鹄，怜君长向高枝宿。如何一借羊角风，来听箫韶九成曲。"[2]

大抵有唐以来，士人以吐绶鸟生理形态迥异于目及之常熟，刘氏词序遂有李尚书以下翰林学士相继"追和"同题诗词的披露——古人诗文猎奇之群随相继，此殆率尔之一例。

出现于中国南方地区的这种珍贵的禽鸟，事实上自南朝以降业已引起人们的注意。

梁任昉（460—508年）《述异记》卷上载："吐绶鸟，其身大如鹖，五色，出巴东山中。毛色可爱，若天晴淑景，即吐绶，长一尺，须臾还吞之。阴滞即不吐。"[3]

唐段成式（约803—863年）《酉阳杂俎》："吐绶鸟，鱼复县南山有鸟大如鸲鹆，羽色多黑，杂以黄白，头颊似雉，有时吐物长数寸，丹采彪炳，形色类绶，因名为吐绶鸟。又食必蓄嗉，臆前大如斗，虑触其嗉，行每远草木，故一名避株鸟。"[4]

〔1〕 有关中古时代汉地美术创作采用西方"密体"造型的文化遗迹，参见张乃翥《中古时期汉地装饰美术中的"密体意致"》，《洛沨草堂藏拓撷英》。

〔2〕（唐）刘禹锡：《吐绶鸟词并序》，《全唐诗》卷三五六，中华书局，1979年版，第11册，第4005~4006页。

〔3〕《四库全书》本，上海古籍出版社，1987年版，第1047册，第617~618页。

〔4〕（唐）段成式：《酉阳杂俎》前集卷一六《羽篇》，中华书局，1981年版，第155页。

按形诸中国文人笔下如此绘声绘色的"吐绶鸟"者，本乃一种名为"黄腹角雉"的稀有鸟类。按之动物学分类，黄腹角雉，属雉科，学名为 Tragopancaboti。今属中国国家一级保护动物，系世界最濒危鸟类之一，是中国特种珍禽，2001 年被列入国家 15 类濒危物种拯救和繁育工程（图 70）。

由此值得人们思考的还有，以"吐绶"譬喻本土一种具有"臆前""蓄嗉（肉裙）"的鸟类，无疑从"文化意念"的传移视域折射出古人留意中外人文掌故的心态——适当西域"含绶鸟"美术图像风行东土的中古，内地文士殆以希见珍禽之生理特征，附会以视觉形象的感受——从"蓄嗉"到"含绶"的意念联想，实乃来自于文化启迪的思维嫁接。

图 70

实际上，西域"含绶鸟"之名实确定，端在美术个体形象的颈部系扎有"绶带"的视觉定型。它的固有寓意，则带有强烈的人文元素的本质。而中国南方得以见到的"吐绶鸟"，则以"臆前""蓄嗉"的生理形态，拟化以"系绶"的视觉观感。从二者名物概念的演绎路径上审查，显然后者取源于前者。毫无疑问，从"吐绶鸟"上溯到"含绶鸟"之间的意念承接，是对现实事物作出的一种富有"西方化"价值取向的概念仿真。

富于义理韵致的是，发生于自然生物与人文美术这种"二元结构"之下的名实演绎，事实上透露着人类生活现实中由"文化接触"走向"文化融合"的内在机理——原本属于东西方人文、自然两个系统的有形视觉对象，可以在感觉元素上给予想象的调和——这种带有灵感贯通意味的文化嫁接的现象，不仅透过象征意象反映了当年汉地文人世界的民俗智慧，更从意识形态层面折射出中古时期东西方文化交流过程中的一种借鉴他者、嵌入自我的人文势态。

图 71

　　这一点，洛阳出土北魏元谧墓石线刻中相融东方世俗故事的孝子画像与西方神话题材的"森穆鲁"美术遗迹的单元构图（图71）及其当地为数至多的类似文物遗产，无疑从史料场域给予了反复的印证——洛阳古代文化遗产博大精深之含蕴，以本文之信手采例可以管窥一二焉。

作者单位：龙门石窟研究院
收稿日期：2015 – 5 – 5

祠祀与庙祭

——台湾的祖先祭祀与越南的"立后"

耿慧玲

祖先祭祀在宗法制度中，是一个相当重要的行为；祠堂的设立在中国象征着家族的凝聚力，基本上呈现了宗法制度"收族"的目的。在中国，宗法制度下的祠堂随着历史的发展而展现出不一样的样貌与功能，在不同的地区也有着不一样的呈显。换句话说，宗法制度或祠堂的功能也不是一成不变。历史的研究就在于找寻出演变的轨迹，并由此探寻下一步更好的发展，或理解一些可能的变化形式，从而为人类轨迹的发展提供建议。

台湾与越南是两个与中国本体有着非常密切关系的地区，自明清以来，大量的移民在多重的时空环境中移向台湾[1]。据施添福1996年的统计，台湾地区的汉人居民，约有45%来自泉州府、35%来自漳州府、16%来自潮州府，这些跨海渡台的移民，也将原乡的习俗带到台湾，尤其是中国人所重视的宗族制度。然而，在台湾汉人移民的历史过程中，经历明、清、日据时期不同的政治与社会环境的变化，在时空环境的差异化背景下，其宗族的发展是否与原乡完全一致？

又，东南亚是华人移民最多的地区，华人移民的时间也与台湾地区基本相同，那么，台湾的宗族制度与东南亚的华人社会是否有相同的发展轨迹与结果？东南亚地区的越南被称为"小中国"，其主体民族京族占越南人口的80%，在族属上与中国南方的百越民族有一定程度的关联[2]。越南地区自秦汉以来便划入中国的行政区划中，成为中国疆域的一部分，其语言、文字、信仰、制度无一不属于东亚文化圈。虽与东南亚其他地区一样，自大航海时代持续迎来新一波的中国移民，但在时空影响下曾经受到中国千年

---

[1] 有关汉人移民台湾的时间，曹永和先生根据文献资料，主张应该在宋末元初，见曹永和《荷兰与西班牙占据时期的台湾》，原收于林熊祥等编《台湾文化论集》，中华文化出版事业委员会，1954年版，第105~122页；后收入氏著《台湾早期历史研究》，联经出版公司，1979年版。此说法与宋元时期科技的发展应该有密切的关系，但是这一时期的汉人移民人数应该不多，真正大规模的移民时间应该在明、清时期。亦即伴随大航海时代的来临，一方面，西方为加强与中国的贸易，或控制台湾海峡的航行，及增加台湾地区农产与商贸的对外交流，需要利用汉人到台湾开垦与进行商贸；另　方面，废除黑奴使得有殖民地的国家需要新的人力资源，而中国经历明清之际的政局更替，及清代太平天国等地方的动乱、农业人口与土地的周期性不平衡，使得大陆地区的人口产生外移的动能。故自明清开始，大量的汉人移民在各种主动与被动的境况下向外移民，宋元时期以来西方的船只航行能力的改善，也使得台湾成为东南亚之外新的移民地区。

[2] 陈叔倬、段洪坤：《平埔血源与台湾国族血统论》："一些人类学者尝试追溯今日中国南方少数民族与历史中越族的关联性，其中侗台语系族群（Daic, or Tai - Kadai）被指出与部分历史越族有直接的祖源关系（e. g. Shaffer, 1996）。侗台语系族群分布在今日泰国、越南、中国、缅甸、印度等国边境，直到今日仍有三十种语言被使用。"载《台湾社会研究季刊》第72期（2008年12月），第148页。

影响的越南，其祖先祭祀是怎样的状况？与台湾地区又有何异同？这些异同又显现出怎样的历史意涵？本文即就宗族制度中的祖先祭祀现象，做一初步的探讨。

一　台湾海峡对于台湾开发的影响

在地球的地壳运动中，东亚大陆架一方面受到来自大陆方向的强大挤压力，另一方面又受到巨大而坚硬的太平洋地块的阻抗，于是两大板块交界形成了一系列按东北—西南方向排列的褶皱山系，当它露出海面时，便构成了东亚岛弧，而台湾正处于这个岛弧的中央。由台湾向北，中国大陆与日本岛群、朝鲜半岛围成一个"北地中海"；由台湾向南，与东南亚地区形成一个"南地中海"。这两个地中海在历史的发展过程中，以中国为文化的核心，结合成一个文化区。

台湾与华南地区相距不远，然而，时间与环境的间隔又使得台湾地区的风俗习惯与原乡之间形成一定程度的差异，本文仅就台湾地区祖先崇拜的现象，略作说明。

台湾与大陆东南地区，尤其是福建地区，隔台湾海峡相望，厦门角屿至小金门的最近距离仅1000多米，平潭岛与新竹的距离只有60多海里；福州至基隆149海里，厦门距嘉义120海里，距高雄165海里，距基隆也仅222海里。然而，秦汉时期，大陆地区因政治或经济因素即有避难之民人移往中南半岛的越南地区，但是汉人开发台湾，却至明末方才开始。推就原因，台湾海峡一直是文献记载中的天险，自康熙年间郁永河的《裨海纪游》开始，便详细记载渡过黑水沟的困难[1]，这是由于台湾海峡特殊的地理状态造成。台湾海峡全长约350公里，平均宽度180公里，平均水深60公尺，是连结东海陆棚与南海陆棚的唯一通道，海底地形十分复杂，海峡南部为水深约20公尺的台湾浅滩（Taiwan Banks），其南缘海底以40%～50%的急坡斜入南海海盆，其东缘则为水深100公尺的澎湖水道（Penghu Channel）[2]，亦即文献记载中的黑水沟。西太平洋两道主要洋流——亲潮（千岛寒流）与黑潮（日本暖流）都通过台湾海峡，亲潮由北向南通过澎湖与大陆之间；黑潮则由南向北沿着台湾岛东西两岸分流，台湾岛西岸的黑潮是支流，又分为两道，一道顺着前述海沟北流，一道沿着澎湖西岸北上。沿着澎湖西岸的黑潮是大洋；在澎湖海沟的黑潮，是《台湾县志》中所说的小洋，小洋比大洋更黑更险[3]，流速高达每秒2.3节[4]，俗谚"十去，六死，三留，一回头"正是这种状况的写照，而这种状况，也可形容台湾开发在历史发展中的特殊现象。若与东南亚地区比较，台湾的开发显然较晚，但更值得重视的是台湾地区内地化与土著化同时并进的历史

---

〔1〕　郁永河：《裨海纪游》卷上，台湾文献丛刊第44种，台湾银行经济研究室，1957～1972年，第5～6页。

〔2〕　郭子仙等：《黑潮学分班结业报告——黑潮洋流》，《2006黑潮学分班结业报告——黑潮洋流组》，台湾海洋大学，2006年，内引约翰逊《台湾外围海域海洋科学教室系列一》，1995年版，第9页。

〔3〕　《澎湖厅志》卷一《封域·道里》："台海潮流，止分南北；台、厦往来，横流而渡，曰横洋；自台抵澎为小洋；自澎抵厦为大洋；故称重洋。"又，"小洋水比大洋更黑，其深无底。大洋风定时，尚可寄椗；小洋则不可寄椗，其险过于大洋。"台湾文献丛刊第164种，第31页。

〔4〕　郭子仙等：《黑潮学分班结业报告——黑潮洋流》，内引陈重光《澎湖水道通量暨水团季节演变之研究》，台湾中山大学海洋物理研究所硕士论文，2004年版，第9页。

现象[1]。根据陈其南的解释，台湾与东南亚华人社会最大的不同，是台湾汉人已经发展为一个"将华南原居地的社会形态重新建立起来的土著社会"，这样的土著社会"就如华南汉人社会之为土著社会一般，但其社会结构形态是相同的，特别是表现在宗族发展的过程上"，而不像东南亚地区仍然是一个"移民社会"[2]。反映在祖先的祭祀方式上，就形成一个鲜明的对比：在东南亚地区的华人，一般都有落叶归根的想法与做法，总是想方设法回到原乡扩建祠堂；而台湾地区的"十去，六死，三留，一回头"，使得台湾地区的祖先崇拜在原乡的架构下逐渐当地化，并形成两个系统，即所谓的唐山祖与开台祖的祭祀，在祭祀的方法上也与大陆原乡不同。

二　祭祀公业与台湾地区的祖先祭祀

在台湾，一般是没有祠堂的。早期，汉人移民台湾大多数只做暂时居留的打算，对于祖先之崇拜，他们往往是由在台之宗族成员集资派人携往本籍祭祖，这方面与东南亚地区的华人相同。然而，经过一段时间的定居以后，在台湾的开拓者逐渐感到回本籍祭祖不方便，这种不方便与前面所说的台湾海峡的天险有关，也与历史的发展有关。

若就汉人开拓台湾的历史来看，海峡两岸的关系约略可以分成三种形式：战争、和平与隔离，而这三种形式也是三个历史阶段。第一个阶段可以从荷兰占据台湾始（明天启四年，1624年），至施琅克台（清康熙二十二年，1683年）止，约60年。在这一段时间中，不管是荷兰人还是郑氏家族统治台湾，海峡两岸是对峙、竞争与冲突的，纵使没有横渡黑水洋的障碍，民人的来往也是隔绝的。自康熙二十二年至光绪二十一年（1895年）是一个和平的时期，共持续213年之久，这是一个台湾社会形成的最重要的时期。然而政府消极的移民政策，却使得在此时期的大多数时间，汉人开拓者必须以偷渡的方式进入台湾地区，加上台湾海峡的天险阻隔，就形成了前文所说的"十去六死三留一回头"的状况，也就是来台的移民多选择留下，而非如东南亚地区华侨落叶归根的原因。自光绪二十一年（1895年）至民国三十四年（1945年），是台海隔离时期。日本为了遂行统治，极力切断台湾与大陆地区的纽带关系，在第二次世界大战期间，更因为战争的需要施行同化及皇民化政策，这些政策的实行不见得能够改变汉人对于原乡的认同，但也基本上对两岸的交流产生了阻绝的效果。由此可见，台湾不管是在哪一个历史

〔1〕 有关内地化与土著化的研究，分别以李国祁与陈其南为代表。李国祁在1975年提出台湾发展"内地化"的理论，而陈其南自1975年开始提出台湾发展"土著化"的说法。所谓内地化的主张，是说台湾移垦社会的转型，主要是以中国大陆各省的社会形态为目标，逐渐形成一个以中华文化为中心的文治社会。而土著化则认为台湾的发展是基于汉人社会的定著化，亦即逐渐倾向以本地的地缘和宗族关系为社会群体的构成法则，故而社会是由移民社会走向土著化变成为土著社会的过程。不过李国祁的内地化是包含了原住民的汉化，而陈其南则着重于汉人社会的转变。因此，在论述的结果上，"内地化"是指台湾地区在政治和社会组织形态上渐与中国本土同化（包含原住民的汉化），而"土著化"则强调说明"汉人移民"在地缘意识上认同台湾的过程。李国祁：《清代台湾社会的转型》，《中华学报》5：3（1978），第131～159页；《清季台湾的政治现代化——开山抚番与建省（1875—1894）》，《中华文化复兴月刊》8：12（1975），第4～16页。陈其南：《台湾的传统中国社会》（订正版）第六章《论清代汉人社会的转型》，允晨出版社，1994年版，第153～182页。
〔2〕 陈其南：《台湾的传统中国社会》，第181页。

时期，回乡的路都很崎岖，因而，在台湾的移民们，其中有能力或得功名者，遂倡导在台湾集资建祠堂，筹立祭祀公业。然如上所述，祠堂的设立并不多，只有有功名或品官的家庭才建祠堂，一般百姓则是在正厅供奉父祖的牌位，定时举行祭祀[1]。不过台湾祭祀祖先另有一种不一样的方法，那就是祭祀公业。

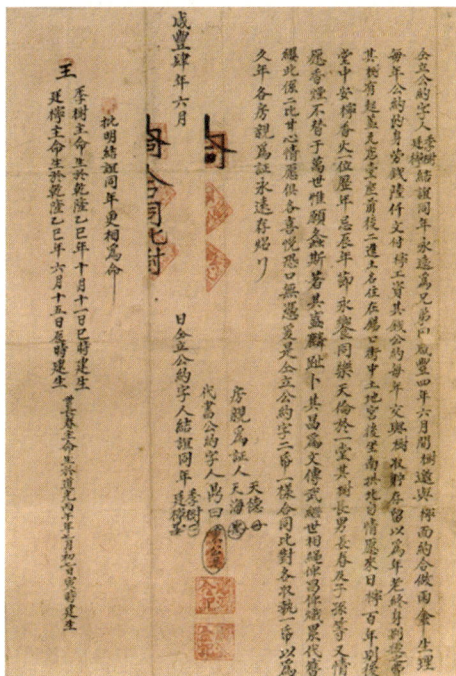

图1　合约字契书
http://www.lin-an-tai.net/p5_
contents_exhibition-1.html

至目前为止，在世界各地尚未发现有与台湾的祭祀公业相似的祭祀团体存在[2]。设立祭祀公业的方法有四种：（1）阄分字祭祀公业；（2）合约字祭祀公业；（3）赠送字祭祀公业；（4）信托字祭祀公业。就团体设立的含义来看则包含：（1）以祭祀祖先为目的；（2）有独立的财产，其财产处分权通常专属派下子孙全体；（3）为由享祀者之子孙所组成的宗族团体[3]。这种祭祀团体和传统大陆地区的祠堂是不同的，祭祀公业不一定需要专供奉祀祖先的建筑物，但是一定有专供祭祀之田产。虽然祭祀公业渊源于中国古代的祭田，但是台湾的祭祀公业，其设立的目的，超越派下子孙个人利益，除了对于特定的祖先（享祀者）的祭祀之外，还有宗族福利与社会福利的功能，也同时负担族人械斗前后之费用及犯罪之损害赔偿等[4]，基本上，祭祀公业成为联系族众的重要机构。在上述四种祭祀公业中，赠送字与信托字的祭祀公业数量较少，为特殊赠与契约遗嘱，个别性较强，阄分字与合约字祭祀公业则为祭祀公业的主体。

阄分字与合约字祭祀公业反映出台湾在开拓过程中对于祖先祭祀不同的历史阶段。合约字祭祀公业又被称作"丁仔会"[5]或"祖公会"[6]，是由来自同一祖籍的垦民，原本共同集资委派代表返回原乡祭祖，但经过一段时间后，发现回原乡祭祀有许多的不便，遂以志愿的契约方式共同出钱在台湾购置田产作为祭祀公业，祭祀之对象（享祀

---

〔1〕〔日〕梶原通好著，李文祺译：《台湾农民的生活节俗》，台原出版社，1998年版，第86页。

〔2〕陈其星：《台湾祭祀公业新论》（增订版），文笙书局，1997年版，第4～5页。

〔3〕同上书，第3～5页。

〔4〕陈其星：《台湾祭祀公业新论》，第46～47页；戴炎辉：《清代台湾之乡治》，联经出版公司，1992年版，第340页。

〔5〕"丁仔会"，为合约字祭祀公业。此种祭祀公业会员大都以一位唐山祖为其核心，纠合在台的男性后代自由参加，均等出资。会份是固定的，后嗣较多的丁份往往为数十人甚至数百人共享，但也有绝嗣者之丁份集中于某一后代，故也有一人拥有数丁份者。陈其南：《台湾的传统中国社会》，第144～148页。

〔6〕"祖公会"系以丁仔会为基础，再联合组织而成的更大的祭祀团体。见〔日〕铃木清一郎著，冯作民译：《增订台湾旧惯习俗信仰》，众文图书公司，2004年版，第46～48页；陈其南：《台湾的传统中国社会》，第148～149页。

者）以唐山原乡较显赫的同姓祖先为太祖或同姓之始祖——因而被称为"唐山祖"，祭祀公业所属各员虽属同姓，但地缘因素显较血缘关系高，奉祀者彼此不一定有清楚的系谱关系，与传统的宗族组织的分枝相反，是以融合的形态结合同姓者形成一个祭祀群，故此种祭祀团体之族人范围甚广，人数也很多，除了追念先人故土之外，更重要的是加强族人团结与对抗其他势力，基本上这种宗族的组合形式是早期移民相互合作扶助的一种方式[1]（见图1）。陈其南在《台湾的传统中国社会》中称其为"移殖

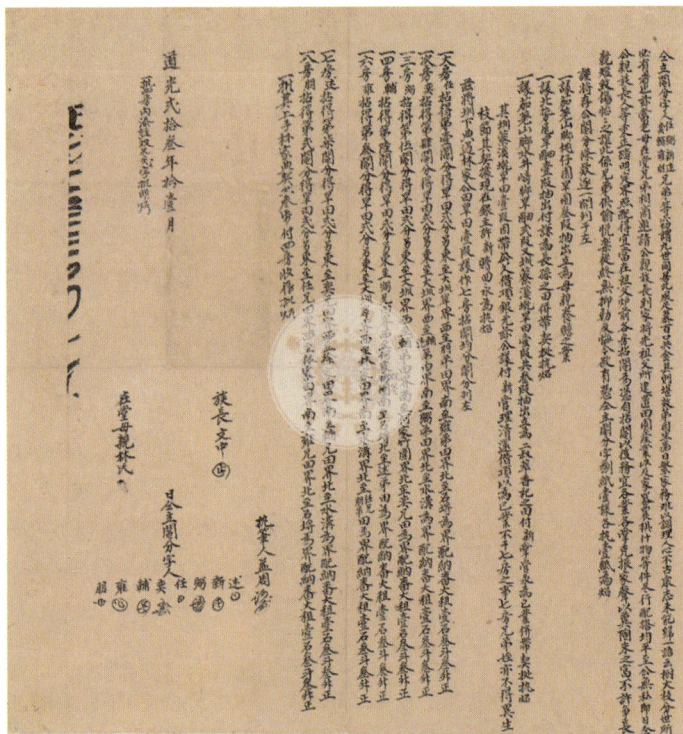

图 2　道光二十三年阄分字契字
http://catalog.digitalarchives.tw/item/00/46/26/cc.html

性"的宗族性质。在移民垦殖的过程中因为利益上的冲突，台湾发展出不同于原乡的分类械斗，出于安全保障的考虑，间接促成了宗族的发展，祭祀公业与结盟、父母会[2]、神明会[3]的性质相似，是移植初期乡庄庄民间的合作与互助的一种重要形态。其组织运作的方式则以入股之股本为基金，或放贷生息，或购地佃予他人收取地租，以为每年祭祀用。组织具有法人性质，权力承继仅限于最初加入者之后代，由于是志愿入股，因此彼此间的权利义务关系，依据合约订定的法则不同而各有其特别的组织形态，即使是同一祖系，仍然可以自由选择参与与否[4]。

---

〔1〕　陈文达：《台湾县志·舆地志一·风俗》："台鲜聚族，鸠金建祠宇，凡同姓等皆与，不必其同枝共派也。"台湾文献丛刊第 103 种，第 56 页；陈淑钧：《噶玛兰厅志》卷五上《风俗上·民风》："兰中鲜聚族，间有之，尚无家庙祠宇。故凡同姓者，呼之曰叔侄、曰亲人，不必其同支而共派也。其中必推一齿高者为家长，遇内外事，辨是非、争曲直，端取决于家长。而其人亦居之不疑，一若我言维服，勿以为笑也。"台湾文献丛刊第 160 种，第 191 页。

〔2〕　"父母会"系各会员父母去世时，以资助父母丧葬费用为目的而组成。他们虽说祭祀神佛，其实等于利用神佛……创立父母会时，由会员各自捐出一定的金额，用其利息作为祭祀神佛之用。又各会员分别指定其尊族中的一人，当此人死亡时，各会员再捐款作为丧葬费，如此其会员资格就算消灭，一直到所指定的尊族全部死亡才解散。〔日〕铃木清一郎著，冯作民译：《增订台湾旧惯习俗信仰》，第 48～49 页。

〔3〕　"神明会"是同业、同乡与同姓联合同志以祭祀某一神明为目的而集资购产，以其收益作为祭祀神明的经费。〔日〕铃木清一郎著，冯作民译：《增订台湾旧惯习俗信仰》，第 47 页。

〔4〕　陈其南：《台湾的传统中国社会》，第 144～145 页。

闽分字的祭祀公业的出现比合约字祭祀公业晚，是在移民至台开垦数代之后，才由已经立定基业的子孙组成，祭祀世代较近的祖先。参与闽分字祭祀公业者多有血缘关系，祭祀的对象通常是第一位开台祖。闽分字祭祀公业的成立是为处理父祖生前奉养与死后祭祀之事，凡同一父祖之子孙皆为祭祀公业的当然会员，在家产分割之际，由被继承人邀族亲及公亲数人，于祭拜祖先之后，将财产按照价值分成数等份，抽签决定应继承之类别与数量，敦请代书人或公亲（见证人）之一写成闽分字契，由设立人派下各房、房亲及公亲联署为之[1]（见图 2）。闽分字祭祀公业反映出台湾移民的土著化倾向，也就是由半自愿性的唐山祖宗族，移向来台开基祖派下的典型宗族[2]。这映证出在时间洪流中大陆移民移垦的定著型发展。

三　庙宇与台湾地区的祖先崇拜

台湾地区的庙宇位置与大陆地区有很大的不同。大陆地区的庙宇大都在深山峻岭，人迹罕至之地；台湾地区的庙宇则多在街市巷弄，人群聚集之所。由此可知，台湾地区庙宇的社会功能和大陆地区也有显著的不同。清季一位无名诗人，用客家语作了一首长诗，后来被称为《渡台悲歌》，诗中劝告大陆亲友不要走上渡台之路。诗中开宗明义就说：

劝君切莫过台湾，台湾恰似鬼门关。

千个人去无人转，知生知死都是难。[3]

事实上，由大陆渡台确实会遭遇极大的困难。首先是渡海，渡过黑水沟有三难：一由厦门至澎湖横流过大洋，二从澎湖至鹿耳门为小洋，三为鹿耳门海底铁板沙与大潮差，往往"子午稍错，北则坠于南澳气、南则入于万水朝东，有不返之忧"或"潮长水深丈四、五尺，潮退不及一丈"，"舟触沙线立碎"[4]。其二，要面临至台湾后与原住民及同开荒者的竞争冲突。其三，要面对台湾容易致病的气候与水土。整个移民开垦的过程充满了不确定性，加上两岸在历史发展中长期的对峙，政府消极的移民态度，使得来台的移民长期处于不合法的偷渡境况，由此，来台的移民多属于社会的边缘人士。在

---

〔1〕　陈井星：《台湾祭祀公业新论》，第 47~48 页。

〔2〕　陈其南：《台湾的传统中国社会》，第 143~151 页。

〔3〕　《渡台悲歌》是黄荣洛在 1986 年发现的一首客家山歌诗，见氏著《渡台悲歌》，台原出版社，1989年版。

〔4〕　《厦门志》卷四《防海略·岛屿港澳·台澎海道考》，台湾文献丛刊第 95 种，第 138 页。

18—19世纪，台湾地区罗汉脚的比例仍高达20%～30%，人数有数十万之多[1]，这些基层民众面对这些未知，只有仰赖信仰来维持信心，因而导致台湾地区的民间信仰兴盛，寺庙充盈。

根据梶原通好1941年的统计，全台有寺庙3700所，除了孝子庙、城隍庙数十所为官方所建，其余都是一般大众所建[2]，且神明为移民自原乡携来，不同祖籍的人群大多供奉其特有的神明，并成为团结祖籍民人的象征，因而寺庙大多建于市街地，紧邻民家，在鹿港等古老的市街，几乎一条街就有一座寺庙。因此，"台湾寺庙的建立，并非单纯的以社会为中心，而是随台湾移民都市与村落的发达而发达，其中有不少是以各种民众团体为中心而存在，并且因各团体性质不同而有所不同，成为同乡团结、同姓团结、同业团结、同窗团结、同好团结的象征，于是各种具有不同组织目的的团体，乃分别兴建奉祀自己所信仰神佛的寺庙"[3]，形成所谓的祭祀圈[4]。比较有趣的是，除了寺庙，台湾其他的宗教团体更多，前述的祭祀公业与神明会、祖公会、父母会、共祭会也成为民间信仰的重要部分，1928年有11491间祭祀公业、1933年台湾宗教团体中的神明会有6323间，"若说台湾人是因宗教而生，为祭祀而工作，人生的苦难娱乐皆为神所赐，生活完全受宗教的影响，亦不为过"[5]。因此，清代中叶以后，台湾乡村的寺庙担负起整合乡村社会的任务。也就是说，清代台湾汉人社会中，新的地缘团体的建立是以寺庙神的信仰为基础。例如，漳州人多奉祀开漳圣王，泉州三邑人多奉祀观音佛祖，同安县人多奉祀保生大帝，安溪县人多奉祀清水祖师，客家人则多奉祀三山国王。根据一聚落所奉祀的神明，可以推断其居民祖籍，故人群之分类每与神明会或祭祀圈有不可分的关系[6]。

一般来说，台湾移民对于神佛的信仰观念很深，每一家的正厅几乎都有神明桌供有神明，而祖先的牌位也放置在神明桌上，人神杂居，人神同格。不过，在不同的省籍中，对于祖先的死后地位，有不一样的看法与做法。

在台湾，除了有科举功名和官宦之家外，大多数闽南人没有家祠，不过客家人却相当重视祠堂的建立。一般来说，在台湾的福建与客家人都有二次葬的习惯，客家人在二

---

〔1〕 根据厦门大学陈孔立教授1990年的研究，自乾隆二十九年至道光二十年，清代移民台湾的人数及游民人数的比例如下所示：

年份	人口总数	计游民所占百分比	游民人数
乾隆二十九年（1764年）	666,210	20～30	13～20万
乾隆四十七年（1782年）	912,920	20～30	18～27万
嘉庆十六年（1811年）	1,944,737	20～30	38～57万
道光二十年（1840年）	2,500,000	10～20	25～50万

见氏著《清代台湾移民社会研究》，厦门大学出版社，1990年版，第110～111页。

〔2〕 〔日〕梶原通好著，李文祺译：《台湾农民的生活节俗》，第17～24页。

〔3〕 〔日〕铃木清一郎著，冯作民译：《增订台湾旧惯习俗信仰》，第16～18页。

〔4〕 所谓的祭祀圈指的是"为了共神信仰而共同举行祭祀居民所属的地域单位"，参见林美容《由祭祀区到信仰圈——台湾民间社会的地域构成与发展》，收入张炎宪、李筱峰、戴宝村等编《台湾史论文精选》（上），玉山社，1996年版，第292页。

〔5〕 〔日〕梶原通好著，李文祺译：《台湾农民的生活节俗》，第14页。

〔6〕 陈其南：《台湾的传统中国社会》，第114页。

次葬的时候会将祖先的骨骸放入祠堂旁边的祖塔[1]，而闽南人在捡骨之后的选择比较多样：如果这个闽南家族建有祠堂，那么捡骨之后，会将其放入祠堂；如果没有祠堂，他可以选择二次土葬，顺便改风水；也可以选择将祖先的骨骸放入纳骨塔、佛寺或斋堂。纳骨塔是在近几年才兴起的新建设，在此之前，闽南移民会将祖先的骨骸放入佛寺或斋堂，不过斋堂与佛寺仍有等级上的差异。

斋堂即斋教的教堂，斋教在明朝时由禅宗演变而来，斋教分为三大教派，分别为龙华、金幢及先天。三派的教义和教礼大同小异，都以观音大士为共同本尊，不过龙华派又以阿弥陀佛、三宝佛以及关圣帝君为本尊；金幢派则以阿弥陀佛、弥勒佛与己派的教祖为本尊。三派的日课就是诵经典，早晨念金刚经，晚上念阿弥陀经，先天派又在中午加念心经[2]。由于金幢派与龙华派的戒律松散，在传播教义时受到严重的打击，光复以后逐渐佛教化；台湾佛寺因为也拜阿弥陀佛，也有早晚课的诵经，闽南移民认为将祖先的骸骨放在这里，可以透过听经让死者得到安息，并赎罪度化，也可以保佑在世的子孙。

祖先牌位的放置也因不同祖籍而有不同。一种说法是，闽南人把祖先当作鬼，因而闽南人把祖先放在小边；而客家人把祖先当神，因此客家人把祖先放在中间。不过这应该与神明桌是否同时祭祀神明的关系更密切。客家人一般不将祖先牌位与其他神明放在一起，而是将之放入祠堂，故而并没有所谓大小边的困扰；闽南移民因为大多没有祠堂，故而将祖先牌位与其他神明一起放在正厅中央的神明桌上，遂产生大小边的问题。

至于祖先究竟具不具有神格？在父祖死去一年后，有一个将亡者姓名写入公妈牌的仪式，这时，原本祭祀祖先用的银纸会改为金纸，而金纸是用以祭拜神明的[3]，虽然之后祭祖仍然使用银纸，但这一个换用金纸的动作，似乎仍然透露出来祖先所具有的一些神性。不过，台湾地区的移民基本上对于"鬼"的祭祀是相当重视的，除了每年的中元普渡，还有祭祀王爷、大众爷、有应公、地基王、水流公（妈）、金斗公[4]等无主孤魂野鬼，这种祭祀孤魂野鬼的行为，基本上是移民自我怜惜的反射。虽然鬼的祭祀在台湾地区也很受重视，但祖先无论如何都是"家鬼"，因而在与神明同祀的时候，会将祖先的牌位放在左边，也就是虎边（小边）。

---

〔1〕 客家宗祠，可分为祖祠和祖塔两种，例如新屋乡永兴村的叶五美公祠（建于清雍正十三年，1735年），叶姓始祖叶春日自中国广东陆河县渡海来台，后将其出生在台湾的第一代孙子以"人间五大美事"命名为大荣、大华、大富、大贵与大春，后代子孙称为"叶五美公"，五大房后代子孙将祖先合建祠堂祭拜，过世后的骸骨则置入祖塔。http://blog.xuite.net/nicecasio/twblog12/127884313－叶五美公家族清明祭祖。

〔2〕〔日〕铃木清一郎著，冯作民译：《增订台湾旧惯习俗信仰》，第34～36页，据《台湾宗教调查报告第一卷》。

〔3〕 台湾"省立"新竹社教馆编印：《台湾民间祭祀礼仪》，台湾"省立"新竹社教馆，1996年版，第28～29页。

〔4〕 金斗是台湾称呼置放过逝人的骨灰或骨骸的器皿。台湾移民与大陆南方地区如福建、广东地区都有二次葬的习俗，有说此为百越民族的文化特征。金斗公则为台湾民众对于无主尸骸的孤魂信仰。可参王志宇《台湾的无祀孤魂信仰新论——以竹山地区祠庙为中心的探讨》，《逢甲人文社会学报》第6期（2003年5月），第183～210页。

四　越南的"立后"与后碑

越南全境犹如一个S形，又如一条扁担，担着南方湄公河三角洲（九龙江流域）与北方红河三角洲两头粮仓，而这两个粮仓面临着太平洋的一个半封闭海域。在海与平原的西边，是一片广大的山区与高地，由西北向东南倾斜，形成了越南在东南亚相对开放的地理形势。而这种开放的形势，其面向正是中国。越南史家陶维英认为这个地区的人群，应该与中国史籍所称的百越民族是同一个族群[1]。其分布的位置大致为自交趾[2]至会稽一带，意即汉代所称的"粤地"，包含苍梧、郁林、合浦、交趾、九真、南海、日南等地区[3]。在这个地区的先民，包含了许多的支系，战国以前有瓯、沤深、越沤、于越、扬越、大越、夷越等称呼[4]，战国以后，又有闽越、东瓯、南越、西瓯、雒越、山越等称谓[5]。这些民族有一些共同的文化特征，诸如稻米的种植，几何印文陶的出现，断发文身的习俗，栏杆形制的居所现象，他如铜鼓、有段石锛、有肩石斧、牙璋、环形玉玦、龙或蛇图腾的崇拜等，都显示出各支系间的密切关系[6]。自秦代开灵渠平南岭之后，这些地区即成为中国地方行政区划中的一员，当中原地区政局产生变动的时候，这个属于国境之内的边远地区，便成为"浮桴于海"的最佳选择，其与汉人的交往历史远较台湾来得久远密切，与并称"交广"的两广相较亦不遑多让。然而两广目前仍然是中国行政区划中的一部分，而"交趾、九真、日南"却脱离了中国直接的统治，成为独立的政治实体。那么在政治脱离的状态下，这些原本在民族、文化上有着密切关联的越人，在祭祀上是否与中国汉人存在着丝缕之间的联系呢？

有关越南地区的学术研究，存在着一些历史性的研究困境，然而在资料的取得与运

---

〔1〕〔越〕陶维英：《越南古代史》第一编《越南民族的起源》，"中国载籍所称的越人，曾在一个很宽阔的范围内居住过，这个范围包括自四川至滨海的整个扬子江流域一带，亦即《禹贡》中的梁州、荆州与扬州地区直到整个岭南地区的百越和南中地区的夷越之地。他们共同渊源于一个半姓的种族和一个断发文身，尤以文身为最共同的风俗，……公元前三世纪时，这一种族是以居住在荆州和扬州地区的交趾人为代表。"第57～58页。对于越人的分布区域，陶维英认为包含着整个扬子江流域，并且以居住在荆州和扬州地区的交趾人为代表。有关扬州地区的交趾人的说法甚为奇怪，2004年笔者赴北越地区做田野调查，北越谅山地区的少数民族在其巫师的文本资料中，有所谓"魂归扬州"的记载，似乎可以对陶维英的说法做更深入的探讨。

〔2〕交趾（址、阯）意指"遂交南方，为子孙基址"。名称据李昉《太平御览》卷157《州郡部三》引应劭《汉官仪》："孝武皇帝南平百越，北攘戎狄，置交阯、朔方之州……始开地方，遂交南方，为子孙基址也。"叶四下。

〔3〕《汉书·地理志》："粤（越）地，牵牛、婺女之分野也。今之苍梧、郁林、合浦、交趾、九真、南海、日南，皆粤分也。"

〔4〕见孔晁《逸周书·王会解》、郑玄注《周礼·职方氏》、王国维辑《古本竹书纪年》、荀子《荀子·荣辱篇》、袁康《越绝书·越绝外传记地传》等。

〔5〕见司马迁《史记》之《楚世家》《东越列传》《南越列传》。

〔6〕见陈国强等著《百越民族史》第三章《百越文化特征》，中国社会科学出版社，1988年版，第32～75页。并参戴国华《华南新石器时代早期居民的经济生活》、莫俊卿《试论古越人与壮侗语族诸民族的渊源关系》，收入朱俊明主编《百越史研究》，贵州人民出版社，1987年版，第153～171页；杨建芳《耳饰玦的起源、演变与分布：文化传播及地区化的一个实例》，《中国考古学与历史学之整合研究》，"中研院"史语所，1997年7月。

图3　越南胡志明市永严寺后佛祭祀（耿慧玲摄）

用及研究方法、研究理论的建构方面都有广阔的研究空间。近年来，一批汉喃碑铭拓片的出版给越南研究注入了新的力量[1]。笔者在参与整理越南地区的汉喃碑志时，发现越南存有大量的后神、后佛碑。根据越南学者阮文原的解释，这些后神与后佛碑显现的是越南的一种特殊的"立后"习俗，"这个习俗的来源是佛教轮回思想与东方奉忌习惯的结合，认为人死后还存有另一个生命即灵魂。这个灵魂似乎也有如生人一般的生活，而他的生活需要和享受是靠在世人的供养，即奉祀"[2]（图3）。然而这些"后碑"不仅仅是在佛或者神灵之后，还有许多是"后贤"碑，也就是将"俎豆盛陈"在地方文贤的文址之后，如越南汉喃院所收藏的碑志拓片编号00486的《斯文碑记》（图4），记载河东省清池县姜亭总金缕社文村所设立的一个斯文会祠址，其所崇奉的是"尧舜禹汤文武"，修造祠址的目的是"四季春秋而奉祭祀，以贻后世仰弥高北斗"，是一个以崇祀儒家先贤为中心的祠祀，而其后亦有寄忌者：

---

〔1〕　有关越南碑志与越南历史研究之间的相互关系，请参耿慧玲《越南铭刻与越南历史研究》，《止善》第16期（2014年6月），第3~18页。

〔2〕〔越〕阮文原：《越南铭文及乡村碑文简介》："'立後'是越南过去社会中很普遍的一种特殊生活习俗。这个习俗的来源是佛教轮回思想与东方奉忌习惯的结合，认为人死后还存有另一个生命即灵魂。这个灵魂似乎也有如生人一般的生活，而他的生活需要和享受是靠在世人的供养，即奉祀。但这个'後'不是指'後世'或'後身'，而是常与一个精神上受崇拜的神圣者结合成'後神'、'後佛'等。'後神'、'後佛'也许是越南独有的概念，因为其意义不能以汉语解释为'後之神'或'後之佛'，而应该按照越语语法理解为'神之後'或'佛之後'。根据碑文上的解释，后神者'其没也，俎豆盛陈宜在神灵之后'（1158号），或'附于神之後'（4059号）。从这个意思，有时'後神'也可写为'后神'（神的第二位），'候神'（神的侍候者）或'厚神'（像神一般淳厚者）。"《成大中文学报》17，第202~203页。

又本村妇人阮氏号慈忠，夫君阮仲公字纯严，辞乞出铅钱五拾贯，田贰篙，为夫妻寄忌，以为永远。[1]

由此可知这种寄忌供于佛寺，由僧尼筹办，称作后佛；寄忌于庙亭，由社民办礼，祭于亭宇，曰后神或后圣。除了后佛、后神、后圣、后贤，在碑志中还可以看到有后乡、后亭、后甲、后巷、后店、后贩、后族等等不同的祭祀处所所竖立的碑志及寄忌的习俗[2]。究竟"寄忌"是一个怎样的概念？根据 20 世纪编纂完成的《安南风俗册》解释：

> 其无子者，立嗣之外，又将田土寄于本甲本村、或本社、或他社，取花利钱，忌日办礼供于祠堂，曰寄忌。[3]

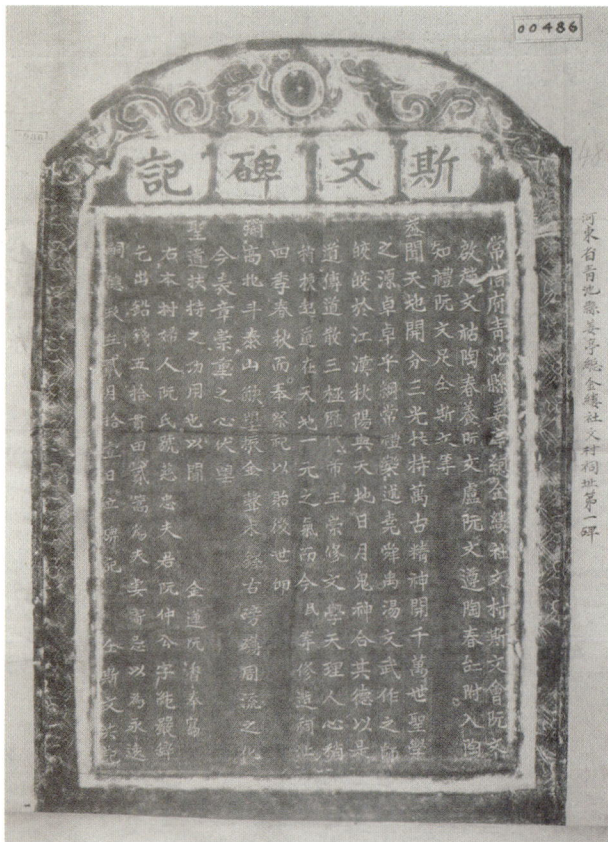

图 4　斯文碑记

而碑志中也记载"之存也，四辰八节宜受神灵之惠；其没也，俎豆盛陈亦宜在神灵之后"[4]。如此可知，越南的"立后"与"寄忌"，与中国的血食观念是相通的，这样寄忌习俗的来源，显然要比阮文原所说与"佛教轮回思想"的联系要早得多。

那么这些寄忌者又需要具有怎样的条件？兹以阮朝成泰十一年（1899 年）金缕社中村的一块寄忌碑为例：

> 尝闻兴礼而乡约立，追远而民德厚，率由斯义，其可尚已。吾乡在亭寄忌碑，盖循古俗。爰有寓南定同乐庯阮氏字曰革，乃本村阮翁号刚直府君亲女，妣曰慈善孺人，我阮族之女也。翁其先出广平，自少入籍为本村人，今阮氏深惟桑梓之敬，以本村兴修亭宇，自愿供银叁佰贰拾元助工，并银叁佰元置田在本社地分，以为先人久后永计。又以工程重大，增供银壹佰伍拾元，经本村妥定，炤如前例，立石在

---

〔1〕《越南汉喃铭文拓片总集》第一册，河内出版社，2005 年，拓片编号 00486。

〔2〕陈益源、凌欣欣：《台越民间风俗的比较研究——以安南风俗册为基础》，《昆明学院学报》2011 年第 4 期，第 73 页；〔越〕阮文原：《越南铭文及乡村碑文简介》，第 203 页。

〔3〕陈益源、凌欣欣：《台越民间风俗的比较研究——以安南风俗册为基础》，第 73 页。

〔4〕见《越南汉喃铭文拓片总集》第二册，《后神碑记》，拓片编号 01158。

亭之左边，这置田发耕，炤以田钱所出，逐年阮氏亲生父母暨夫君忌日与氏百岁后本村办猪、粢、芙、酒、香、烛行礼，另立词酌定，用彰厚道。[1]

在其他的碑志中，立后者也大多需要贡进资财、田土等，"或架桥梁、修堤路、开集市、开垦田地、救助天灾、赈给荒年、置劝学田、为村社支付官役、缴纳税课、代纳兵率、退还旧债、候办讼案等"[2]，亦即"立后"者必须要对于筹办寄忌的单位提供一定的"贡献"，尤其是以资财、田土等物质上的贡献，换取祠、庙、亭、村、社等对于"立后"者指定的特定人物进行身后的祭祀。这与明末清初广东屈大均所著《广东新语》卷十七《宫语》对于"小宗祠"的记载若合符节：

庞弼唐尝有小宗祠之制。旁为夹室二，以藏祧主。正堂为龛三，每龛又分为三，上重为始祖，次重为继始之宗有功德而不迁者，又次重为宗子之祭者同祀。其四代之主，亲尽则祧。

左一龛为崇德，凡支子隐而有德，能周给族人，表正乡里，解讼息争者；秀才学行醇正，出而仕，有德泽于民者，得入祀不祧。

右一龛为报功，凡支子能大修祠堂，振兴废坠，或广祭田、义田者，得入祀不祧。[3]

五 "立后"观念初探

现在的祠堂，起源于元，盛于明，大盛于清[4]，而明清也正是中国与越南关系重新开始紧密发展的一个时期。按，越南自李圣宗（日尊）称帝之后，与中国建立宗藩关系，皆自帝其国，至明成祖时复成为中国疆域的一部分，号称属明时期。在这个时期，原来数百年已经以羁縻、宗藩形式维持的中越关系，重新被要求恢复到中国的体制之中，包括各地的祭仪、祭祀的对象、衣冠礼制、学术、思想、兵制、户籍、田籍、税务、赋税、传驿等等[5]，越南史家陈重金因而认为这个属明时期是在使"安南人同化于中国人，遂兴建庙宇，强迫安南人按中国礼俗拜祭，进而从衣冠服饰至学术思想，凡事都强迫依照中国人之制"[6]。值得注意的是，此时正是近代中国祠堂开始的时期，也是大航海时代来临，中国人开始大量移民海外的时代，而越南呈现"立后"现象的后碑，其出现也正是在属明时期之后的后黎朝。

越南的历史发展与中国有着密切的关系，其间经历多次的转折，在后黎朝之前约略

〔1〕《越南汉喃铭文拓片总集》第一册，拓片编号00489。
〔2〕〔越〕阮文原：《越南铭文及乡村碑文简介》，第204页。
〔3〕（清）屈大均：《广东新语》卷十七，叶六上；又参冯尔康著《中国古代宗族与祠堂》，台湾商务印书馆，1998年版，第76～77页。
〔4〕（清）赵翼：《陔余丛考》卷三十二《祠堂》，叶十九下～二十下。
〔5〕《钦定越史通鉴纲目正编》卷十二《属明时期》，叶四十下～四十七下（1530～1544）；卷十三，叶二下～八上（1549～1559）。
〔6〕〔越〕陈重金著，戴可来译：《越南通史》，据西贡新越出版社1954年第5次修订版《越南史略》翻译，商务印书馆，1992年版，第144页。

可以分为"百越民族时期""秦汉隋唐郡县时期""唐五代羁縻时期""宋元藩属时期"，藩属时期正当越南李、陈二朝，越南已经进入"自帝其国"的时代，在地化的现象已然明确，由越南的碑志中也可以看出由李朝至陈朝，文风、文体甚至文字的改变，尤其是喃字的出现与运用，更说明陈朝时期的越南想要建立主体性的意图。然而由碑志的研究也发现一个饶有兴味的现象，那就是在经历陈朝近两百年（1225—1400 年）的主体性努力之后，后黎朝在整个文化以及制度方面，又走向中国化的道路[1]。为什么会是这样的选择？

越南在走向"自主"的过程中，从来都与中国维持一种特殊的关系，唐高宗调露元年（679 年），将交州都督府改置为安南都护府后，中国中央政府对于越南地区的控制力，便与原来同属"交广"的两广地区有了显著的差异。唐末五代时期，中国中央政府权力衰微，无法有效控制周边地区，杨廷艺、吴权所建立的义儿军便以拟血缘的集团关系，控制越南北部与中部的核心区域。但当时的交趾领导者仍然是以中国"节度使"的概念，来执行其行政权力。即便是建立了第一个朝代丁朝，其与中国之间的关系，仍然是地方政府与中央政府之间的类藩镇关系。

值得注意的是，丁朝采取了一个有效解决与中国直接冲突的方法，那就是一种皇帝与太上皇的权力双轨制。丁朝的第一个皇帝丁部领将与中国交涉的领导人设定为他的长子丁琏，在中国政府的眼中，丁琏才是越南地区的负责人，但实际上越南的统治权力完全掌控在丁部领的手中。到了陈朝更近乎制度性地建立了太上皇与皇帝的双元政治架构，甚至连任官都有两套系统。对于中国来说，与其交涉的是越南的"皇帝"，但实际上，太上皇的权力远大过皇帝的权力，太上皇多是青壮年即退位为太上皇，例如陈英宗，曾有皇帝忤上皇意，上皇直斥皇帝曰："我可立汝，即可废汝。"可见太上皇所拥有的是超越皇帝的权力。这种制度将皇帝当作是与中国交涉与冲突的缓冲，即便是忤逆了中国政府，大不了就是换一个交涉者，对于实际越南的权力结构完全不会发生致命性的影响。由唐末五代以拟血缘的方式建构的政治核心集团，自杨廷艺、吴权、十二使君、丁部领、黎桓、李公蕴到陈煚，数百年间，越南的政治核心集团一直是一种内部的竞争，在改朝换代的过程中，只是内部权力的转移，权力本身并没有受到摧毁，或许这就是"交趾"不同于两广的走向的关键原因。

但既然已经经历数百年的蕴积，在陈朝也已经看到其主体化的努力与成效，为什么到了后黎朝，却又将中国的制度、文化引回了中国化的道路？难道是二十年的属明时期，强力推行将"安南人同化于中国人"的成效？但明朝的这些措施，基本上激发了越南地区强烈反明的情绪与行动，这就是后黎之所以建立皇朝的重要推动力量，也是后来承继者持续努力的结果——越南终究在历史发展的过程中独立于中国的统治，建立了新的国家。然而政治的分离，并没有抹灭文化的印记，在前述《安南风俗册》中记载了20 世纪犹存的"安南风俗"，其所记载的"岁时节俗"与"人生礼俗"几乎都与台湾或者大陆地区的民俗相似；而在 18 世纪末 19 世纪初的学者范廷琥的《雨中随笔》中则详

---

〔1〕 有关这几个时期的发展与转折，请参耿慧玲《越南碑铭中汉文典故的应用》，载《域外汉籍研究集刊》第五辑，中华书局，2009 年版，第 325～370 页。

细记载了有关祭礼、祀典、庙礼、拜礼、婚礼、丧礼的礼俗，不论是观念或仪式，都看得到中国文化的印记[1]。有关继嗣血食的概念，也明显受到中国的影响。然而，橘逾淮而为枳，诚如台湾地区的发展一样，汉人移民渡过台湾海峡之后，所建立的汉人社会出现了土著化的现象，越南地区当然也应该会有一些变化。

越南崇尚母道文化，"母"是一种最高创造并管理宇宙、自然界的最高神灵[2]。伴随着对于"母道"的信仰，"女性在乡里间具有较为强势的个人自主能力，只要具备一定的经济条件，她们往往强烈地主张个人所求"[3]，因此女子主导奉祀的情形在越南民间颇为常见[4]，这也成为范廷琥《雨中随笔》对于越南"继嗣"特殊状况的忧心：

> 我国有无男用女之例，不知始于何时。夫分内外为二家则无统，合亲疏而并祀则乱常。况世次渐迁，恩情愈薄。或未满四代，而就食于无服之曾玄；或别有宗亲，而附祭于异性之祖祢，徒使二本之教，越千载而复行，而非类之散，强鬼神于所不当祭，仁人君子能不为之动心乎？此大宗无后，小宗继之，古人所以谓"以谆勤于继绝之义者，非为无女而言也"。常见近代之女婿外孙，析田分产，务胜于近亲；及制服则必循常礼，奉晨昏则偏杀外家，甚至买怨启争，相率以充贪官之囊橐。虽持心近厚，如许桓夫人之唁卫侯，秦康公之送晋文公者，间有其人，而末俗日趋，其弊殆不胜言矣。[5]

然而这是越南儒学者从中国宗法的观念上所产生的不安，而事实上，这种"无男用女"的继嗣现象最贴近于越南民间的真实状况，也可以解释为何越南碑志中出现大量由妇女主导奉祀的现象。但也由于继嗣与中国宗法以男嗣为主的状况不同，意识的龃龉使得越南索性将神主牌位寄存于乡、亭、甲、巷、店、庙、祠、寺，以物质行为所提供的"德"，换取各单位组织对于百年后的血食。但也逐渐由血食转变为德行的奉祀，以致"亦有子孙盛昌，祠堂香火已有祀事，又欲寄忌"[6]，也导致范廷琥对于这种"民俗寝讹，豪断之民，居积之户，醵饮赛神，自鸣得意；葩冠俨服，争似骄者，行货求封，无所不至。于是神人杂糅，祀典混淆"的不满。

五　结论

台湾与大陆地区仅隔台湾海峡相望，但台湾的汉人开发却比东南亚地区晚了将近千年的时间，这个时间上的差距，有历史的因素，也与环境有密切的关系。台湾海峡的大

---

〔1〕〔越〕范廷琥：《雨中随笔》，见陈庆浩等编《越南汉文小说丛刊》第二辑第五册，台湾学生书局，1982 年版。王三庆：《后寄与后佛的民俗研究》，《东亚民俗与和文化国际学术研讨会论文集》，嘉义县中正大学人文研究中心、中国文学系，2003 年版，第 149～151 页。

〔2〕吴德盛：《母道信仰文学》，见王三庆、陈益源主编《东亚汉文学与民俗文化国际学术研讨会论文集》，乐学书局，2007 年版，第 497～504 页。

〔3〕林珊妏：《探究越南女子的"生祠后碑"——以郑氏玉杠及阮氏好铭文为例》，《"国立"嘉义大学通识学报》10，第 145 页。

〔4〕林珊妏：《探究越南女子的"生祠后碑"——以郑氏玉杠及阮氏好铭文为例》，第 145 页。

〔5〕〔越〕范廷琥：《雨中随笔·继嗣》，第 41 页。

〔6〕陈益源、凌欣欣：《台越民间风俗的比较研究——以安南风俗册为基础》，第 73 页。

小黑水沟以及黑潮的流速，成为汉人移民"十去，六死，三留，一回头"最后抉择的因素，也使得台湾汉人的发展与同是汉人移民区的东南亚地区不同，东南亚华侨的落叶归根与台湾土著化发展形成两个汉人移垦的典型。

从荷兰占据台湾（明天启四年，1624 年），直至民国三十四年（1945 年），海峡两岸经历了战争、和平与隔离三种不同的历史历程，然而，不管是战争时期的对峙、竞争与冲突，还是和平时期的消极政策所形成的畸形发展，甚至隔离时期刻意的阻绝，大陆原乡的移民回乡的路都相当坎坷，携带着原乡的文化与习俗来到台湾的移民在一段时间的坚持后，逐渐由移殖型转向定著型发展，这从汉人文化中相当重要的祖宗祭祀方式中可以得到印证。汉人移民对于祖先的祭祀方式，由原本集资委托人返乡祭祀，到集资在台湾依地缘因素组成自愿式的合约字祭祀公业，再转变为以血缘为主的阄分字祭祀公业，反映出台湾汉人移民所形成的内地化与土著化并行的社会发展形态。

移垦的辛苦与不可知的遭遇，导致台湾地区的移民强烈的民间信仰需求，不同祖籍的人群大多供奉特有的神明，并成为团结祖籍民人的象征，这种行为形成了特殊的祭祀圈，也使得台湾地区的寺庙展现出与原乡不一样的功能。除了寺庙，祖先祭祀也成为重要的信仰行为，由于祠堂兴建的不易，汉人移民将祖先牌位与神明一起放在正厅中祭祀，形成神人杂居、人神同格的现象，不过在祖先祭祀上显然产生了省籍间的差异。客家人由于重视家族系统，多建祠堂与祖塔，安置祖先的遗骸；闽南人多数无祠堂，为因应无祠堂的祖先祭祀，以及二次葬所需，台湾闽南移民可以选择是否再次土葬，或将骸骨放置在斋堂或佛寺中，希望经由早晚诵经，消除罪业，造福子孙。

综而言之，在地理的限制及历史的发展中，在郑氏家族的经营及清朝政府的统辖下，台湾成为明朝政权的延续。国土的延伸，导致大量汉人的移入，改变了台湾原有的居民结构，随着移民带来原乡的风俗习惯，将台湾由原住民社会转变为一个汉人的社会。然而台湾海峡的阻隔，使得台湾依据本身的发展条件修正了原乡的风俗习惯与制度，逐渐发展成为定著型的本土文化，台湾的发展可以作为汉文化传播的重要范例，检讨汉文化发展的极限。

越南地区的情况较之台湾更为复杂，越南北、中、南部分别与中国有着不同的历史经验，不同的时空环境使得越南地区的居民、社会、政治也呈现着不一样的面貌。有趣的是，由于越南的文献记载一直以汉字为载体，故常以中国儒家思想作为评断与记载的核心，往往失去了真实的面貌，碑志正可以作为从基础层面了解越南社会与历史的重要资料。大量的后碑呈显出中国文化最核心的宗法奉祀对于越南的影响，然而由此也可以看到文化在传播过程中的变化。更值得注意的是越南与台湾在风俗上的对比性，其异同可以让我们思考中国文化传播的延展性，并考虑其可能性的极限。

作者单位：台湾朝阳科技大学通识教育中心

收稿日期：2015－4－2

关于"罜罳"

扬之水

　　小文《"千春永如是日"：泸州宋墓石刻中的生活故事》（载《形象史学研究（2014)》）关于罜罳的一段分说，今悟到尚有未确之处，特订正补充如下：

　　关于罜罳，赵彦卫《云麓漫钞》卷三考校它的名称原始曰："绍兴末，宿直中官以小竹编联笼，以衣画风云鹭丝作枕屏，一时无名，号曰画丝。好事者大其制，施于酒席以障风，野次便于围坐，人竞为之，或以名不雅，易曰挂丝。又云出于房中，目曰话私，言遮蔽可以话私事。乾道间，使者尝求其故，则不然矣。且以言为话，南人之方言也，非北人语也。""今云挂丝，第言以丝挂于竹骨之上，若用罳字，亦取罜罳之义，其实围屏也。"以宋本为底本刊刻的蒙书亦即识字课本《新编对相四言》中，列有图文对照的"交椅、罜罳、凉伞、水盆"（美国哥伦比亚大学史带东亚图书馆藏，上海书店出版社2015年影印），这里与"罜罳"对应的图，便是竹骨上面覆以织物的一架屏风，适可与宋墓石刻及赵彦卫说互证。

　　顺带说到，《新编对相四言》虽然被认为是明代刊本，不过其中保留了很多宋元名物，除"交椅、罜罳、凉伞、水盆"四事与宋制相合之外，其他尚有不少，且容另文考校。

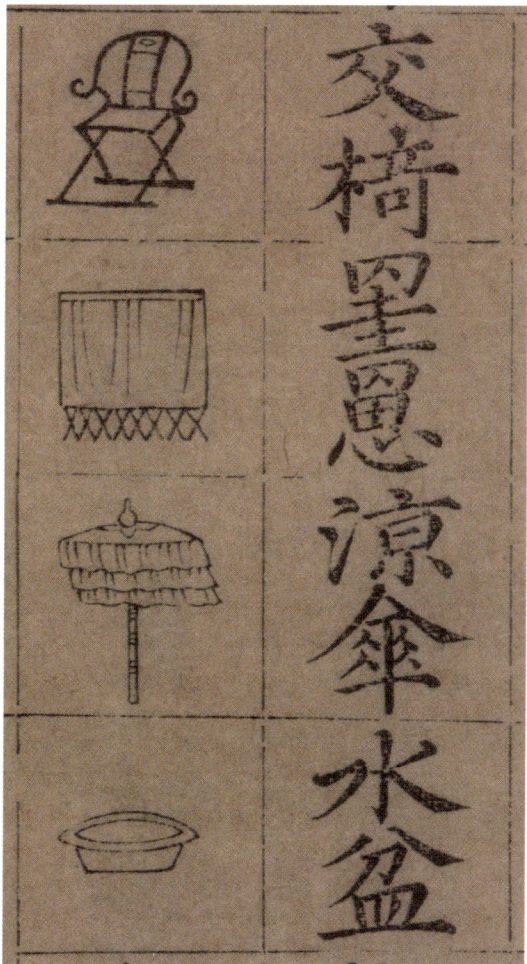

《新编对相四言》中的交椅、罜罳等

作者单位：中国社会科学院文学研究所
收稿日期：2015－5－18

考 古 、 文 字 与 文 献

《史记》所载秦二世史事辨疑

安子毓

古文献之流传，以唐宋之交为界，大致可分为两个阶段。宋以后印刷术全面普及，是为印本时代；而唐以前文献流传基本依靠抄写，是为抄本时代。在印本时代，印本的讹误与窜伪只有在制版时才能产生；而在抄本时代，每一次传抄即相当于一次制版，文字讹误固难避免，有意窜伪亦不存在任何困难，故窜乱问题远较后世严重。而在西汉晚期刘向、刘歆父子整理群书、写定汗青之前，既无所谓"定本"可依，窜乱问题尤为猖獗[1]。梁启超先生曾在《中国近三百年学术史》中举了六个作伪最为盛行的时期，其中先秦与西汉竟占了半数[2]。关于先秦典籍的窜乱，前人研究甚多，近代古史辨派对此用力尤勤，其末流虽有"疑古过勇"之弊，然古文献真伪、源流、年代之基本框架实赖此派之工作方得以廓清。相较而言，学界对《史记》等西汉典籍的窜乱问题却不免有些忽略。

关于《史记》的窜乱问题的研究，目前主要集中在两个方面。一是关于"十篇缺"的讨论。此记载出自《汉书》，三国张晏更详细列举其篇目。但在传世本中，百三十篇俱在。故自唐宋学者开始，即对此十篇的真伪展开了争论，除了《孝武本纪》全抄《封禅书》，一般公认为伪之外，对其他九篇的争议延续至今未决。二是通过确定《史记》断限、司马迁卒年两大问题，以判定此后的记载皆为窜乱文字。此外，还有一个与窜乱不同却又极其相类的问题，即司马谈作史说，认为《史记》的部分文字出自司马谈之手。此说又与司马迁生年问题交织，研究者亦有不少争论。

这几方面的研究，取得了很大的进展，但也存在一定问题。最大的问题是，现在的研究对"十篇"之外的文字与汉武帝以前的史事重视不够，忽视了其中的窜乱可能性。究其原因，是由于研究者多将增窜原因归之于增补史料或无意抄错，故而将问题聚焦于"十篇"与武帝后的史事，而忽视了有意窜伪的可能性。

事实上，这一问题是绝难忽略的，对秦代史事而言尤其如此。由于秦朝政府与儒生结怨太深，《史记》秦代部分的着意窜伪是非常严重的。拙作《李斯"督责之书"系伪作辨》《〈史记〉秦代史事辨疑三题》[3] 对此已有初步探讨，本文将就秦二世相关的若干问题进行考辨。

---

〔1〕 关于刘氏父子之整理本身是否存在窜伪，从古时今古文经之争到近代古史辨派多有争论，这里不作评价。要之经刘氏父子整理后，其整理本遂成为定本，当无疑义。

〔2〕 梁启超：《中国近三百年学术史》，岳麓书社，2010年版，第261~262页。

〔3〕 分载《史学月刊》2013年第7期；《形象史学研究（2013）》，人民出版社，2014年版。

一 沙丘之谋疑点颇多

关于沙丘之谋，《秦始皇本纪》与《李斯列传》中皆有详略不同的记载，学界对此一般皆持肯定态度。但细考此记载，其间颇有可疑之处。

（一）扶苏是否为始皇帝法定继承人

一般认为，胡亥系夺取扶苏太子之位而登基。然而，近人吕思勉先生却提出了不同的看法：

> 案古太子皆不将兵。使将兵，即为有意废立，晋献公之于申生是也。扶苏之不立，盖决于监军上郡之时。[1]

按，晋献公欲废太子申生，而使其将兵伐东山。里克谏曰：

> 太子奉冢祀社稷之粢盛，以朝夕视君膳者也，故曰冢子。君行则守，有守则从，从曰抚军，守曰监国，古之制也。夫率师，专行谋也；誓军旅，君与国政之所图也：非太子之事也。师在制命而已，禀命则不威，专命则不孝，故君之嗣適不可以师师。君失其官，率师不威，将安用之？[2]

献公不听，而申生终亦被废。此外，楚平王欲废太子建，"使太子建居城父，守边"[3]，亦可为吕先生说法之一证。

《史记·陈涉世家》载陈胜语云：

> 吾闻二世少子也，不当立，当立者乃公子扶苏。扶苏以数谏故，上使外将兵。今或闻无罪，二世杀之。[4]

试想，若扶苏已拥有法定继承人的地位，陈胜当直谓胡亥篡位，何需纠缠于"当立""不当立"的推测？这里所谓的"当立"，只是说扶苏"理应"即位而已。而后面"扶苏以数谏故，上使外将兵"一句分明是在解释"理应"即位的扶苏为何没有即位，否则这一句完全与主题无关。这一解释与吕思勉先生的推测是完全符合的。

事实上，至少到沙丘病重的时候，始皇尚未立太子，这是史有明文的。《李斯列传》中明确记载：

> 李斯以为上在外崩，无真太子，故祕之。[5]

其下载蒙恬语亦云：

> 陛下居外，未立太子。[6]

所谓胡亥夺位说的立足点，其实全在始皇临终前的那份遗诏上。然而，《秦始皇本纪》所载始皇赐扶苏书，只谓"与丧会咸阳而葬"[7]，《李斯列传》与此类似，仅谓

---

〔1〕 吕思勉：《秦汉史》第二章《秦代事迹》，上海古籍出版社，2005 年版，第 20 页。

〔2〕 《史记》卷三十九《晋世家》，中华书局点校本，1959 年版，第 1643 页。

〔3〕 《史记》卷四十《楚世家》，第 1712 页。

〔4〕 《史记》卷四十八《陈涉世家》，第 1950 页。

〔5〕 《史记》卷八十七《李斯列传》，第 2548 页。

〔6〕 同上书，2551 页。

〔7〕 《史记》卷六《秦始皇本纪》，第 264 页。

"以兵属蒙恬，与丧会咸阳而葬"[1]而已，并无传位于扶苏的内容。既已谓"丧""葬"，则始皇已在考虑身后事，乃是临终遗命，若真欲立扶苏，焉能写得如此模糊？

实际上，所谓始皇欲立扶苏一说，仅出自《李斯列传》所载赵高之语。其与胡亥密谋时，云：

> 上崩，无诏封王诸子而独赐长子书。长子至，即立为皇帝。[2]

所谓立长仅是宗法理论而已，在实践中并不被完全遵循，子楚即以中子而成为秦王，赵高的这一推论显然并无说服力[3]。更重要的是，据《李斯列传》前文所载，此书乃赵高奉命手书，其间内容赵高完全明了，若其中真有立扶苏为太子的内容，赵高自当明言始皇已立扶苏，何需发此推测之语？

而到了与李斯密谋时，又云：

> 上崩，赐长子书，与丧会咸阳而立为嗣。[4]

"与丧会咸阳而立为嗣"与"与丧会咸阳而葬"前六字皆同，显系同源，却多了"立为嗣"这一内容。显然，"立为嗣"比"与丧会咸阳而葬"要关键得多，前文正式节录始皇书时，竟只节录了一句无关紧要的"与丧会咸阳而葬"，而半字不提立嗣事，非得借赵高之口言之，是何道理？况皇帝临终遗命，自当向多名重臣口授，然竟只有赵高一人知晓，连丞相李斯尚须赵高转达，亦殊不合情理。且此书既为遗书，即当云"立为嗣而与丧会咸阳"，岂有到了咸阳再立嗣的道理[5]？由"与丧会咸阳而葬"一变为"长子至，即立为皇帝"，再变为"与丧会咸阳而立为嗣"，原始概念就这样被偷换了[6]。

综合上述种种疑点，个人以为，扶苏并非秦始皇的法定继承人，其遇害是因为统重兵在外而遭胡亥猜忌，与夺位并无关系。

（二）二世是否为赵高、李斯所擅立

赵高、李斯密谋擅立胡亥一事，《李斯列传》所载颇详，然其间疑点亦颇多。

1. 行文问题

在赵高劝李斯的言谈中，至少有两处不合理的地方。

一是赵高在劝诱李斯立胡亥时问的五句"孰与蒙恬"：

〔1〕《史记》卷八十七《李斯列传》，第2548页。
〔2〕《史记》卷八十七《李斯列传》，第2548页。
〔3〕关于秦国君主的继承制度，林剑鸣先生已作了较为详细的统计，指出嫡长子继承制并未在秦国形成定制。雷依群先生亦据此对始皇欲立扶苏一事表示了怀疑。参见林剑鸣《秦史稿》，上海人民出版社，1981年版；雷依群《论扶苏不得立为太子》，《咸阳师范学院学报》2014年第5期。
〔4〕《史记》卷八十七《李斯列传》，第2549页。
〔5〕事实上，后来胡亥被立为太子即发生在返程途中，而非返回咸阳以后。见《史记》卷六《秦始皇本纪》，第264页。
〔6〕李开元先生在辨伪坑儒一事时曾指出，侯生、卢生本是方士，结果到了秦始皇口中，先变成"文学方术士"，再变为"诸生"，进而在扶苏口中又变成了"诵法孔子"的儒生，显然是在蓄意偷换概念。上文所论赐扶苏书一事之偷换手法与此极类，赵高的那句"与丧会咸阳而立为嗣"和扶苏回护儒生的那句"诸生皆诵法孔子"其说明用意更是异曲同工。参见李开元《焚书坑儒的真伪虚实——半桩伪造的历史》，《史学集刊》2010年第6期。此外，孙文礼亦认为所谓"赐公子扶苏书"不成立。参见孙文礼《秦始皇"赐公子扶苏书"考》，《秦文化论丛》第十一辑，三秦出版社，2004年版。

君侯自料能孰与蒙恬？功高孰与蒙恬？谋远不失孰与蒙恬？无怨于天下孰与蒙恬？长子旧而信之孰与蒙恬？[1]

上述五条中，除后两条或可勉强成立外，前三条所谓的"能""功高""谋远不失"问得实在是不知所谓。这三个设问中，分明流露出来对李斯才华的鄙视。然而司马迁明确宣称"能明其画，因时推秦，遂得意于海内，斯为谋首"[2]，面对这样的功绩，赵高焉能以此设问？

二是赵高利诱李斯时，曾有这么一句话：

君听臣之计，即长有封侯，世世称孤，必有乔松之寿，孔、墨之智。[3]

"必有……孔、墨之智"实在是不知所谓，以致有学者认为这里当有脱漏。但"孔、墨之智"实与上句"乔松之寿"对仗，不当存在脱漏。这里想表达的当是"识时务者为俊杰"的意思，由于一味追求形式整齐，以致产生了如此不伦不类的说法。这样的文才恐怕很难和司马迁划上等号。

2. 情理问题

第一，关于二世篡位或擅立一事，秦末汉初人皆未提及。如陈胜谋划起义，却根本无视这一绝好的宣传材料。如贾谊《过秦论》言秦之过失甚多，却亦不言二世篡位。北大藏西汉竹简《赵正书》更云：

昔者，秦王赵正出游天下，还至柏人而病，病笃……丞相臣斯、御史臣去疾昧死顿首言曰："今道远而诏期群臣，恐大臣之有谋，请立子胡亥为代后。"王曰可。[4]

此书记载秦始皇采纳李斯、冯去疾的建议，亲自册立胡亥，完全颠覆了《史记》的记载。整理者认为，北大藏西汉竹简的抄写年代大多在汉武帝时期[5]，与《史记》基本同时。关于《赵正书》的性质，学界尚存在争议，在其全文公布以前，或难对此记载全盘采信，然而值得重视的是，如整理者所言，本书称秦王而不称"皇帝"，显然作者持反秦立场，并不以秦为正统。在此立场下，作者尚不采用胡亥篡位之说，足可见在西汉中期以前胡亥篡位之说绝非主流。

第二，《李斯列传》所载沙丘之谋颇详，却对留守京城的右丞相冯去疾不及一字。另一位重臣冯劫亦未被提到。

第三，好文者往往热衷于评论赵高与胡亥、李斯之间密谋的文辞，但治史者当知，这种涉及篡位的阴谋断无把细节流布于外间的道理。即使我们相信二世为擅立，亦绝不能将这几段洋洋洒洒的言辞当信史看待。

第四，徐志斌《秦二世胡亥夺位说质疑》指出，按《李斯列传》，李斯与始皇为姻亲，始皇皇子中当多有其婿，如果李斯真要擅立皇子，当立其女婿，而非胡亥[6]。

---

〔1〕《史记》卷八十七《李斯列传》，第2549页。

〔2〕《史记》卷一百三十《太史公自序》，第3315页。

〔3〕《史记》卷八十七《李斯列传》，第2550页。

〔4〕赵化成：《北大藏西汉竹书〈赵正书〉简说》，《文物》2011年第6期。

〔5〕北京大学出土文献研究所：《北京大学藏西汉竹书概说》，《文物》2011年第6期。

〔6〕参见徐志斌《秦二世胡亥夺位说质疑》，司马迁与《史记》学术研讨会会议手册，2007年8月。

3. 始皇之意向

关于始皇带胡亥东巡一事，《李斯列传》是这样记载的：

> 少子胡亥爱，请从，上许之。[1]

依此，似乎仅仅是始皇带喜欢的小儿子出游而已。但我们应该注意，胡亥这个时候已年满二十，是个成年人了。难道始皇带着一个成年的儿子出巡，仅仅是为了让他去游玩吗？李开元《秦始皇的秘密》推测秦始皇带胡亥出游是为了训练政务，观察其能力[2]，应该说这才是一个合理的解释。

之所以我们把始皇带胡亥出游视作带小孩子游玩，一定程度上是因为胡亥"少子"的身份。一般认为，他是始皇最小的儿子。但事实上，这一说法是有争议的。《李斯列传》集解明载：

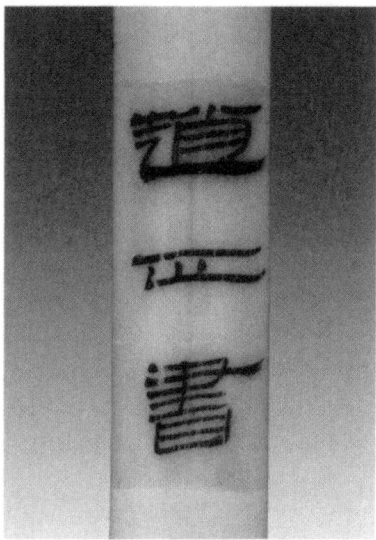

图1　北大藏西汉竹简《赵正书》

> 辩士隐姓名，遗秦将章邯书曰"李斯为秦王死，废十七兄而立今王"也。然则二世是秦始皇第十八子。此书在善文中[3]

"始皇有二十余子"[4]，按此，二世并非始皇最小的儿子。事实上，始皇生二世时不过三十岁左右，正当壮年，若说其就此丧失了生殖能力，未免让人难以置信。参看一下吕不韦邯郸献姬、嫪毐阴关桐轮之类的流言，若始皇真有此隐疾，民间恐怕是少不了类似的编排的。

实际上，《陈涉世家》载陈胜语云："吾闻二世少子也。"[5]一个"闻"字已把"少子"说的源头标得清清楚楚了。所谓"少子"一说很可能源自民间谣传，民间但知扶苏、胡亥，故一长一少分言之耳。

如果二世并非少子，那么他随始皇东巡就更不能视作是游玩了。若仅仅是爱幸幼子，带孩子出来玩，理当带更小的小孩子出行才对。始皇带着这么一个成年的中子出巡，很可能他已有了立胡亥的打算。

关于这一点，恰如吕思勉先生所指出的[6]，《蒙恬列传》所载蒙毅语言之甚明：

> 以臣不知太子之能，则太子独从，周旋天下，去诸公子绝远，臣无所疑矣。夫先主之举用太子，数年之积也，臣乃何言之敢谏，何虑之敢谋！[7]

此外，《新序》中亦云：

> 秦二世胡亥之为公子也……胡亥下皆视群臣，陈履状善者，因行践败而去。诸

〔1〕《史记》卷八十七《李斯列传》，第2547页。
〔2〕李开元：《秦始皇的秘密》第四案《秦始皇的后宫谜团》，中华书局，2009年版。
〔3〕《史记》卷八十七《李斯列传》裴骃集解，第2548页。
〔4〕同上书，第2547页。
〔5〕《史记》卷四十八《陈涉世家》，第1950页。
〔6〕参吕思勉：《秦汉史》第二章《秦代事迹》，第20页。
〔7〕《史记》卷八十八《蒙恬列传》，第2568页。

子闻见之者，莫不太息。[1]

若胡亥仅为普通公子，又是最小的儿子，其众兄长或当阻止，或当指责，或当一笑置之，何至于叹息？无论该记载是否真实，其产生背景已足证明蒙毅所谓胡亥"去诸公子绝远"并非虚言[2]。

总之，沙丘之谋一事疑点甚多，个人以为至少应以存疑的态度视之。按，近年发现之秦汉简牍多有否定沙丘之谋一事者，除上引《赵正书》外，益阳兔子山遗址出土的秦二世元年文告亦云"朕奉遗诏"[3]。单就此文字本身而论，或可视为欲盖弥彰之官方辞令，然而结合上文所列的诸多疑点，或许此文告所述方系当日之史实。

图2 秦二世元年琅邪台刻石摹本

二 二世引韩非语一事系仇视法家者捏造

《史记·秦始皇本纪》云：

> 右丞相去疾、左丞相斯、将军冯劫进谏曰："……"二世曰："吾闻之韩子曰：'尧舜采椽不刮，茅茨不翦，饭土塯，啜土形，虽监门之养，不觳于此。禹凿龙门，通大夏，决河亭水，放之海，身自持筑臿，胫毋毛，臣虏之劳不烈于此矣。'凡所为贵有天下者，得肆意极欲，主重明法，下不敢为非，以制御海内矣。夫虞、夏之主，贵为天子，亲处穷苦之实，以徇百姓，尚何于法？朕尊万乘，毋其实，吾欲造千乘之驾，万乘之属，充吾号名。且先帝起诸侯，兼天下，天下已定，外攘四夷以安边竟，作宫室以章得意，而君观先帝功业有绪。今朕即位二年之间，群盗并起，君不能禁，又欲罢先帝之所为，是上毋以报先帝，次不为朕尽忠力，何以在位？"下去疾、斯、劫吏，案责他罪。[4]

---

〔1〕《新序》卷五《杂事五》，李华年译注《新序全译》本，贵州人民出版社，1994年版，第178页。

〔2〕雷依群先生亦认为，扶苏与秦始皇在治国理念方面分歧巨大，绝非始皇中意的继承人。参见雷依群《论扶苏不得立为太子》。

〔3〕湖南省文物考古研究所：《二十年风云激荡，两千年沉寂后显真容》，《中国文物报》2013年12月6日第6版。

〔4〕《史记》卷六《秦始皇本纪》，第271~272页。

《李斯列传》云:

> 而二世责问李斯曰:"吾有私议而有所闻于韩子也,曰'尧之有天下也,堂高三尺,采椽不斫,茅茨不翦,虽逆旅之宿不勤于此矣。冬日鹿裘,夏日葛衣,粢粝之食,藜藿之羹,饭土匦,啜土铏,虽监门之养不觳于此矣。禹凿龙门,通大夏,疏九河,曲九防,决渟水致之海,而股无胈,胫无毛,手足胼胝,面目黎黑,遂以死于外,葬于会稽,臣虏之劳不烈于此矣'。然则夫所贵于有天下者,岂欲苦形劳神,身处逆旅之宿,口食监门之养,手持臣虏之作哉?此不肖人之所勉也,非贤者之所务也。彼贤人之有天下也,专用天下适己而已矣,此所贵于有天下也。夫所谓贤人者,必能安天下而治万民,今身且不能利,将恶能治天下哉!故吾愿赐志广欲,长享天下而无害,为之奈何?"[1]

按照《李斯列传》的记载,李斯遭到责问后立刻呈上诱导君主享乐的"督责之书",二世读后"悦"。可以看到,无论是二世的责语还是李斯的"督责之书",无不称引韩非之言,从《韩非子》中为君主行乐寻找借口。

然而,如拙作《李斯"督责之书"系伪作辨》所论,"督责之书"绝非李斯所作,而这两段责语,亦多有不合理处。吕思勉先生曾对此记载提出强烈质疑:"世有立功而必师古者矣,有图行乐而必依据师说者乎?"[2]此判断堪称一语中的。惑于这几段记载的学者关注点往往集中于法家"正明法,陈严刑"[3]的理论与秦廷政治的相合处,却忽视了这几段记载的核心并不在严刑峻法上,而在纵容君主享乐这一点上。

事实上,虽然法家并不重道德说教,但亦从不鼓励君主享乐,所谓"专用天下适己""荒肆""恣睢"等无耻的目的从未在法家经典中被宣扬过,相反,在《韩非子》中多处遭到了明确反对:

> 贵夫人,爱孺子,便僻好色,此人主之所惑也。[4]

> 夫香美脆味,厚酒肥肉,甘口而病形;曼理皓齿,说情而捐精。故去甚去泰,身乃无害。[5]

> 耽于女乐,不顾国政,则亡国之祸也。[6]

> 好宫室台榭陂池,事车服器玩好,罢露百姓,煎靡货财者,可亡也。[7]

> 有道之君,外希用甲兵,而内禁淫奢。[8]

> 常酒者,天子失天下,匹夫失其身。[9]

法家对荒淫国政的态度如何,于此已可见。至于秦二世的这两段所谓的责语,其实

---

[1] 《史记》卷八十七《李斯列传》,第2553~2554页。

[2] 吕思勉:《秦汉史》第二章《秦代事迹》,第22页。

[3] 《韩非子》卷四之《奸劫弑臣第十四》,《韩非子集解》本,(清)王先慎撰,钟哲点校,中华书局,1998年版,第102页。

[4] 《韩非子》卷二之《八奸第九》,第53页。

[5] 《韩非子》卷二之《扬权第八》,第43~44页。

[6] 《韩非子》卷三《十过第十》,第59页。

[7] 《韩非子》卷五之《亡征第十五》,第109页。

[8] 《韩非子》卷六《解老第二十》,第144页。

[9] 《韩非子》卷七之《说林上第二十二》,第176页。

是用断章取义的方法剪裁出的诬陷之言。

这两段话实际上是对《韩非子·五蠹》里的这段话不同形式的节选：

> 尧之王天下也，茅茨不剪，采椽不斫；粝粢之食，藜藿之羹；冬日麑裘，夏日葛衣；虽监门之服养，不亏于此矣。禹之王天下也，身执耒臿以为民先，股无胈，胫不生毛，虽臣虏之劳，不苦于此矣。以是言之，夫古之让天子者，是去监门之养，而离臣虏之劳也，古传天下而不足多也。今之县令，一日身死，子孙累世絜驾，故人重之。是以人之于让也，轻辞古之天子，难去今之县令者，薄厚之实异也。[1]

韩非以尧和禹为例，无非是认为古人让天子仅是因为利薄，并不比今人高尚，反驳儒家厚古薄今的言论而已。而在这段责语中，居然被掐头去尾，作为淫乐的理由出现，作者之用心不是显然的吗？

此外，依纪传体例，同一事件在两卷中分别出现时当各有详略侧重，《秦始皇本纪》里的这段话几乎是重复照搬《李斯列传》，同样是不合理的。

更重要的是，二世的这两段话实在是典型的不知所云。所引的韩非的这段话，与上下文没有任何关系，除了给韩非抹黑之外，别无他用。尤其是《李斯列传》里，二世所言全部集中在抒发自己倾心淫乐的强烈感情。姑不论是否有人会公开大肆宣扬这种无耻的目的，单说这些不知所云的言辞里哪里有"责问"的内容？所谓二世"责问"李斯从何谈起？

可知这两段"韩子曰"与"督责之书"一样，当系后人窜入。这几个记载前后关联，同把秦廷罪犯韩非尊为"韩子"，且二世责语中"亲处穷苦之实，以徇百姓""专用天下适己"等语与"督责之书"中"徇人者贱""专以天下自适"等语思想倾向、用词风格皆同，当是同一人所为，用意全在抹黑法家。

就窜乱细节而言，个人以为，《李斯列传》的这段话完全是凭空插入；《秦始皇本纪》里的这段话则是插到了正式责语之前，由"吾闻之韩子曰"至"充吾号名"为窜入，后面的"且"字亦是为了连接窜入部分而添加的。

三　秦二世的形象与历史真实

按照《史记》相关纪传，尤其是《李斯列传》的记载，秦二世极度贪图享受、愚蠢痴呆而又暴戾阴狠，称得上千古第一昏君。然而，这一系列描写实多有捏造丑化之处。

1. 只知享乐

按《李斯列传》记载，二世杀诸公子之前，和赵高有如下的对话：

> 二世燕居，乃召高与谋事，谓曰："夫人生居世间也，譬犹骋六骥过决隙也。吾既已临天下矣，欲悉耳目之所好，穷心志之所乐，以安宗庙而乐万姓，长有天

---

〔1〕《韩非子》卷十九之《五蠹第四十九》，第443~444页。

下，终吾年寿，其道可乎？”高曰："此贤主之所能行也，而昏乱主之所禁也……"[1]

赤裸裸地宣称"欲悉耳目之所好，穷心志之所乐"，即前之桀纣，后之桓灵，亦远不至如此。类似的，前面所论的"督责之书"、二世引"韩子曰"之责语，亦无不表现了二世的荒淫。假使这些记载均为真实，二世真称得上当之无愧的千古第一昏君了。

然而，如前所述，"督责之书"必为伪造，二世所引的"韩子曰"亦不可信。至于上面所引的这段话，同样难以置信。这几段记载具有同一个特征，即二世完全以"贪图享受"为荣，毫不顾忌的宣扬自己的这一无耻目的。这显然是谬于常理的——暴君昏君本当文过饰非，绝不会如此直白地表达出来。同样，赵高那句赤裸裸颠倒黑白的谄媚语也未免太不高明了。

而且，上面所引的这段话是二世"燕居"时与赵高的密谋，退一步来讲，即令二世确实说出了这种无耻的话，又怎会被记录下来呢？

2. 愚蠢痴呆

在李斯上"督责之书"的记载中，已经折射出作伪者对二世智力水平的藐视。这一点在《李斯列传》中所载的"指鹿为马"一事中，显现的更为明显：

> 高自知权重，乃献鹿，谓之马。二世问左右："此乃鹿也?"左右皆曰"马也"。二世惊，自以为惑，乃召太卜，令卦之。[2]

按，"指鹿为马"一事在《秦始皇本纪》中亦有记载，《本纪》中的赵高，是在以开玩笑的形式试探大臣，里面的秦二世尚可被视作是政治敏感度不够。而这段记载，增加了二世"自以为惑"的记载，一下子把二世的智力水平砸入了智障的行列。公认的白痴皇帝晋惠帝不过说了句"何不食肉糜"[3]而已，相较"自以为惑"的秦二世，聪慧何止千倍[4]。

3. 暴戾阴狠

二世即位，听信赵高的蛊惑，将诸公子与众老臣杀戮殆尽。又欣赏李斯"督责之书"，认为"杀人众者为忠臣"[5]。最后，李斯亦被处死。

这一特点应该是相对符合实际的，杀包括李斯在内的众老臣以及扶苏当无疑问，杀诸公子或亦有其事。唯"督责之书"既伪，则所谓"杀人众者为忠臣"的标准亦当是夸大。秦二世元年文告云：

> 天下失始皇帝，皆遽恐悲哀甚，朕奉遗诏，今宗庙吏及箸以明至治大功德者具矣，律令当除定者毕矣。元年与黔首更始，尽为解除流罪，今皆已下矣，朕将自抚天下吏、黔首，其具行事，已分县赋援黔首，毋以细物苛劾县吏，丞布。

---

[1] 《史记》卷八十七《李斯列传》，第 2552 页。

[2] 同上书，第 2562 页。

[3] 《晋书》卷四《孝惠帝纪》，中华书局点校本，1974 年版，第 108 页。

[4] 事实上，自汉代以来，关于二世愚蠢的传说越来越多，分不清马与鹿只是其中之一，其他说法中还有说二世分不清青色与黑色或者黑色与黄色的，其荒谬几无须多论。参见（清）梁玉绳：《史记志疑》卷五《始皇本纪第六》，中华书局，1981 年版，第 186 页。

[5] 《史记》卷八十七《李斯列传》，第 2557 页。

以元年十月甲午下，十一月戊午到守府。[1]

可见，至少在官方辞令上，秦二世并未以刑杀耀世，其公开宣扬的原则是符合仁、义等传统理念的[2]。

综上可知，《李斯列传》对二世形象的塑造并不合常理，尤其在"只知享乐"和"愚蠢痴呆"这两点上，更是被严重捏造和夸大了。二世贪图享受或有其事，但不至于公开宣扬；二世政治才能大约有限，但不至于马、鹿不分，"自以为惑"。

《秦始皇本纪》中虽然也掺入了不可信的内容，但相较《李斯列传》而言，所叙的二世事迹相对可信，被改动的应该较少。

比如，杀大臣及诸公子一事，《秦始皇本纪》载二世的问话是：

大臣不服，官吏尚强，及诸公子必与我争，为之奈何？[3]

虽不失阴戾之气，但基本是一正常人的理性思维，较之《李斯列传》中只知玩乐的二世，要正常得多。

再如，责李斯等人的言辞，虽然也掺入了"韩子曰"之类不可信的言辞，但剥离这部分谬论，后面确实有对李斯等人的责难：

先帝起诸侯，兼天下，天下已定，外攘四夷以安边竟，作宫室以章得意，而君观先帝功业有绪。今朕即位二年之间，群盗并起，君不能禁，又欲罢先帝之所为，是上毋以报先帝，次不为朕尽忠力，何以在位？[4]

较之《李斯列传》中完全不知所云的"责问"，显然要合理得多。

而且，《李斯列传》中描述的二世形象并不统一。"燕居"时用道家语，责李斯时用韩非语。如果说这两点还能用韩非思想与黄老同源解释的话，沙丘之谋时二世俨然一儒家信徒，绝不似一暴戾阴狠之人，又当何解？同样，李斯在沙丘之谋时亦尽儒家语，和建议焚书的上书、"督责之书"尽不同，和后面的狱中叹词倒是有些相似。这些驳杂而冲突的思想亦当是《李斯列传》后半部分遭众手窜乱所致。

此外，关于二世和赵高的关系，显然也是《秦始皇本纪》中的记载更为合理。长期以来，人们囿于《李斯列传》中的记载，认为二世蠢笨愚呆，只知贪图享乐，完全是赵高的傀儡。然而，如果真是这样，在秦廷已风雨飘摇，旦夕不保的情况下，赵高又有什么动机去弑君呢？

关于这件事，《秦始皇本纪》的记载要合理得多：

高恐二世怒，诛及其身，乃谢病不朝见。二世……使使责让高以盗贼事。高惧，乃阴与其婿咸阳令阎乐、其弟赵成谋曰："上不听谏，今事急，欲归祸于吾宗。吾欲易置上，更立公子婴。子婴仁俭，百姓皆载其言。"[5]

陈世《论秦二世不是赵高的傀儡》据此认为，二世尚具有相当的威慑力，并非赵高

---

〔1〕 湖南省文物考古研究所：《二十年风云激荡，两千年沉寂后显真容》。
〔2〕 拙作《李斯"督责之书"系伪作辨》对此问题亦有详论，可看。
〔3〕 《史记》卷六《秦始皇本纪》，第268页。
〔4〕 同上书，第271页。
〔5〕 同上书，第273~274页。

之傀儡[1]，个人完全赞同这一观点。当时二世对朝政应仍有相当的影响，赵高之杀二世，并非野心包天，而是因为实实在在地面临死亡的威胁。其发动望夷之变，不过兔死狐悲，恐重蹈李斯覆辙而已。按此记载，赵高杀胡亥亦未敢计划自立，而是要立子婴，这也是符合现实情况的想法[2]。

综上，可知我们旧有对秦二世的认识有很大的误差。二世确系一暴戾狠毒之人，但"只知享乐""愚蠢痴呆"这两点则系后人夸大。二世以青年即位，对长兄与老臣颇不信任，在杀扶苏之后，又将蒙毅、蒙恬、冯去疾、冯劫、李斯等重臣先后杀害。赵高在其中起的最多是推波助澜、落井下石的作用，而并非处于绝对主导的地位。最后，二世因关东起义事逼问赵高过急，反被铤而走险的赵高发动宫廷政变杀死。

作者单位：中国社会科学院历史研究所

收稿日期：2015 - 4 - 10

---

[1] 陈世：《论秦二世不是赵高的傀儡》，《湖南人文科技学院学报》2006 年第 2 期。

[2] 关于赵高其他相关事迹的考辨，可参考李开元《说赵高不是宦阉——补〈史记·赵高列传〉》，《史学月刊》2007 年第 8 期。

英藏敦煌文书 S. 2199《尼灵惠唯（遗）书》解析

杨宝玉

在存留至今的中古时期的佛教文献中，僧人遗书原件非常罕见，尼僧遗书更是几近于无，因而，英藏敦煌文书 S. 2199 抄存的《尼灵惠唯（遗）书》（图 1）对尼僧史，乃至佛教史研究的价值是其他资料无法替代的。学界对这件文书的认知相当早：向达先生于 1939 年 12 月刊发的《伦敦所藏敦煌卷子经眼目录》[1] 即收录了本件；1958 年日本学者芳村修基等发表的《敦煌佛教史年表》[2] 亦提到它；自 20 世纪 80 年代起，从事唐代奴婢、契约文书、僧尼遗产传承与丧事承办等方面研究的学者纷纷将 S. 2199 取用为自己的研究资料之一[3]。不过，学者们对这件文书的研究均是各取所需，关注的焦点主要是文书中"灵惠只有家生婢子一名威娘"等语，而对本卷隐含的其他信息鲜见探究，对文书本身也没有进行详尽注释。就笔者目前知见，还未见专门针对本件文书进行全方位研究的成果发表。今笔者试作此尝试，不当之处，敬请方家指正。

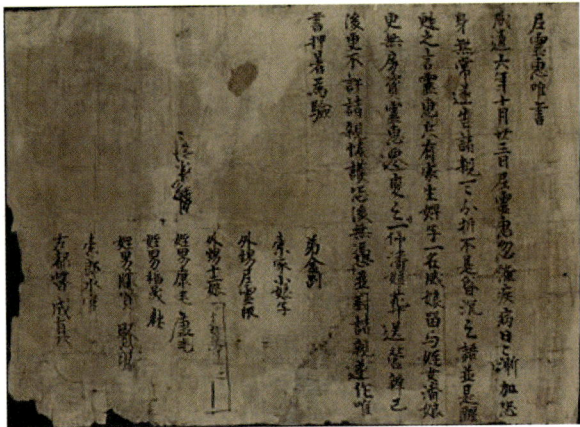

图 1　S. 2199

一　《尼灵惠唯（遗）书》校录

《尼灵惠唯（遗）书》主体部分的字迹工整美观，书写格式也相当规范讲究，为便于后文行文，试先依原卷行款校录全文，并于校记中说明部分文字的特殊书写状况，至于对这些状况的推理分析，将于录文之后集中探讨。

　　1. 尼灵惠唯（遗）书

---

　　〔1〕载《北平图书馆图书季刊》新第 1 卷第 4 期。1936 年 9 月至 1937 年 8 月，向达先生赴伦教查阅敦煌文书，在十分艰难的条件下仅得寓目约 500 件汉文与回鹘文文书，向先生遂编成此简明目录，于各文书编号之下列示文书原题或向先生所作拟题，限于当时条件，对各件文书的描述主要就是所存行数。该目录对本件的全部著录内容即为"二一九九　尼灵惠唯书（一六）"。
　　〔2〕合作者还有土桥秀高、井ノ口泰淳，载《西域文化研究·敦煌佛教资料》，京都法藏馆出版。
　　〔3〕相关论著目录可参见国美编《英藏法藏敦煌遗书研究按号索引》，国家图书馆出版社，2009 年版，第 447～448 页。

2. 咸通六年十月廿三日，尼灵惠忽染疾病，日日渐加，恐
3. 身无常，遂告诸亲，一一分析，不是昏沉之语，并是醒
4. 苏之言。灵惠只有家生婢子一名威娘，留与侄女潘娘。
5. 更无房资。灵惠迁变之日[1]，一仰潘娘葬送营办，已
6. 后更不许诸亲恡护。恐后无凭，并对诸亲，遂作唯（遗）
7. 书，押暑（署）为验。
8. 弟金刚
9. 索家小娘子
10. 外甥尼灵皈
11. 外甥十二娘　十二娘指节[2]
12. 外甥索计计[3]　侄男康毛　康毛[4]
13. 侄男福晟　杜[5]
14. 侄男胜贤　贤胜（胜贤）[6]
15. 索郎水官
16. 左都督　成真[7]

二　《尼灵惠唯（遗）书》内容及其研究价值解析

这件文书虽然只有16行文字，但结构完整，内容具体，史料信息丰富，研究价值颇高。以下分别探讨。

（一）这是目前所知唯一一件保存得非常完整的敦煌尼僧遗书

本件第1行为文题，在这里我们首先需要说明一下录文中校改的“唯（遗）”。以前学界曾多次过录本件，对于此字或仅照录，或照录之后校改，或直接录为“遗”。1986年，李正宇先生发表《敦煌方音止遇二摄混同及其校勘学意义》[8]，指出“止遇二摄有条件的混同，是唐宋时代敦煌方音显著特点之一”。“语言上的混同，带来文字上的混用，所以敦煌遗书中出现许多敦煌特有的同音借字。”在李先生所举50则例证中，用来证明“唯、遗同音，遗误作唯”的，就是本件。李先生的观点为本字的校改提供了十分坚实的音韵学依据，而原卷第6～7行所言“恐后无凭，并对诸亲，遂作唯（遗）书，押署为验”又可从整理古文献时经常采用的本校方法角度提供支撑，并且从全文文意上看，本件文题及正文中的“唯”也都应校改为“遗”。

---

〔1〕 日：补写于行右，字体甚小。
〔2〕 十二娘指节：此五字的字体较文书主体部分略小，墨色也明显浅淡，其上还画有指节押。
〔3〕 外甥索计计：此五字倒书，但墨色浓重，与文书主体部分一致。
〔4〕 康毛：此二字笔迹略异，墨色亦淡。
〔5〕 杜：此字与文书主体部分笔迹迥异，墨色亦淡。
〔6〕 贤胜（胜贤）：最初写为“贤胜”，旁注倒乙符号，故做如此校改。
〔7〕 成真：此二字墨色浅淡。
〔8〕 载《敦煌研究》1986年第4期。

本件第 2 行至第 4 行前 3 字系交代这件遗书的撰作背景。咸通六年，时当公元 865 年。文中称比丘尼灵惠因疾病加重，担心自己会很快死去，遂召集亲眷，留下遗言。无常，即"死"的婉转说法，受佛教教义广泛流传影响，中古时期此词十分常见，如晋法显《佛国记》中即有言"共诸同志游历诸国，而或有还者，或有无常者"，唐段成式《酉阳杂俎续集·支诺皋上》亦谓"贫道已力衰弱，无常将至。君前所求物，聊用为别"。本件中"不是昏沉之语，并是醒苏之言"系谓其时灵惠虽然病重，却并未糊涂迷乱，而是神志清醒，意在申明下文对身后事的安排是出自本人意愿，合情有效，无可怀疑。

本件第 4 行第 4 字至第 6 行前 8 字为遗书的核心内容，涉及僧尼财产的传承和丧事承办等重大问题，将于下文详论，此处先集中解析遗书结构。

本件第 6 行的后半行至第 7 行又是程式化语言，意在说明此遗书是当着诸多亲眷的面立下的，见证人亦署名签押了，可供后人验看。

第 8 至 16 行则详列相关人等，部分人员还有签押，说明是真的到场了，至于被列名而无押署的则有可能没到场，或到而未签。这一部分也隐含着相当多的史料信息，通过对其间人物关系的剖析，可以深化对僧尼与世俗家庭关系的认识，同时也有助于对其他相关敦煌文书的解读，故亦集中于下文探讨。

（二）本件文书保留了古代重要签押方式——指节押的原始样貌

这件文书的第 11 行画有一个图形，其上并用略小字体标注"十二娘指节"（图 2），显然，这是遗书见证人之一——灵惠外甥女十二娘的指节押。

指节押是中国古代押记中的一种，其作用近似于按手印，敦煌文书称这种押记方法为"画指为记"或"画指为验"，如 P.4053《天宝十三载（754 年）龙兴观道士杨神岳便麦契》（图 3）即谓"两共平章，画指为验"。中国古代文化不普及，普通百姓大多不会书写自己的名字，因而这种画押方法十分流行，但因其主要应用于下层社会，传世文献中尚未发现唐五代时期的指节押实例，幸赖敦煌文书为我们保存了原貌。

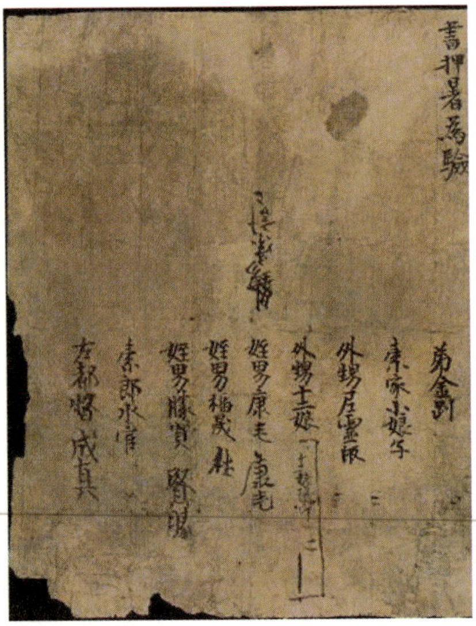

大体说来，今日所见敦煌文书中的指节押有或简或繁的至少 3 种不同画法。通过对大量文书实例的排比分析，笔者认为古时敦煌指节押方式的简与繁并不是无序的，而是呈现出了由简单示意到相对准确的逐渐改进的大致脉络。

相对简单的画法是并不画出手指全长，而只点记中指各节长短，使之呈现距离不等的三点。这种画法大多见于唐前期或吐蕃统治前期的敦煌文书。唐前期，据李正宇先生《敦煌遗书一宗后晋时期敦煌民事诉讼档案》[1] 第 17 个注释揭示，大谷文

图 2　S.2199 局部

〔1〕　载《敦煌研究》2003 年第 2 期。

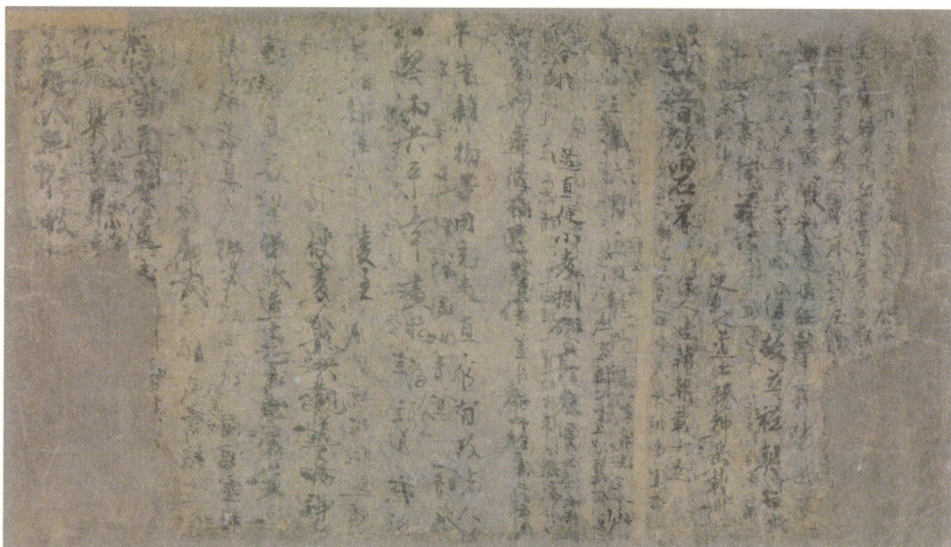

图 3　P.4053

书 3836v《圣历二年（699 年）敦煌县平康乡里正汜素等检校营田牒》即采用了这种画法，上举 P.4053《天宝十三载（754 年）龙兴观道士杨神岳便麦契》在杨神岳名字左侧亦有三点。吐蕃统治时期，S.5820 + S.5826《吐蕃统治时期之未年（803 年）尼明相卖牛契》（图 4）在"牛主尼僧明相年五十一""保人尼僧净胜（？）年十八"中各自年龄的右侧，及"保人王忠敬（？）年十六"年龄的左侧画有三点，而 S.1475 抄存的多件契约（如《吐蕃统治时期之酉年下部落百姓曹茂晟便豆契》《吐蕃统治时期之未年上部落百姓安环清卖地契》《吐蕃统治时期之寅年令狐宠宠卖牛契》等）及俄藏 Дх.1374《吐蕃统治时期游意奴便麦契》等则画于名字或年龄左侧。分析各文书内容可知，后述这些

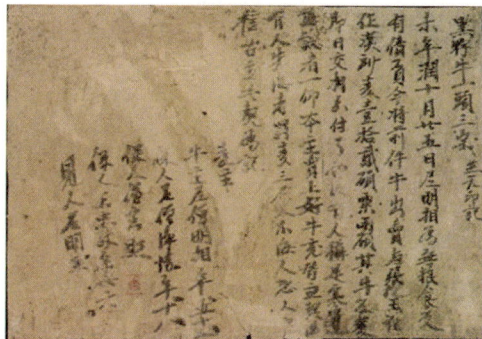

图 4　S.5820 + S.5826

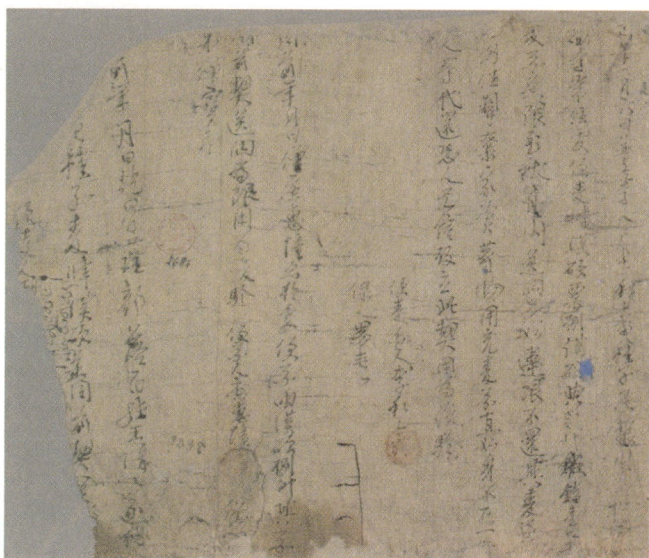

图 5　P.2686

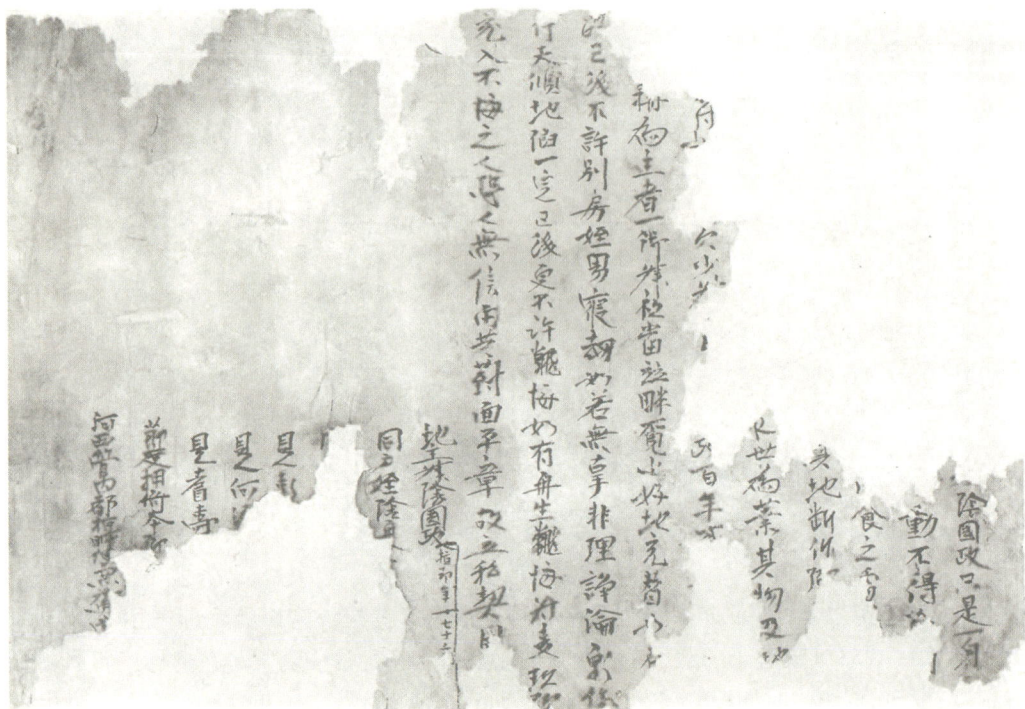

图6　S.2385

画押人均为男性，因而笔者推测，当时的习惯做法一般应是男性画于名字或年龄的左侧，女性则画在右侧。

由于三点式的画法过于粗略，吐蕃统治后期即出现了更易辨识的新画法，即比量标画出男左手女右手某指（一般多是中指）各节的长短及位置，以代替本人签字，备日后验证，如敦煌文书P.2686《巳年（825年或837年）普光寺人户李和

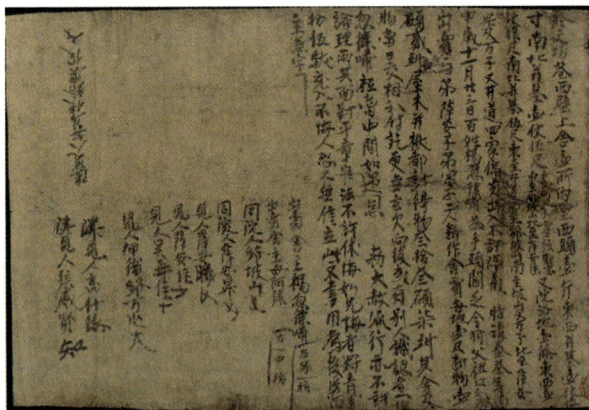

图7　S.1285

和便麦契》（图5）所示即是。那件文书的时代相对早些，后来为更显严谨正式，画指时一般还于其上注一些文字说明，如S.2385《阴国政卖地契》（图6）即在所卖地原主人阴国政的指节押下注"指节。年七十六"。不过，更多的还是注明画记所本，本文重点讨论的S.2199《尼灵惠唯（遗）书》中的"十二娘指节"即属此类。在后来的发展过程中，说明文字更加准确，经常是具体说明第几指，而不再重复人名，如S.1285《后唐清泰三年（936年）丙申岁十一月廿三日杨忽律哺卖宅舍契》（图7）有两人画指为记："出卖舍主杨忽律哺"下注"左头指"，"出卖舍主母阿张"下注"右中指"，系据

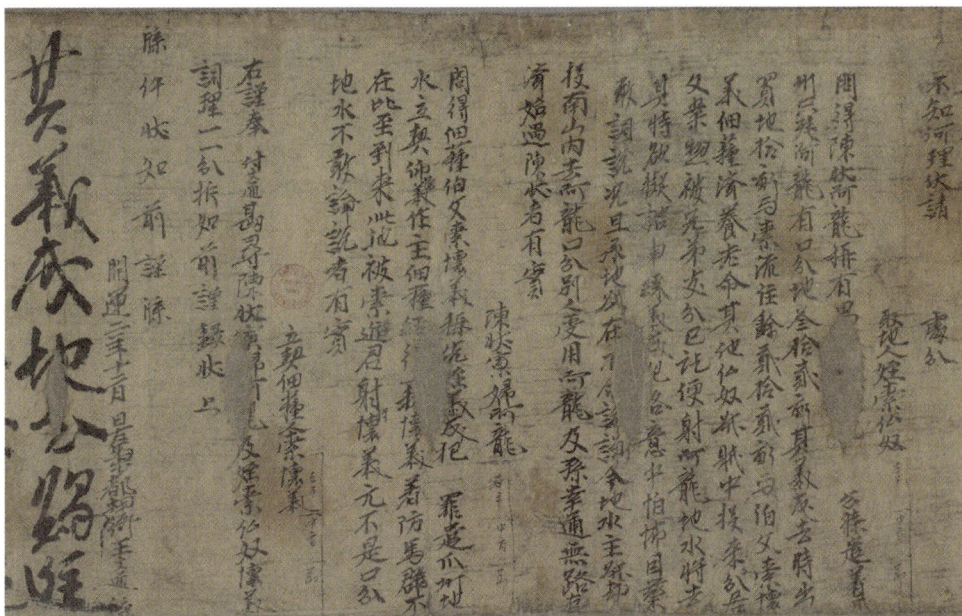

图 8　P. 3257

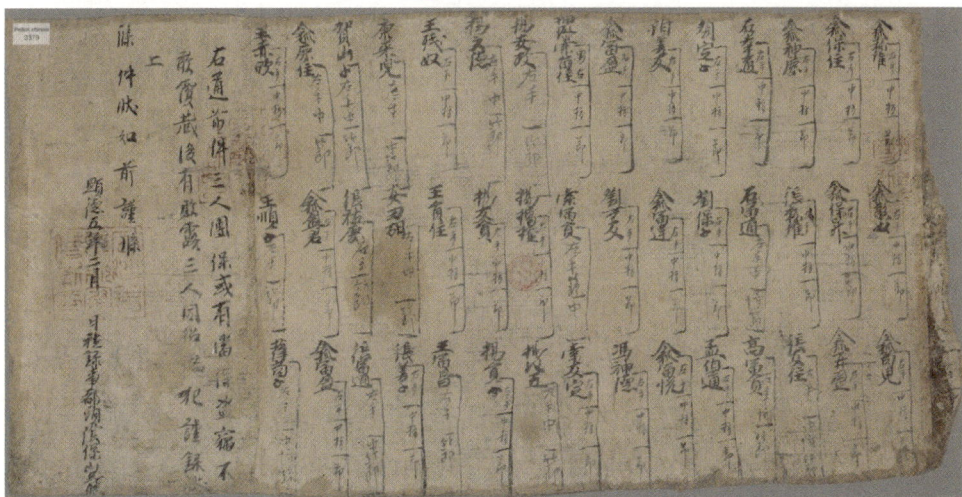

图 9　P. 3379

性别不同而分画的左右手手指。此二人为被交易房舍的原所有人，故很认真地画了指节押，其后列名的见证人则是简单地画个符号或写个"知"表示认可。P. 3257《后晋开运二年（945 年）十二月敦煌寡妇阿龙诉讼案卷》（图 8）中做指节押的也是诉讼案中的重要当事人"取地人佃索佛奴""陈状寡妇阿龙""立契佃种人索怀义"等。可见在当时人的心目中，指节押更为郑重。这种画押方式最为典型的例子还是 P. 3379《后周显德五年（958 年）二月社录事都头阴保山牒》（图 9）。该文书内容系记录并上报所管百姓的三人团保关系，每行各书三人姓名，名下一一描画指节并标注是哪只手哪一指的指节等，有时还说明该人性别。全件文书的书写相当规范，现存之卷首、卷尾及纸张接缝处均钤有朱色官印，显见是正本官文书。因而可以推知，这种画押方法不仅流行于民间，也是受官府认可的。

指节押的更为复杂的画法是画出男左手女右手中指的侧视形状，并勾勒出中指各节位置，P.3223《永安寺法律愿庆与老宿绍建相诤根由责勘状》（图10）是比较典型的例证，"老宿绍建"之下即画其中指侧视图，并注"中指节"字样。这种画法更为清晰直观，当是对指节押的又一次改进，只是目前我们收集到的例证尚少，进一步的分析还需俟诸来日。

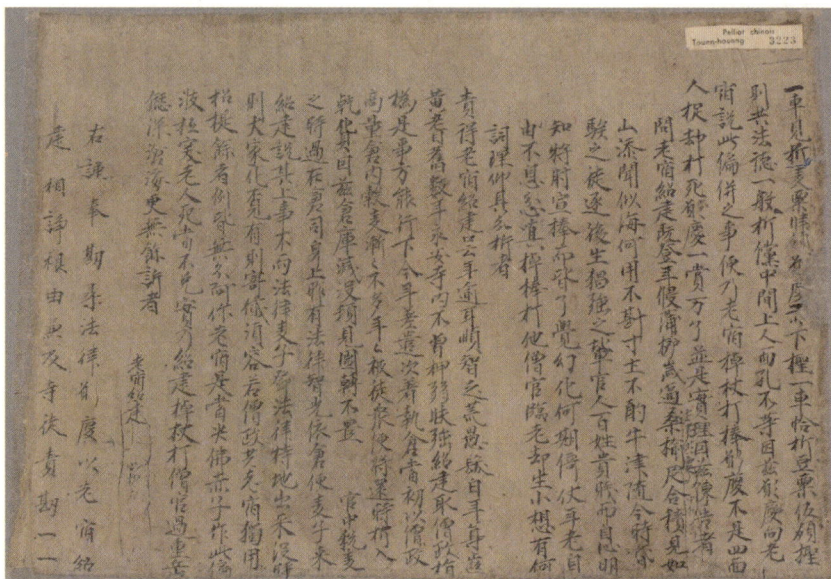

图10　P.3223

从以上讨论可以看出，《尼灵惠唯（遗）书》采用很受当时人重视的指节押形式签押，这可以从一个侧面说明它是一件非常严整规范，从而具有法律效力的实用遗书原本，它向后人展示了一千多年前的唐代遗书类文书的原始样貌，仅其外在特征就具有极高的文献研究价值。

（三）本件中人物关系的比定有助于深入解读相关文书

这件文书中出现了十多个具体人名，关于他们各自与立遗嘱人灵惠的关系，及他们彼此之间的关系，有些于行文中已进行了明确说明，有些则需要我们根据字里行间留下的蛛丝马迹进行推导，从而加深对本件及相关敦煌文书的认知。以下逐一讨论。

文书第8行将"弟金刚"列为见证人之首，其名又见于BD02495（北8444，成96）背《法律德英、法律保宣、僧政愿清、金刚、道成、法律道英唱经得布历》，这一链接的建立对我们加深对两件文书的理解均有裨益：据BD02495可知S.2199中的金刚也是一位出家僧人，而参酌以S.2199所记"咸通六年十月廿三日"，BD02495的大致年代也可推知。

排在第二位的见证人是第9行的"索家小娘子"，关于她的身份，郝春文《唐五代宋初敦煌僧尼的社会生活》认为"索家小娘子列在弟金刚之后，推测应为金刚之妻"[1]。郝先生是书并未言及金刚是否为出家人，目前笔者对金刚之僧人身份的比定已大大减少了郝先生该说的可能性，当然，若考虑到敦煌部分僧人确有家室，该说的可能性似也不能完全排除。不过，笔者更倾向于她是灵惠的姐妹，"索"是其夫家之姓，而非娘家之姓。这涉及对文书中多位人物关系的综合排比。首先，本件第 12 行倒书"外甥索计计"，表明灵惠有一姐妹嫁入了索家，那么用她婚后的"索家小娘子"的社会身份称呼这一姐妹更显郑重，将姐妹的序位置于兄弟之后也合情合理。其次，第 15 行提到了"索郎水官"，这对推断"索家小娘子"的身份也非常重要，下文将集中探讨，此处暂置而不论。

第 10～14 行列举的均是灵惠的晚辈，前三人系灵惠的姐妹——索家小娘子——的子女，其中"灵皈"一名虽又见于浙江省博物馆藏《建中三年（782 年）七月廿三日尼灵皈唯（遗）书》，但余欣《浙敦 065 文书伪卷考》[2] 已考出该卷系抄录《沙州文录补》所收 S. 2199 录文而制成的伪卷，其说可据。"外甥十二娘"后有指节押，表明她当时一定是到场见证了灵惠立遗嘱的过程。至于"外甥索计计"则最值得索隐。笔者推测，拟写遗书时，第 12 行原本仅列举侄男康毛，写成后才发现遗漏了外甥索计计，因本行之前的第 10～11 行列举的是灵惠姐妹的子女，自本行起始序列灵惠的侄子，故只得将索计计补写于康毛之前，并以倒书形式相区别，可见修书人相当仔细。幸而有此补写，千余年后的我们才据以推知索家小娘子，尤其是后面将要谈到的第 15 行"索郎水官"与灵惠等人的关系（详后）。第 12 行后半行起至第 14 行的三人是灵惠兄弟之子，三人名下均有签署，说明他们当时也是现场见证人，其中福晟名下签的与文书主体部分字迹迥异的"杜"字对我们解读诸人关系非常重要，此字无疑是福晟本人的押署，是他的姓，由此可知灵惠、金刚、索家小娘子、灵惠的侄子，以及正文中灵惠的侄女潘娘均姓杜。

第 15 行的"索郎水官"被学界引用得相当多，但受关注的主要是"水官"二字，关于他与卷中其他人物的关系，仅郝春文先生推测认为"索郎水官则应是索家小娘子的兄或弟"[3]。笔者认为，这位索郎更可能是灵惠姐妹——索家小娘子——的夫婿，及灵惠之外甥或外甥女们的父亲，他之所以列名靠后，是因为其前所列诸人均与灵惠有血缘关系，这位水官与灵惠的关系则仅是姻亲。水官是分管诸渠水利的地方官吏，隶属于节度使府衙门下属的水司，而水司的最高长官为都渠泊使[4]。于此，笔者联想到 P. 4986＋P. 4660《前河西节度押衙银青光禄大夫检校国子祭酒兼殿中侍御史勾当沙州要司都渠泊使巨鹿索公故贤妻京兆杜氏邈真赞并序》（图 11）。该邈真赞的赞主母家姓杜，嫁入索家，丈夫是水司官员，与本件遗书中的索家小娘子均相一致。该邈真赞末"于时龙纪二年庚戌二月蕣落柒叶记"表明赞主死于公元 890 年，据赞文中"谓龟鹤之比寿"可知

〔1〕 中国社会科学出版社，1998 年版，第 371 页。
〔2〕 载《敦煌研究》2002 年第 3 期。
〔3〕 前揭郝春文《唐五代宋初敦煌僧尼的社会生活》，第 371 页。
〔4〕 详见冯培红《唐五代敦煌的河渠水利与水司管理机构初探》，载《敦煌学辑刊》1997 年第 2 期。

赞主去世时年岁已长，那么，如果说她就是 S. 2199 中的索家小娘子，在《尼灵惠唯（遗）书》所记咸通六年（865 年）之后的 25 年间，灵惠的这位姐妹渐渐老去，其夫也从水司的低级小吏水官升迁为归义军使府下设的重要部门水司的最高长官都渠泊使，这些推论均是合理的。这样，这两种文书又可以相互印证发明一些问题。比如，以前曾有学者据索郎水官在 S. 2199 上的列名认为水官的职掌包括治理民事，实际上这里列举索郎水官仅仅是因为他是灵惠的姻亲姐夫或妹夫，列举时写上了他的官职而已，而水官的实际职掌不会包括田亩之外的财产继承问题。

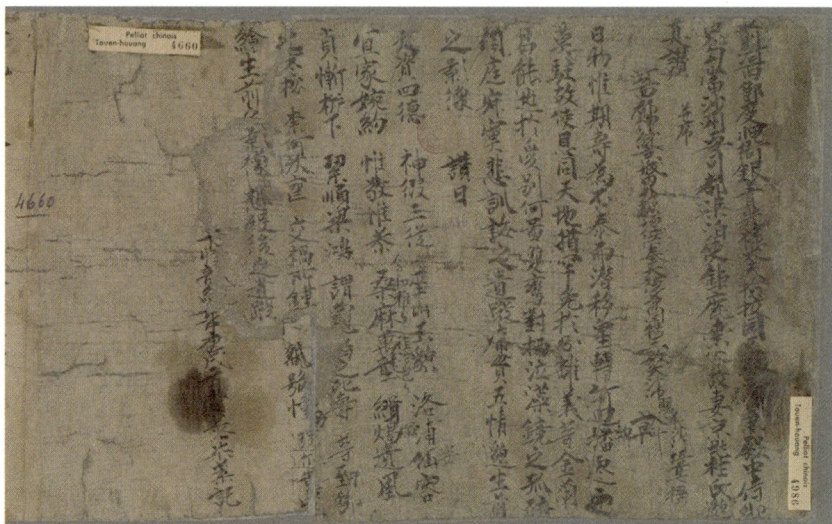

图 11　P. 4986 + P. 4660

本件第 16 行的列举才真正具有官方色彩。据冯培红先生研究，都督是归义军初期官职，职高权重，位在刺史之上，既可统兵征战，又兼判理民事。关于本件，冯培红先生认为"这也是一份遗嘱，由左都督押署判凭，显然是处分之官，使遗嘱具生法律效力。左成真在文书中仅此一见，事迹缺载，其任都督，似无多大政绩军功，地位远逊索琪，可见都督职权下降，仅成为判理民事的执事官"[1]。关于本行中的"成真"，笔者认为并不是最初拟写文书时写就的，而是众人聚集见证时签补的。因为这件文书主体部分的墨色相当浓黑，而画押部分却浅淡得多，第 11 行的"十二娘指节"、第 12 行的"康毛"、第 13 行的"杜"、第 14 行的"贤胜（胜贤）"，及本行的"成真"均是，因而这位左都督当时有可能是到场了。确如冯培红先生所言，"左成真"之名在敦煌文书中仅此一见，不过，P. 2962《张议潮变文》中提到大中十年（856 年）时沙州有一位游弈使名佐承珍，P. 3750《肃州守官与沙州某官书》中记有一位左诚珍。从任职时间与活动情况来看，笔者颇疑此三名实属同一人，而他或许就是 P. 4660《故前伊州刺史改授左威卫将军银青光禄大夫检校太子宾客殿中侍御临淄左公赞》中的左公，至少与其有关。

---

〔1〕 冯培红：《晚唐五代宋初归义军武职军将研究》，载《敦煌归义军史专题研究》，兰州大学出版社，1997 年版，第 130～134 页。

由以上排比可知，这份遗书的见证人和执行人是以立嘱人的世俗家庭成员和亲戚为主，可以说，遗书主要是立给亲眷而非寺院法侣的，这无疑体现了尼僧与世俗家庭关系之密切。

（四）本件可证中古时期的敦煌僧尼可蓄养奴婢，这些奴婢为僧人财产的一部分，临终时可通过嘱授的方式遗赠俗家亲眷，立嘱人可藉此要求继承者为其操办后事

本件第 4 行第 4 字至第 6 行前 8 字所记一直是最受学界关注的部分。在这段文字中，立嘱人灵惠称她只有自俗家带来的婢女一名，叫威娘，打算留给侄女潘娘。家生，唐时奴婢所生的子女须仍在主人家当奴婢，世代为奴，被称为家生。如唐人撰就的《捉季布传文》在描述季布化妆潜逃时即谓"兀发剪头披短褐，假作家生一贱人"[1]。同时，"家生"一词也常被用于"奴婢""婢子""厮儿"等之前构成偏正词组，以说明其后中心词中的奴婢是自家老奴的后代，而非通过买卖等途径得来的，如《庐山远公话》即谓："阿郎不卖，万世绝言；若要卖之，但作家生厮儿卖，即无契券。"[2] 本件亦是后一种用法，说明灵惠出生于比较富足的大户，她所拥有的婢女是从俗家带来的。灵惠出家为尼后仍有奴婢服侍，表明敦煌僧人可以蓄养奴婢。僧尼蓄奴，依佛律原本是不允许的，因为奴婢是佛教所言"八不净物"之一，出家人不得私蓄。但是，随着寺院生活的逐渐世俗化，这种现象在唐五代时期的敦煌却司空见惯，僧人蓄养奴婢的现象尤其多见，如 P.3410《僧崇恩析产遗嘱》中"老僧买得小女子一口"等语，即确凿无疑地表明僧崇恩曾购买婢女。

唐时奴婢是属于私人财产范畴的，现存唐代法典《唐律疏议》有多条对奴婢的财产属性的明确规定[3]，当代学者对此也进行过详细论证，李天石《试论两税法对唐代私奴婢的影响》[4] 即指出："唐代奴婢无论是在法律规定还是在实际生活中，都具有资产的属性。""唐人是把奴婢视作仅次于田产房舍的'重物'的。""无论是从历史的传统来看，还是从唐代社会的实际情况来看，奴婢都具有财产的属性。"既然是财产，其所有者当然有权处置。婢子威娘是灵惠从俗家带来的，遗赠亲眷是灵惠的必然之选。遗嘱历来是财产传承的重要依据，本件遗书遂由此问世。

至于灵惠为何将婢女留给侄女，而不是在一般情况下具有优先继承权的男性亲眷，郝春文先生已分析指出："从签名来看，灵惠尚有一个弟弟，三个侄男，按当时礼法，这些亲属都比侄女更有继承资格。但灵惠偏要把婢子'留与'侄女，说明她与这个侄女的关系非同一般。推测灵惠可能是住在侄女家中，与侄女生活在一起，而弟弟和侄男们与她并无'同活'关系，这样，死后将遗产留给侄女也就理所当然了。"[5] 的确，唐五代时期的敦煌僧尼多有出家而不住寺的风习，灵惠有可能长期与侄女潘娘居住在一起，而遗书中特意说明灵惠并没有房舍等资产，那么她应该就是寄居在潘娘家，故而立遗嘱

---

〔1〕 黄征、张涌泉：《敦煌变文校注》，中华书局，1997 年版，第 94 页。

〔2〕 同上，第 257 页。

〔3〕 详见《唐律疏议》之《名例》《户婚》《贼盗》等部分，岳纯之点校，上海古籍出版社，2013 年版。

〔4〕 载《敦煌学辑刊》1987 年第 1 期。

〔5〕 前揭郝春文《唐后期五代宋初敦煌僧尼的社会生活》，第 84～85 页。

将自己最主要的财产赠与潘娘自然合情合理。

还堪注意的是，灵惠将婢女赠予潘娘也是有条件的，即潘娘应于灵惠去世后为其营办丧事。迁变，亦为"死"的婉词。如何离开这个世界是每个人都会关心的问题，尼僧亦不例外。若依常理，僧尼既已离尘出家，圆寂后当由同门释子为其料理后事，佛门规约（如唐宋时即已盛行的清规）中对此有严格规定。只是敦煌地区佛教世俗化的程度非常高，藏经洞文书揭示的又多是普通甚至下层僧侣的生活状况，我们遂看到了大量与传世典籍不同的记述，且从中可知俗家亲属举办的丧葬活动往往比寺院办理的隆重，因而灵惠的选择不难理解。关于敦煌尼僧的丧葬问题，笔者已搜集整理了十余件相关文书，将于另文集中讨论，兹不赘述。

以上笔者就 S.2199《尼灵惠唯（遗）书》涉及的方方面面进行了探讨。其一，在前贤研究基础上，笔者梳理了敦煌文书中指节押的基本脉络，分析了三种签押方式之间由简单示意到相对准确的逐渐改进的发展演变过程。其二，着力挖掘了文书字里行间隐含的史料信息，通过对该遗书中人物关系的解析，使其与 BD02495，尤其是 P.4986 + P.4660 等号文书之间建立了联系，进而指出灵惠之弟金刚应当也是一位僧人，论证了本件遗书的见证人"索郎水官"和"索家小娘子"很可能就是 P.4986 + P.4660 中的"前河西节度押衙银青光禄大夫检校国子祭酒兼殿中侍御史勾当沙州要司都渠泊使巨鹿索公"和那位索公的"故贤妻京兆杜氏"，亦推测本件另一见证人左成真与敦煌文书中的佐承珍、左诚珍有可能是同一人，这种人物及其文书之间关系的比定自当有益于相关文书史料信息的解读与利用。其三，笔者对《尼灵惠唯（遗）书》折射的尼僧财产的种类、来源、处置方式，及尼僧与世俗家庭亲眷的关系等问题亦进行了探讨。从中可以看出，这件目前所知唯一一件保存得非常完整的敦煌尼僧遗书的史料信息的确十分丰富，不仅真实生动地披露了尼僧临终时的关注焦点与心态情怀，还揭示了当时的社会风尚与佛教世俗化进程中佛教发展史中的诸多问题，相信类似的细致深入的个案解析当可以推进敦煌尼僧史等敦煌学分支学科向纵深发展。

作者单位：中国社会科学院历史研究所
收稿日期：2015 - 5 - 26

北宋雪窦重显生平及德藏《祖英集》研究

纪雪娟

北宋真宗与仁宗两朝，禅宗进入了新的发展阶段。禅宗内部，沩仰宗已从式微到绝传，法眼宗自永明延寿后也从极盛走向衰微，在仁宗朝内法脉断绝。曹洞宗由盛到衰，唯大阳警玄禅师[1]独立支撑。与云门宗可相比较的是临济宗，汾阳善昭禅师名声大震，声势浩大，仁宗天圣年间（1023—1032 年）转向南方发展。而云门宗此时活跃于南方，并开始向北发展。契嵩在《传法正宗记》中记载了禅宗五家在此时期流传情况："正宗至大鉴（慧能）传既广，而学者遂各务其师之说，天下于是异焉，竞自为家。故有沩仰云者，有曹洞云者，有临济云者，有云门云者，有法眼云者，若此不可悉数。而云门、临济、法眼三家之徒，于今尤盛。沩仰已熄，而曹洞者仅存，绵绵然犹大旱之引孤泉，然其盛衰者岂法有强弱也，盖后世相承得人与不得人耳。"[2]云门宗在宋代得以发展壮大得益于"相承得人"，重显作为北宋云门宗关键性人物（图1），积极回应古文运动，广交士大夫，沟通儒释。重显尤善著述，数量颇为可观，是研究宋代"儒释融摄"的重要文本，对于雪窦重显，学界已有一定成果问世[3]，现在此基础之上对重显生平及重要著作《祖英集》做进一步探讨。

图 1 **重显** 佛祖道影线刻图

---

〔1〕 警玄，宋真宗年间为避赵氏始祖"玄朗"而改名为警延。

〔2〕 （宋）契嵩：《传法正宗记》卷八，《大正藏》第 51 册，第 763 页。

〔3〕 重显文集研究成果有阿部肇一《中国禅宗史の研究》，诚信书房，1963 年版，第 210～213 页；椎名宏雄：《〈明觉禅师语录〉诸本の系统》，《驹泽大学佛教学部论集》1995 年第 26 号；杨曾文《雪窦重显及其禅法》，《中国禅学》2002 年第 1 期，第 180～194 页；黄绎勋《雪窦重显禅师生平与雪窦七集之考辨》，《台大佛学研究》2007 年第 14 期，第 77～118 页；赵德坤《指月与话禅——雪窦重显研究》，中国社会科学出版社，2014 年版。笔者撰文时参考众家成果，并在此基础上澄清补充，望方家不吝赐教。

一 雪窦重显的生平稽考

重显为云门宗下三世[1]禅僧，为智门光祚法嗣，因晚年住持雪窦山，故而也被称为"雪窦重显"。日本佛教学者忽滑谷快天在《中国禅学思想史》中，称重显为"禅道烂熟时代的第三人"（第一人为法眼宗的永明延寿，第二人为临济宗的汾阳善昭）。今试图综合重显书信和其他文献，借以分析勾勒重显出家、游方、得法和弘法之完整生平[2]。

重显[3]（980—1052 年），字隐之，遂宁（今四川遂宁市）李氏子，出身豪富之家，世代以儒业相传。重显的出生颇具传奇色彩，太平兴国五年（980 年）佛诞日四月初八生，母亲文氏"始生瞑目若寐，三日既浴，乃豁然而寤"[4]。重显少不食荤血，精锐读书知要，下笔敏速。七岁有僧过门，重显闻梵呗之声，喜不自胜，既恳请出家，父母决意不可，重显绝食以明志。咸平六年（1003 年），重显父母丧，遂诣益州（今四川成都）大慈寺普安院[5]仁铣师，落发为其弟子。依照其戒腊可推算，此时重显已经受具足戒[6]。时益州大慈寺每日皆有讲授经论之活动，重显受具之后，广学经论，且善于辩经，"横经讲席，究理穷玄，诘问锋驰，机辩无敌"[7]。重显在听从僧元莹讲授唐代宗密的《定慧圆觉疏》（全名为《大方广圆觉修多罗了义经略疏》）时，对其中"心本是佛，由念起而漂沉"语句产生质疑，伺夜入室请教元莹大义，如此反复四次，莹不能解，拱手称谢，并称"子非滞教者，吾闻南方有得诸佛清净法眼者，子其从之"[8]。大圣慈寺当时为综合类佛学院，兼容各宗，讲授众多经论，尤其以"藏经大部律僧长讲之数兼列"[9]，如《定慧圆觉疏》即华严宗经典，而元莹发现重显并不满足于凝滞的文论，于是建议他参学禅宗。重显离开四川，东出襄阳（今湖北襄阳），沿汉水北上，出游荆渚间。

重显首先达到郢州（今湖北钟祥）的大阳山明安寺警玄禅师处，在此担任典客。重显曾与几位游方的僧人讨论当年法眼宗文益与赵州和尚的侍者关于"柏树子"公案的宗

〔1〕 关于重显为"大寂·马祖下九世之孙"或是"青原下九世"之争，杨曾文已有详尽叙述，见《宋元禅宗史》，中国社会科学出版社，2006 年版，第 134 页。

〔2〕 重显的生平包含在以下文章中：吕夏卿著《明州雪窦山资圣寺第六祖明觉大师塔铭》《建中靖国续灯录》卷三、《五灯会元》卷十五、惠洪《禅林僧宝传》卷十一《雪窦显禅师》《新续高僧传四集》《补续高僧传》卷七、善卿《祖庭事苑》卷一所附重显生平略传等。

〔3〕 重显，《文献通考》误作"道显"。

〔4〕 （宋）吕夏卿撰：《明州雪窦山资圣寺第六祖明觉大师塔铭》，收入《大正藏》第 47 册，第 712 页。（以下简称《塔铭》）

〔5〕 此大慈寺为益州大圣慈寺，是唐开元以后中国最庞大的讲寺，普安院即为大圣慈寺九十六座分院之一。

〔6〕 重显"俗寿七十三，僧腊五十夏"，显卒于皇祐四年（1052 年），故可以推断他于 1003 年，即咸平六年即已具足戒。

〔7〕 《建中靖国续灯录》卷三《大鉴下第十世智门光祚禅师法嗣》，收入《中华大藏经》第 74 册，第 419 页。

〔8〕 《塔铭》。

〔9〕 （宋）李之纯：《大圣慈寺画记》，收入《成都文类》卷四十五，上海古籍出版社影印文渊阁《四库全书》本（以下简称"《四库全书》"本）。

旨，重显说道"宗门抑扬，那有规辙"。禅僧韩大伯讥笑重显"智眼未正，择法不明"，并诵偈一首"一兔横身当古路，苍鹰一见便生擒。后来猎犬无灵性，空向枯桩旧处寻"[1]。重显称奇，由此二人成为至交。即此后又与禅僧齐岳结伴过江到蕲州黄梅（在今湖北蕲州）五祖山参访云门下二世师戒禅师，因"机语不契"，重显独遣齐岳前往，自己并没有入寺参谒。又北游至复州（今湖北天门市），此时临济下五世谷隐蕴聪（965—1032年）嗣法于首山省念，于景德三年（1006年）在襄州（今湖北襄樊）城外石门山（乾明寺）传法，丛林称为石门聪禅师[2]。重显闻名前来参谒，居留三年，但仍"机缘不谐"，蕴聪认为"此事非思量分别所解"，并建议其去随州（今湖北随州）云门下三世智门光祚禅师处问法。智门光祚是香林澄远的嫡传弟子，惜诸僧传皆无传，《建中靖国续灯录》记："（随州智门光祚禅师）久参香林，大悟心印。出为师表，缁素咸宗。啐啄迅机，应酬飞辩。门下嗣法，悉世宗匠。都尉李侯，奏赐章服。坐灭虽远，道风益扬。法子法孙，愈久愈盛。"[3] 智门光祚早年在随州双泉寺修行，后迁至智门寺、复州（今湖北天门市）崇胜院，并因李都尉奏请赐紫衣。李都尉即真宗时驸马都尉李遵勖，大中祥符年间被召对便殿，与万寿长公主成亲，授左龙武将军、驸马都尉[4]。李遵勖好佛，曾在景祐三年（1036年）编纂《天圣广灯录》，仁宗亲自为其作序，且李遵勖广泛结交僧人，许多高僧因他奏请而得朝廷赐紫。

重显于北塔处参谒光祚禅师，在祚师处顿悟，留五年，尽得其道。重显跟随光祚禅师学法，并无过多记录。《塔铭》记："一夕问祚曰：古人不起一念，云何有过？祚招师前席，师摄衣趋进。祚以佛子击之，师未晓其旨，祚曰：解么？师拟答次。祚又击之，师由是顿悟。"此事说明光祚主张不立文字，以棒喝击打寻求顿悟之说。

重显在这一时期于鼎州（今湖南常德）大龙山炳贤禅师担任知客，在南岳福岩禅师处为藏主，先后参谒了罗汉和尚、庐山罗汉寺法眼宗行林祖印禅师、筠州（今江西高安）大愚守芝及其嗣南岳云峰文悦、舒州（属今安徽）海会寺四面和尚等人[5]。在这些行脚的过程中，都有重显与多人机锋问答的记载。其中居留庐山林禅师道场时，重显问林禅师："法尔不尔，云何指南？"林禅师重复答曰："只为法尔不尔。"重显遂"拂袖而去"，众人皆震惊。然行林禅师却道："此如来广大三昧也，非汝等辈以取舍心可了别也。"由是重显声名渐传于丛林[6]。后重显南游庐山栖贤寺参谒法眼宗僧澄湜，见澄湜简严且少接纳，于是以《狮子峰》为题写诗讥讽之，曰："踞地盘空势未休，爪牙安肯混常流，天教生在千峰上，不得云擎也出头。"[7]

重显后往池州（今安徽池州市）景德寺担任首座，为众讲解僧肇的《般若无知

〔1〕（宋）惠洪：《禅林僧宝传》卷十一，《四库全书》本。

〔2〕冯学成《云门宗史话》记石门聪禅师为"鄂州（今湖北武昌）大阳慧坚禅师的法嗣，汾阳善昭禅师门下高足"，此处误也。蕴聪禅师曾拜谒大阳山警玄禅师，但于首山省念处开悟，与汾阳善昭同为省念弟子。

〔3〕《建中靖国续灯录》卷二，第414页。

〔4〕《宋史》卷四六四《李遵勖传》，中华书局，1977年版，第13568页。

〔5〕（明）瞿汝稷辑：《指月录》卷二十三，清乾隆明尊堂刻本。

〔6〕《塔铭》。

〔7〕《禅林僧宝传》卷十一《雪窦显禅师》。

论》，并在此结交了儒士曾会。曾会幼时曾与重显居于一处，端拱二年（989 年）进士及第，天禧年间（1017—1021 年）年间担任池州知州。曾引《中庸》《大学》，参以《楞严经》，与禅宗相似的语句询问重显，重显认为禅宗与"教乘"尚且不一致，更何况《大学》《中庸》，并弹指一下曰："但恁么荐取！"曾会立即省悟。重显于景德寺期间，他问住持慧日和尚："明知生不生相为生之所流，即不问；颇有不知生不生相为生之所流，也无？"慧日和尚回答道："还见两畔僧么？"责怪重显"上座问底话甚奇怪"并以"住持事繁"为由终结了此讨论[1]。"生不生相"出自《师子吼了义经》，经中文殊师问庵提遮问题，据黄绎勋解释为阐明"生以不生生为义"的道理，以及见生性者与不见生性者处于世的差别。重显有所领悟，欲与慧日和尚多加讨论，然慧日和尚并不能很好地讲解此问题，重显准备离开池州景德寺南游杭州、钱塘，登天台、雁荡山。曾会建议去杭州灵隐寺，此时住持延珊禅师（法眼下四世）为曾会故交，曾会以书荐显，重显至灵隐寺并未出示曾会的推荐书，而是隐名作为一名普通僧人修持三年。后曾会奉使浙西，入寺拜谒，重显才出示举荐书，珊禅师由是称奇。

苏州吴江太湖有岛名洞庭山（今西湖庭山），有座翠峰禅寺住持之位虚席，经曾会和延珊禅师推荐，乾兴元年（1022 年）吴江翠峰僧众作《苏州在城檀越请住翠峰疏》迎请重显前往担任住持，重显作《赴翠峰请别灵隐禅师》一诗请别。翠峰寺是重显第一座正式住持的禅寺。重显在翠峰时，举唱清越，《颂古百则》即做于此时。由此翠峰寺名声大震。宋仁宗天圣初年（1023 年），曾会出知明州（今浙江宁波），派专使携《明州军州官请住雪窦疏》请重显住持雪窦资圣寺。吴江僧众固留不可，作《苏州僧正并诸名员疏》，与明州专使发生争执，重显升座告知众人"僧家也无固无必，住则孤鹤冷翘松顶，去则片云忽过人间，应非彼此殊源，动静乖趣"，并表示曾会"星驰介使，辎重俄临"，且"佛法委自王臣兼住持"[2]。后翠峰僧众同意重显至雪窦资圣寺，重显作《送僧》，以显惜别之情。重显遂至雪窦资圣寺任住持，路途中经过苏州万寿寺、秀州（今嘉兴市）嘉禾寺、杭州灵隐寺、越州（今绍兴市）承天寺，每到一处，皆礼遇甚隆，诸院长老都请重显升堂讲法。这些说法的内容由弟子收编入《雪窦和尚住洞庭语录》和《明州雪窦明觉大师开堂录》中。

雪窦寺在今天浙江省奉化市（图2），原为宋初法眼宗僧人、《宗镜录》作者延寿创立的寺院。重显到达雪窦寺后，重整修行及生活规范，时而与僧众入城缘化，"宗风大振，天下龙蟠凤逸，衲子争集，号云门中兴"[3]，在此期间，重显著《瀑泉集》[4]。重显担任雪窦资圣寺住持期间，继续与曾会交往频繁，曾与其讨论唐代赵州和尚"勘破婆子"的公案。重显一日入城化缘，想至州府拜见曾会，看门人以公文规定"止绝僧道投刺"为理由将其阻拦，重显做偈送曾会。偈曰："碧落烟凝雪乍晴，住山情绪寄重城，使君道在未相见，空恋甘棠影里行。"后曾会回偈曰："劳劳世务逐浮沉，一性澄明亘古

---

〔1〕 （宋）善卿：《祖庭事苑》卷四《雪窦拾遗》，《卍新纂续藏经》第 64 册，第 375 页。

〔2〕 《明觉禅师语录》卷一，《住明州雪窦禅寺语》，《大正藏》第 47 册，第 674 页上。

〔3〕 《佛祖历代通载》卷十八，《大正藏》第 49 册，第 666 页。

〔4〕 据《瀑泉集》小序编于宋仁宗天圣八年。

图 2　雪窦寺

今，目击道存无阻隔，何须见面始知心。"此后曾会破例派人请重显相见，问道："道存无阻，因甚入来不得？"[1] 曾会离任赴越州新职，重显一直陪送至越州，并逗留数日。重显与曾会的交往，对其后传法弘法帮助甚大。

明道元年（1032 年）重显作《拈古集》[2]，驸马都尉李遵勖奏请仁宗表赐紫方袍，皇祐中贾昌朝奏请敕赐"明觉大师"之号。重显得到敕授师号后，集僧上堂说法："道无不在，谁云间然。故天有道以轻清，地有道以肃静，谷有道以盈满，君有道以敷化。故我今上皇帝，金轮统御，睿泽滂流，草木禽鱼，无远不及，岩野抱疾之士，俄乘宠光。此生他生，无以云报。贤守司封，高扶尧舜，下视龚黄，龚（袭）千载之雅风，锁万邦之春色。仁当明诏，别振休声，贰车屯田，诸厅朝宰，不敢饰辞褒赞。仲尼言云：吾祷久矣。"[3] 这段话不仅引经据典，且最后竟然引用了孔子的"吾祷久矣"，不仅表达出了自己得到敕授师号后的激动感恩之情，并且同时巧妙地将自己比附孔子，这样儒者也无法批评他的入世思想。宝元元年（1038 年）重显作《颂古集》[4]，他选录了唐宋丛林间流传的语录一百则，在有的语录后面加上评论性的语句即"著语"，每则语录结尾之处加"总结"两字，后针对此则语录作偈颂。

正如重显传奇的出生经历，他预知了自己圆寂之日。宋仁宗皇祐四年（1052 年），重显命"门弟子建寿塔于寺之西南五百余步，一日命侍者洒扫塔亭。行至山椒，历览久之，曰：'自今过此，何日复至'，左右僧徒皆大惊"。重显至塔前，总结自己的一生道：

---

〔1〕《嘉泰普灯录》卷二十二《修撰曾会居士》，《中华大藏经》第 75 册，第 184 页。
〔2〕据允诚、思恭后序，见四部丛刊本《拈古集》后序。
〔3〕《明觉禅师语录》卷一，第 673 页。
〔4〕据五山版《雪窦显和尚明觉大师颂古集》昙玉序，收入《禅学典籍丛刊》第 2 卷。

"吾平生患语之多矣。"翌日出杖屦衣钵，散遣其众，六月十日寂灭，俗寿七十三，僧腊五十，如重显所约，七月初六入塔[1]。虽然在《明觉大师塔铭》中重显并未留下示寂偈，善卿于《祖庭事苑》中记重显"不遗嘱，亦不说偈"，但在《雪窦拾遗》中却保留了《示寂偈》，内容为："白云本无羁，明月照寰宇。吾今七十三，天地谁为侣。"善卿以为吕惠卿《塔铭》所言"无颂辞"误也，故而判断此颂文"颇类雪窦之作"，收录于《雪窦拾遗》中，而此示寂偈是否真为雪窦所作，现不得而知。

重显住持雪窦资圣寺二十九年，弟子一百五十人，其中以在越州天衣寺传法的义怀禅师最为著名。

二 德藏重显《祖英集》研究

重显弟子惟益、文轸、圆应、文政、远尘、允诚、子圜等衰记重显题唱语句诗颂为《洞庭语录》《雪窦开堂录》《瀑泉集》《祖英集》《颂古集》《拈古集》《雪窦后录》共七集。其中《祖英集》（《四部丛刊》称《庆元府雪窦明觉大师祖英集》，《大正藏》称《明觉禅师祖英集》）为好道者所录，门人文政作序，集重显住持翠峰、雪窦禅寺期间感兴怀别贻赠之诗偈、赞铭，辑成二百二十首，好道者记录下来后呈予重显，重显认为"余偶兴而作，宁存于本，不许行焉"[2]。此人力证这些诗文的价值，并要求结集成书，雪窦勉强从其愿。文政于天圣十年（1032年）作序，此时重显43岁。重显圆寂后，编为《祖英集》。文政序言"大圭不琢，贵乎天真；至言不文，尚于理实……总辑成二百二十首"，善卿《祖庭事苑》记"今此本复增五十首。乃知雪窦平日著述散落甚多，卒难考纪"[3]。说明此集从编成1032年至善卿所见本1108年间，又增加了五十多首。现今看到的《祖英集》中所存诗、颂已达到二百九十七首，说明善卿所见本后，《祖英集》内收录重显诗、颂还在不断增加。

现存宋刻本，题为《庆元府雪窦明觉大师祖英集》（图3）。此后归季振宜所有，最后流落至铁琴铜剑楼。卷首钤有"季振宜藏书"朱印，但季振宜《季沧苇藏书目》中并无著录，或因此本后归瞿氏铁琴铜剑楼所有，故而季氏不曾收录于书目中。《铁琴铜剑楼藏书目录》记："题弟子远尘、允诚、思恭、圆应等集，有昙玉、圆应、文政等序。遵王钱氏所藏只有《祖英集》一种，此其全帙也。《颂古集》后有'参学仙都沙门简能校勘'一行，《祖英集》后有'四明洪举刊'一行。每半页十一行，行二十字，'廓'字减末笔，当是宁宗后刻本。旧为泰兴季氏藏书。"[4] 该本现藏于国家图书馆，白口，左右双边，框高18.6厘米，宽12.9厘米，"玄""殷""廓"皆缺笔。《四部丛刊》据瞿氏铁琴铜剑楼本影印入续编（图4）。

德国巴伐利亚州立图书馆现藏元椠《祖英集》一部（图5）。外有木盒，上墨笔书

[1]《塔铭》。

[2] 重显《祖英集》卷首文政《序》，《四部丛刊》本。

[3]（宋）善卿：《祖庭事苑》卷三。

[4]（清）瞿镛：《铁琴铜剑楼藏书目录》卷二十，中华书局，1990年版，第300页。

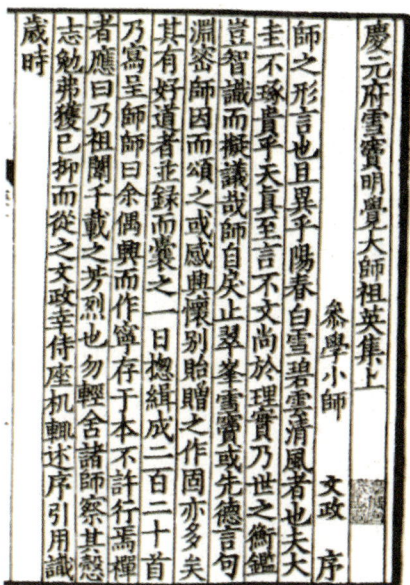

图3 《庆元府雪窦明觉大师祖英集》
《四部丛刊本》

图4 雪窦四集
四部丛刊本

写"佛顶国师手泽本""祖英集 元桀",佛顶国师为日本僧人一丝文守(1607—1646年),该元桀本为其遗物。卷首钤有"一丝""小汀氏藏书"朱印,卷中有日文朱笔点校。每半页十一行,行二十字,"殷""玄"字偶有减末笔,"廓"字未减笔。卷末有吕惠卿所作塔铭,《大慧和尚赞师画像》,浙江万寿自如重刊语录疏及"童行祖荣同募缘""雪窦住山守常劝缘""四明徐汝舟刊"募缘刊记。"万寿自如"应该为元代杭州径山万寿寺住持一溪自如,他得法于云峰妙高,是临济宗法嗣。重刊疏记:"寺既毁,印板亦随烬。人每病其磨灭,而欲新之。今其时矣。凡我同志,痛先觉之洪规,阐千载之芳烈,其可后乎。右伏以乳峰崒崒,目前万象皆空,舌本澜翻,瀑下千寻如故。天荒地老,山深水寒,寥寥浮幻何足云,落落宏规还可复。一字根极,劳生眼开印蟾轮,何必蹄涔,觌夜光须震沧海。巧出匠手,匪求蚀木于文,世有知音,不在焦桐之发。谨疏。"[1]

自如重刊语录疏后附有开禧元年(1205年)雪窦寺住持德云题记、泰定元年(1324年)释如芝所作记文。此二记文版式与前文不同,每半页八行,行十四字。德云题记云:"明觉禅师,住当山三十余季,雷霆诸方。时天衣方主中庄,由是冲、本、秀、夫出,而盛其道于天下。前此盖未闻有刊其语。于山中者及是,乃克为之视。钱唐、福唐版本为优。具透关眼者阅之,可以把清标于百载,启蛰户于玄关。乃知,正法眼藏付

---

[1] 见德国巴伐利亚州立图书馆藏《祖英集》后跋。

嘱有在。时开禧元年仲冬 雪窦住山德云谨题。"[1]当时雪窦寺住持德云重新覆刻《祖英集》，指出浙江和福建的版本最优，说明重显的著作传播范围较广。故而开禧本应为《祖英集》现可知晓年代的最早刻本。

德云题记后释如芝所作记文云："明觉大师语录，板行久矣。然奥旨微言，峻机妙用，匪陋闻浅识者所可得，而管窥蠡酌也。雪窦毁变，板亦就烬，方外圆藏主募缘重刊。连城之璧，照乘之珠，复为赵廷之归，合浦之还，俾后学有所宗仰。其于吾教，岂少补哉。泰定甲子佛成道日禾城本觉末学比丘如芝拜书。"[2]据《增集续传灯录》记如芝为杭州净慈灵石如芝禅师，雪窦寺于至元二十五年（1288 年）惨遭焚毁，重显著作印板随之毁尽。如芝描述了重显著作因雪窦寺毁变殆尽，于泰定元年募缘重刊的情景。

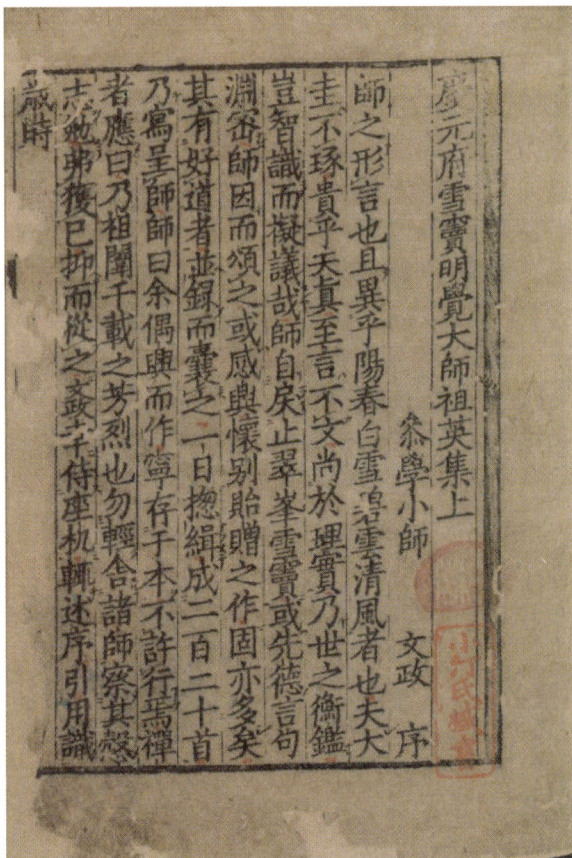

图5　德国巴伐利亚州立图书馆藏《祖英集》书影

结合前一溪自如所作重刊疏，可以断定，开禧元年雪窦寺德云刊刻《祖英集》，应为目前可知年代的最早刊本。泰定元年藏于雪窦寺《祖英集》与印板皆毁于火焚，由守常、祖荣、圆藏主募资重刊。而径山万寿寺曾在宋宁宗、宋理宗时期连遭火灾，三毁三建。入元之后，径山寺日渐衰落，又于至元十二年（1275 年），至元十七年（1280 年）两度失火，寺中经卷皆于大火中烧尽，住持云峰妙高全力修复，一溪自如为云峰妙高法嗣，自是全力抢救毁于火焚的古籍，由是重新集赀重刊。而同惨遭祝融的雪窦寺也于此时重新刊刻整理该寺典籍，故而自如为《祖英集》的重刊撰写疏文，也在情理之中。该本后归日本僧人一丝文守所有，几经辗转后现归德国巴伐利亚州立图书馆所有。

---

〔1〕 见德国巴伐利亚州立图书馆藏《祖英集》后跋。
〔2〕 同上。

现比对《四部丛刊》宋本《祖英集》与德藏《祖英集》，文字异同如下表：

《四部丛刊》宋本《祖英集》	德藏《祖英集》	卷数、篇名
玲珑八面自回合	玲咙八面自回合	卷上，《送宝相长老》
衰岩影响士	襄岩影响士	卷上，《春风辞寄武威石秘校》
坼花功未深	拆花功未深	卷上，《春风辞寄武威石秘校》
羽翼博风今是时	羽翼抟风今是时	卷下，《赠别太臻禅者》
侗侗为二相	侗侗为一相	卷下，《因仰山气球颂》
兰之得荪，其道必有	兰之得荪，其道必存	卷下，《酬海宗二侍者》
雷峰孤顶谁家路	雪峰孤顶谁家路	卷下，《送廷利禅者》

可见，二本文字差异之处甚少，且多为字形相近而致，似为刻工刊刻之时疏忽所为。

《祖英集》另收入明永乐北藏、永乐南藏，南藏本为僧录司右阐教兼灵谷禅寺住持净戒重校，《大正藏》收录该本为崇祯七年（1634年）增上寺报恩藏本。上海图书馆又藏明翻刻本、日本天保六年（1835年）大智院刊本。《四库全书》所收为汪汝藻家藏本《祖英集》二卷。

三　重显《祖英集》蕴含的禅僧诗文观

北宋初年，文坛上掀起古文运动的风潮，柳开、王禹偁等人纷纷要求恢复古道，柳开云："吾之道，孔子、孟轲、扬雄、韩愈之道；吾之文，孔子、孟轲、扬雄、韩愈之文"，"文章为道之筌也。"[1] 王禹偁表达了文章"句易道，义易晓"[2] 的要求。但是宋真宗时期，杨亿、刘筠一辈人起，西昆体又风靡一时，除了姚铉等少数人外，大部分还是推崇此奢靡文风。北宋中叶，儒学家们接过宋初重振古文雄风的大旗，古文运动再次掀起高潮，真宗时期的西昆体诗文、晚唐五代至宋初的绮丽文风、盛行数百年的《文选》之学，皆在古文家的反对之列，古文运动成为儒学复兴这个时代的思想潮流在文学上的体现。

古文运动对禅宗队伍带来的改变即是文采风流的博学之士、习儒者取代了文化水平不高的下层民众，禅宗语言为之发生了重要变化。正如周裕锴所言，"在唐代禅宗极端否定文字的同时，一场新文字运动已悄然兴起。一种迥异于佛经律论文字的宗门语日益成为禅宗师徒间的主要对话工具，并随着语录和诗偈的流行而蔚成风气"[3]。所谓宗门语，指的是主要由俗语和诗句组成的、有别于汉译印度佛经原典语言的中国禅宗话语系统。禅籍中诗句的大量创制和引用，即儒家诗文化通过中晚唐士大夫日趋频繁的参禅活动已渗透到禅文化之中，本土士大夫话语系统发挥了潜在的影响。

---

〔1〕（宋）柳开：《河东先生集》卷一、卷五，《四部丛刊》本。
〔2〕（宋）王禹偁：《小畜集》卷十八《再答》，《四部丛刊》本。
〔3〕周裕锴：《文字禅与宋代诗学》，高等教育出版社，1998年版，第8页。

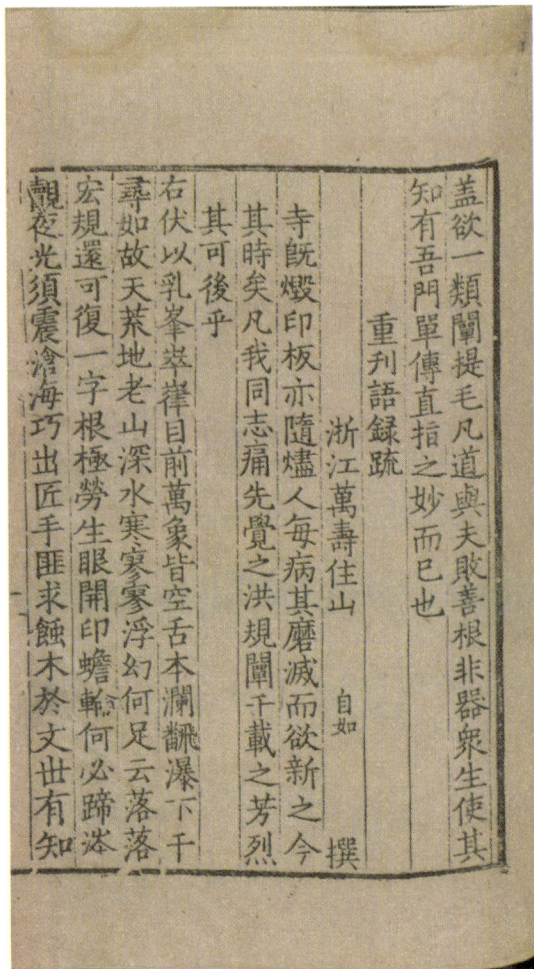

图6 台北"国家图书馆"藏《祖英集》书影

雪窦重显正生活于西昆体兴盛与古文复兴之间，他"以辩博之才，美意变弄，求新琢巧，继汾阳为颂古，笼络当世学者，宗风由此一变矣"[1]。

《祖英集》所收诗文有两个突出的特点。一是坚持文字的重要性，熟悉儒家五经、道家经典，大量用典，摒弃了禅门中的空谈、低鄙之风。《祖英集》中《送法海长老》，便依次援引了裴休、李翱的典故。《送清演禅者》中"因思古之送人有言，吾不知其殊途同归"援引了《孔子家语》"子路将行，辞于孔子。子曰：赠汝以车乎，赠汝以言乎。对曰：请以言。子曰：不强则不达，不劳则无功，不忠则无亲，不信则无复，不恭则失礼，慎此五者。子路曰：由请终身奉之"的典故。《寄内侍太保》中"忽捧纶言挂紫袍"中即引用了《礼记》中"子曰：王言如丝，其出如纶。王言如纶，其出如綍"的典故。《僧赞》"浮世勉谁知逝水，深峰甘自听飞泉"中引用了《论语》中"子在川上曰：逝者如斯夫，不舍昼夜"的典故。《僧问四宾主因而有颂颂之》中"主中之宾温故知新"引用了《论语》"温故而知新，可以为师矣"。重显尤其喜欢并列引用一儒一释之典故，如《送小师元楚》中"毋厚弁之夺席，毋薄愚之诵帚"即引用了东汉戴凭夺席讲经文和尊者周利槃罗汉诵帚的典故。

重显在行文过程中，采用了较多的道家观念。重显曾上堂说"天得一以清，地得一以宁，衲僧得一无风浪起。尔若辩得，祸不入慎家之门"[2]，《老子》第三十九章："天得一以清，地得一以宁，神得一以灵，谷得一以盈，万物得一以生，侯王得一以为下贞。"说明重显推崇老子的"道生一"的说法。如《寄白云长老》中"八纮"的概念即源自《淮南子》。《送庆颜禅者》"断云不是归帝乡，飞落人间有谁识"引用了《庄子》"夫圣人有道，与物皆昌。天下无道，厌俗上仙。乘彼白云，归于帝乡"。又《送文政禅师者》中"因笑仲尼温伯雪，倾盖同途不同辙"一句，援引了《庄子》"温伯雪子适齐，反，舍于鲁，仲尼见之而不言。子路曰：夫子欲见温伯雪子久之，今见不言，何

---

〔1〕《禅林宝训》卷四引心闻昙贲禅师语，《大正藏》第48册，第1036页。
〔2〕《明觉禅师语录》卷二，第682页。

也？仲尼曰：若夫人者，目击而道存矣，亦不可以容声矣"的典故。《夏寄辩禅者山房》中"轩窗月为昼，岂止虚生白"中引用了《庄子》"瞻彼阕者，虚室生白"。《送惠倜禅者》中"谁云发机射虎，自笑品类观马"引用了李广射虎和《淮南子》中秦穆公使伯乐举人求马的典故。重显的诗文中，虽然吸收了道家的观念，但是佛教理念却保持独树一帜。如《送道成禅者》中"曹溪流，非止水。一点忽来，千波自起"，虽然引用了《庄子》中"止水"的概念，但庄子云"人鉴于止水而不鉴于流水，唯止能止众止"，而在此诗中，重显却表达了"动"的概念。再如《寄陈悦秀才》中"水中得火旨何深，握草由来不是金。莫道庄生解齐物，几人穷极到无心"。《庄子》在《齐物篇》中认为人的品性和感情，虽然是千差万别，但归根结底又是齐一的，庄子主张破除我见，重显显然并不同意此观点，认为要达到此种境界实属不易，强调的是万物的不一致性。

二是追慕古风，诗文生动形象。他的诗文多效仿禅月贯休公，尤其重诗文韵律。《送昭敏首座》诗"掣断金锁天麒麟，高举铁鞭击三百"即模仿了贯休的《古意九首》中称赞李白的诗句："忽然掣断黄金锁，五湖大浪如银山。"又《送师旻禅者》中"扑碎骊龙明月珠"引用了贯休"扑辟骊龙明月珠"。《送秀大师》中"行行会有知音知，何必清风动天地"模仿了贯休"它日再相逢，清风动天地"。元代僧人行秀曾把重显和正觉誉为"诗坛之李杜"，"吾宗有雪窦天童，犹孔门之有游夏，二师之颂古，犹诗坛之李杜"[1]。重显的诗歌大量用典，摒弃了华而不实的佛门用语，且韵文体的颂古与诗歌有相通之处，这为禅僧诗文开辟了一条新途径。

重显虽然注重使用儒学化的文字来阐发佛理，但佛理在重显眼中显然是第一位的。曾会曾以《中庸》《大学》参以《楞严经》，而重显答曰："这个尚不与教乘合，况中庸大学耶？学士要径捷理会此事。"并弹指一下，"但怎么荐取"。重显提倡的仍为棒打击喝的参禅方式，他认为儒家经典与佛学显然不能简单比附。

重显的诗歌"大圭不琢，贵乎天真，至言不文，尚于理实"[2]，馆臣撰《四库全书总目提要》时形容他"戒行清洁，彼教称为古德，故其诗多语涉禅宗，与道潜、惠洪诸人专事吟咏者，蹊径稍别。然胸怀脱洒，韵度自高，随意所知，皆天然拔俗。五言……皆绰有九僧遗意。七言绝句如《自贻》《送僧》《喜禅人回山》诸篇，亦皆风致清婉，琅然可诵，因非概作禅家酸馅语也"[3]。重显"工翰墨，作为法句，追慕禅月休公"[4]，效慕五代贯休，熟知魏晋玄学，所作诗偈优美，辞藻华丽，并讲求音律对偶，于禅法之外又增添了儒学的诗文素养，成为云门宗宗风大振的关键人物。

作者单位：中国社会科学院历史研究所

收稿日期：2015 - 5 - 5

---

〔1〕（元）行秀：《万松老人评唱天童觉和尚从容庵录·寄湛然居士书》，《大正藏》第 48 册，第 226 页。
〔2〕文政《祖英集》前序。
〔3〕《四库全书总目》，中华书局，1965 年版，第 1313 页。
〔4〕《禅林僧宝传》卷十一。

《小方壶斋舆地丛钞》越南史地典籍解题[*]

叶少飞

《小方壶斋舆地丛钞》是清末王锡祺（1855—1913 年）编辑的大型舆地著作汇编。光绪辛卯（1891 年）由张元济题签，上海著易堂出版（图 1）[1]。《丛钞》序作于光绪丁丑（1877 年）五月，"余不学，长益无所成。然闻人谈游事，则色然，喜闻诸家记录与夫行程日记，即忻然而神往，窃惟局促囿一隅，深可惭恧"，彼时清廷与列强联手平定太平天国与捻军起事，进入"同光中兴"时代，王氏所言体现了中国士夫的壮游情怀。"上溯国初，下逮近代，凡涉舆地，备极搜罗，得如千种，厘为十二帙，约数百万言"，如王氏所言，舆地书籍的辑录工作在丁丑时已有相当规模，之后"续有所获，仍逐次增入"[2]，终成空前规模的舆地丛书。《丛钞》刊印之时，中法战争结束，越南不再藩属于清朝，可能王锡祺鉴于《续编》即将刊刻，没有修改丁丑原序。《续编》1894年刊刻，序中王锡祺愤于国势之不张："异族攸关，觊觎百状。将军奕山，懦弱无能，割东陲三数千里于前；迩者巡抚某轻听人言，弃南疆三数千里於后，自撤藩篱，开门揖盗。"[3] 1897 年《再补编》序言鉴于败于日本，割让台湾，王氏更加关注各国之事，尤重俄德法列强，及近数十年之版籍，"读者反复玩索，洞然于国势敌情，成败利钝。万一大耻一洒，掞张勋业，鸿作必多。仆慰劳，仅伸纸磨墨以俟"[4]。王氏所辑遍及今古中外地志，以期国家富强振兴。

《丛钞》编辑期间，清廷因越南与法国开战。越南自秦至唐为中国郡县，五代以后虽自主建国，但仍为中国藩属，久为中国士人所关注，故王氏辑录清代前贤与时人越南

---

* 本文是国家社科基金青年项目《越南古代史学研究》（项目编号：15CSS004）的阶段性研究成果。本文写作期间，得到云南省社会科学院梁初阳博士、暨南大学陈继华博士、陕西师范大学胡耀飞博士提出意见和建议，谨致谢意。关于《丛钞》文献的研究，可参看陈室如《想象与纪实的构建——王锡祺〈小方壶斋舆地丛钞〉与晚清域外游记》，《屏东教育大学学报》第 26 期，2007 年 3 月，第 471 ~ 502 页；徐玮《论王锡祺〈小方壶斋舆地丛钞〉俄罗斯资料之编辑》，《西域文史》第 7 辑，科学出版社，2012 年版。

〔1〕《小方壶斋舆地丛钞续编》光绪甲午（1894 年）出版，《小方壶斋舆地丛钞再补编》光绪丁酉（1897 年）出版，均由上海著易堂铅印发行。大连图书馆藏有《小方壶斋舆地丛钞三补编》稿本，卷首自序题于光绪二十七年（1901 年），王锡祺生前未刊印。详见吴丰培《王锡祺与〈小方壶斋舆地丛钞〉及其他》，《中国边疆史地》1995 年第 1 期，92 ~ 98 页。关于王锡祺生平事迹，可参张强《王锡祺生平事迹考述与〈山阳诗征续编〉》（代前言），王锡祺编纂、张强点校《山阳诗征续编》，陕西人民出版社，2011 年版，第 1 ~ 56 页。

〔2〕《小方壶斋舆地丛钞》第一册序一，杭州古籍书店影印本，1985 年版。该影印本各册页码标示不同，第一册中页脚无阿拉伯数字页码，"一"为原版筒子叶码。本文引用该书据各册情况标示页码，有阿拉伯数字则用，无则标示筒子叶码。

〔3〕《小方壶斋舆地丛钞续编》序一，杭州古籍书店影印本，1985 年版。

〔4〕《小方壶斋舆地丛钞再补编》序一，杭州古籍书店影印本，1985 年版。

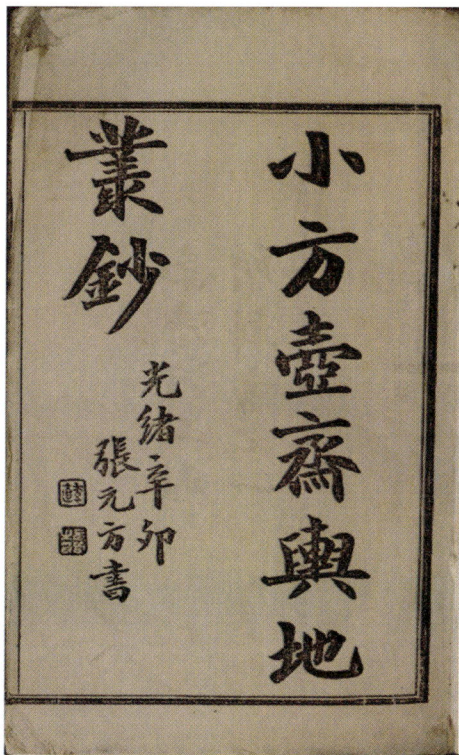

图1 《小方壶斋舆地丛钞》书影

著作，以明其事。《丛钞》第十帙专收周边国家文献，《凡例》言："邻藩星拱，州岛云罗，此书列第十帙以示怀柔，鲸吸东瀛，狼吞南峤，关系匪轻。"[1]《丛钞》第十帙收越南专门文献 16 种，第四帙收 1 种，按编辑顺序解题如下。

1. 《越南志》

署"泰西佚名"。此当为西方人著作。文中记述安南光中王借兵法兰西一统广南（今越南南部）、干波底阿（即柬埔寨）、东京（今越南河内市，亦代指包括河内的越南北部地区）之事，国富兵强，并记国中户口，其中"中国人在彼入籍者四十有四万"[2]，述湄公河航运及安南物产、四邻。光中王即西山朝阮文惠。光中王借兵法兰西一事为中国典籍所记，但实际情况却是阮朝嘉隆帝阮福映借兵法国，攻灭西山阮氏。《越南志》将光中王与阮福映事迹夹混书写，但二者实为敌对关系，王锡祺署"泰西佚名"，笔者推测该书可能是阮朝未与法国传教争执之前的西方人作品[3]，因此文中对安南颇多赞誉，翻译为汉语之时译者又据中国典籍做了改动。

2. 《安南小志》

署名"上海姚文栋"。姚文栋（1852—1929 年），上海人，光绪七年（1881 年）随黎庶昌前往日本。驻日期间，完成了《安南小志》《琉球地理志》《日本地理兵要》等译著[4]。据光绪十年《安南小志》（1884 年）刻本姚文栋《安南小志叙》光绪七年（1881 年）冬"得日本人引田利章所撰《安南史》，见其纪远详实，半出于亲历"，"与日本之明于汉学者共译之"，"成小志上下二卷"[5]。《安南小志》记述安南国地理、河流、海岛、风俗、气候、物产情况甚为详细，部分词语亦为西语词汉字读音。书中言"今距佛人入安南仅十年，土人学佛语者已可足用，日常谈话不致凝滞，又能笔记之"，

---

〔1〕 《小方壶斋舆地丛钞》第一册，凡例一。

〔2〕 《小方壶斋舆地丛钞》第十册，第 154 页。

〔3〕 嘉隆帝阮福映借兵法兰西，故礼遇法国传教士，且外交政策灵活务实。明命帝即位之后，采取严厉的禁教政策，越法关系日趋紧张，几于断绝。之后的绍治帝与嗣德帝继续执行禁教政策，终与法国动武。见陈荆和《阮述〈往津日记〉》之《解说·阮朝之闭关禁教政策与法国之干与》，香港中文大学出版社，1980 年版，第 1~5 页。

〔4〕 陈捷：《姚文栋在日本的访书活动》，载氏著《人物往来与书籍流转》，中华书局，2012 年版，第 368 页。

〔5〕 引田利章生平事迹，见佐藤茂教《引田利章の経歴紹介と曽根俊虎に関する若干の史料》，载《史学》第四十五卷第一号，1972 年 9 月，第 89~96 页。

“佛”即“佛兰西”[1]，法国1867年全面攻占越南南圻三省。其分安南为东京和佛领交趾，又分别称为上交趾与下交趾。叙述湄公河、红河干支，并记述婚嫁礼仪、服饰文字、百工商业等，同时记述了一些西方人在安南的活动以及安南人的应变。可与同时期的安南志书、游记比较研读。

引田利章是日本近代越南研究的开创性人物，在《佛安关系始末》《安南史》之外，于明治十七年（1884年）翻刻《大越史记全书》，在1986年陈荆和合校本《大越史记全书》未出版之前，是该书越南本国刻、抄本之外影响最大的一个版本。日本长期受中国史学传统和舆地学影响，但引田利章《安南史》完成于日本明治维新效果显著之时，该书已经脱离了传统史地著作的范畴，是一本具有近代学术特点的越南研究著作。引田利章之后，日本的越南研究代有人才，殖民时期以松本信广为代表，战后则以山本达郎成就最高，至今仍长盛不衰。

王锡祺辑录《安南小志》署“姚文栋译”，无序和目录，正文未如原书分目。引田利章《安南史》后又由毛乃庸译为中文，光绪二十九年（1903年）由教育世界社印行，仍以《安南史》为名（图2）。姚文栋和毛乃庸两个译本分别完成于中法越南战争前后，前者译于日本，鉴于引田利章与陆军的紧密关系，作为外交官的姚文栋可能已经意识到了日本军方在亚洲的扩张野心。姚文栋译本虽为王锡祺所重，但传播应该较为有限，乃至在中法战后十余年后毛乃庸重译，而此时越南已沦为法国殖民地，开展近代民族独立运动了。

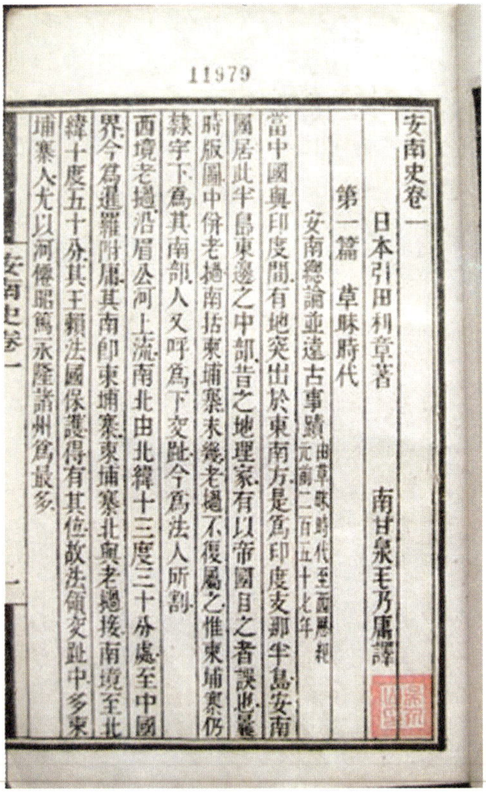
11979

安南史卷一

日本引田利章著　南甘泉毛乃庸譯

第一篇　草昧時代

安南總論並遠古事蹟（由草昧時代至西曆紀元前二百五十七年）

當中國與印度間有地突出於東南方是爲印度支那半島安南國居此半島東邊之中部昔之地理家有以帝國目之者誤也蓋時版圖中併老撾南括東埔寨未幾老撾不復屬之惟東埔寨仍隸宇下爲其南部人又呼爲下交趾今爲法人所割

西境老撾沿眉公河上流南北由北緯十三度三十分處至中國界今爲暹羅附庸其南即東埔寨東埔寨北與老撾接南境至北緯十度五十分其王賴法國保護得有其位故法領交趾中多東埔寨人尤以河僊昭篤永隆帯州爲最多

安南史卷一　一

图2　光绪二十九年石印本《安南史》书影

3.《越南考略》

署“宁波龚柴”。龚柴（Simon Kiong），字古愚，又作固愚，1877年曾与蒋升合译《福亚儿方骚传》，光绪十六年（1890年）为上海傅家玫瑰天主堂司铎。洛杉矶大学利玛窦研究所藏有龚古愚著法语著作一种《Quelques Mots Sur La Politesse Chinoise》（Variétés Sinologiques, 25），上海1906年刊[2]。

《小方壶斋舆地丛钞》收龚柴著作甚多，《越南考略》即为其一[3]。龚柴为《益闻录》主笔之一，撰著了大量的中外地理志

〔1〕《小方壶斋舆地丛钞》第十册，第163页。

〔2〕http://riccilibrary.usfca.edu/view.aspx?catalogID=3721.

〔3〕孙潇：《天主教在华第一份机关刊物〈益闻录〉研究》，西北大学2011年硕士论文，第50~56页。王锡祺所辑龚柴著作，1883年《地舆图考》出版之后的著作，当来源于《益闻录》。

记，刊载于《益闻录》，后结集为《地舆图考》出版。北京大学图书馆藏龚柴《地舆图考：亚细亚洲图考》四卷，光绪九年（1883 年）蒲西益闻馆铅印本[1]。《越南考略》当出于此书。后来龚柴在此基础上，与许彬完成《中外舆地通考》，又名《五洲图考》，篇章署名"前京　龚柴　古愚氏　编辑"，或"上海许彬采白氏编辑"，北京大学图书馆藏有光绪二十四年（1898）和光绪二十八年（1902 年）上海徐家汇印书馆铅印本两种。该书考中国各地及世界各国地理形势，并有地图。

《小方壶斋舆地丛钞》所收署名"宁波龚柴"的著作，多已在《益闻录》刊载。《益闻录》为李杕（1840—1911 年）依托法国天主教会主办的报馆益闻馆办的报纸，《地舆图考：亚细亚洲图考》出版时，《益闻录》曾出征订广告和销售广告。《益闻录》地理内容的主笔主要是徐勋（伯愚）、龚柴（古愚）、许彬（采白）三人，《五洲图考》序记述部分署名龚柴的作品出自于徐勋手笔[2]。龚柴著作能够兼顾传统文献与西学成果，介绍近代地理科学，因而价值很高，借助报纸传播产生了很大的影响，因此被王锡祺大量刊入《丛钞》之中。

《越南考略》简述越南历史沿革、地理位置、山川、人口、科举制度以及唐德宗时宰相爱州人姜公辅。叙述政区时兼及法国入侵过程，法越构衅，中国出兵，"幸中国出为保护，大兴挞伐之师，法渐不支，俯首请成，越其有宁宇矣"[3]，这样的表述虽与中国"不败而败"的事实不符，却与中国作战胜利，而与法国签署条约的过程一致，但说"越其有宁宇"未免有掩耳盗铃之嫌。

4.《越南世系沿革略》（见下徐延旭著作）

5.《越南疆域考》

署名"邵阳魏源"。《越南疆域考》出自《海国图志》卷五《越南疆域附考》。《海国图志》是魏源在林则徐编辑的《四洲志》基础上完成的具有时代意义的著作，提出"师夷长技以制夷"的观点，后传入日本，启发了日本的近代思想。光绪二年重刊时左宗棠作序以倡其学（图 3）。

《越南疆域附考》是魏源节录《皇清通考·四裔门》《一统志》及《粤中见闻》而成。《皇清通考》即《清朝文献通考》，乾隆五十二年（1787 年）成书，事止于乾隆五十年。魏源基本照录其"安南"部分，惟风俗制度一节缩略成文，乾隆五十二年之后黎阮交战及嘉庆时阮福映建国为魏源所撰，则非《清朝文献通考》所有[4]。何良栋《皇朝经世文四编》卷十有《问魏氏〈海国图志〉与徐氏〈瀛寰志略〉考证孰优》一篇，以安南事举例论二书，亦言及《越南疆域考》，颇能道魏源《海国图志》安南部分的特点。

王锡祺所辑《越南疆域考》为《海国图志》卷五《越南疆域附考》中《皇清通

---

〔1〕 孙潇、卫玲：《〈益闻录〉编辑传播策略初探》，《西北大学学报》（哲学社会科学版）2010 年第 6 期，第 60 ~ 65 页。

〔2〕 同上。

〔3〕《小方壶斋舆地丛钞》第十册，第 172 页。

〔4〕《清朝文献通考》卷二百九十六《四裔》，商务印书馆，1936 年版，第 7449 ~ 7450 页。

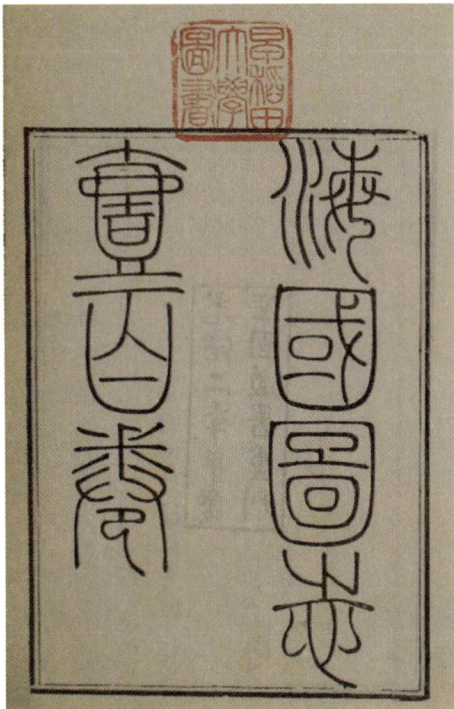

图 3　日本早稻田大学图书馆藏光绪二年《海国图志》书影

考·四裔门》一节[1]，既全非魏源所作，亦非《越南疆域附考》之全貌（图 4）。

6.《越南地舆图说》

署名"永新盛庆绂"。盛庆绂为江西永新人，同治进士，同治七年（1868 年）芷江知县，补用湖南直隶州知州，曾与吴秉慈修《芷江县志》六十四卷。《贩书偶记》："《越南地舆图说》六卷，图一卷，永新盛庆绂辑。光绪九年求忠堂刊。"[2]（图 5）王锡祺辑录的《越南地舆图说》仅前四卷，卷一国都、左圻二省、右圻二省；卷二北圻上省十；卷三北圻下省六；卷四南圻十省。未录盛庆绂原序、《越南全图》（图 6、图 7）、卷五越南世系录及卷六越南道里录。吕调阳后将《越南地舆图说》六卷及盛庆绂原序收入《观象庐丛书》，于道光十八年刊刻，但仍未收《越南全图》。

盛庆绂在《越南地舆图说》序中记述："初余于书肆中得一断烂册子，纪越南郡国、州县、山川、物产略具"，但因不全而束之高阁。光绪二年（1876 年）盛庆绂护送越南贡使三人，正使礼部右侍郎裴文禩，甲副使鸿胪寺卿林宏，乙副使侍讲学士黎吉。盛氏与越南使者盘桓两月之久，以己所知询问，"尝与讲论彼中风土形势险要，其陪臣辄若危苦惕怵欲吐，仍茹不肯竟其说。余亦愀然，未忍苦于求索以伤其志意。但于酒酣耳热，旁推侧证，时得其三四而已"[3]。光绪九年因法国侵入越南，遂参考典籍，完成是编，期"于形势险夷、用兵方略或有取焉"[4]。

盛庆绂所见的"断烂册子"即《皇越地舆志》，越南国家图书馆藏有明命十四年（1833 年）刻本（图 8）。《越南汉喃文献目录提要》记《皇越地舆志》今存印本十五种，内容提要云："越南地理书，编者不详，书中涉及顺化、边和、河仙、蕃安、永青、定祥、河内、南定、北宁、山西、海阳、广安、宣光、太原、高平、谅山、清化、乂安各镇，每镇记其名称、位置、疆界、物产、山川、名胜、风俗、遗迹、州府数量、沿革等；另有诗歌若干，内容为题咏章阳渡、徐式峒、雪山等名胜。"[5]《贩书偶记》卷七："《皇越地舆志》二卷，不著撰人姓名，约同治壬申粤东佛山金玉楼刊"[6]，盛庆绂所见很可能是广东书商的翻刻本。

---

〔1〕（清）魏源：《海国图志》卷五，光绪二年刊本。

〔2〕孙殿起：《贩书偶记》卷七，中华书局，1959 年版，第 186 页。

〔3〕（清）盛庆绂：《越南地舆图说》原序，《观象庐丛书》，光绪十九年刻本。

〔4〕同上。

〔5〕《越南汉喃文献目录提要》，台湾"中研院"中国文哲研究所，2002 年版，第 279～280 页。

〔6〕孙殿起：《贩书偶记》卷七，第 185 页。

图 4　日本早稻田大学藏光绪二年《海国图志》卷五《越南疆域附考》书影

《皇越地舆志》作者实为阮朝潘辉注（1782—1840 年），字霖卿，号梅峰，其父潘辉益、舅吴时任均是著名学者。除诗文集外，潘辉注还编著了一部大型典章制度史书《历朝宪章类志》，并因此获明命帝赏识[1]。盛庆绂根据《皇越地舆志》增补、考释，《越南地舆图说》前四卷当由此而来。盛氏纂辑以越南舆地书为底本，不同于他书从中国典籍中辑录考证之作，又曾验证于越南使臣，故价值极高。但《皇越地舆志》无图，盛庆绂在"义例"中言"请缨无路，聊成是图"，表明《越南全图》为自己所绘。

《越南地舆图说》卷五《越南世系录》第一部分《安南历代世系录》下题"节辑顾景范《读史方舆》并顾宁人《郡国利病》两书，至宣德朝止，以后另编世系录"，《读史方舆纪要》和《天下郡国利病书》论安南沿革、舆地

皆自上古秦汉至于安南莫氏，盛庆绂或据此编《安南历代世系录》《黎氏世系录》及《莫氏世系录》，黎氏和莫氏的清朝部分当为盛庆绂据清代典籍编辑。第二部分《逆阮氏世系录》记西山阮氏；第三部分《广南阮氏世系录》记阮氏开拓广南之主；《越南阮氏世系录》记阮福映、阮福晈、阮福暶、阮福时四帝。其称呼西山阮氏为"逆阮"，称广南阮氏为太王、孝昭王、孝哲王、孝明王等阮朝追封谥号，应是根据越南官修史书写成。

卷六《越南道里录》下题"节辑顾景范《读史方舆纪要》"，考其文出自顾祖禹《读史方舆纪要》卷一一二《广西七·外国附考·安南》。王锡祺或以卷五、卷六出自他书，故未录入，但卷五实有盛庆绂自著部分。

7.《安南杂记》

署名"遂宁李仙根"。康熙六年（1667 年），执政安南后黎朝的郑柞遣子郑根率军攻占高平，莫氏求救于清，康熙八年（1669 年），"清遣内秘书院侍读李仙根，兵部侍郎杨兆杰赍旨谕来，使我以高平四州退还莫氏。时廷臣与清使辩解，往返数四，清使坚执不听。上以事大，惟共时命姑且从之"[2]。李仙根撰《安南使事纪要》四卷，两广总

---

〔1〕〔越〕陈文玼：《对汉喃书库的考察》，（河内）文化出版社，1984 年版，第 321、356 页。

〔2〕陈荆和校合本《大越史记全书》本纪卷之十九，东京大学东洋文化研究所，1984～1986 年版，第 985～987 页。

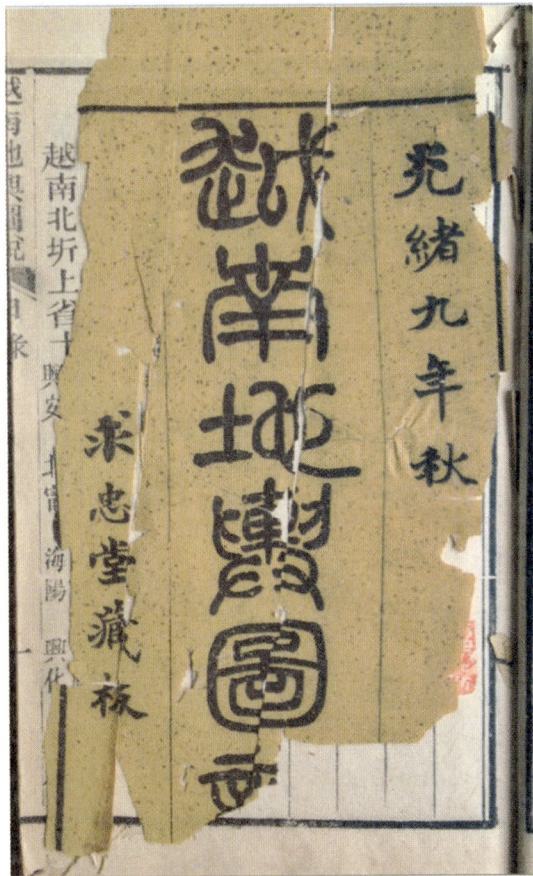

图5　光绪九年《越南地舆图说》书影

督周有德康熙八年作序。《安南使事纪要》共分《星槎案略》和《安南使事纪要》，《安南使事纪要》卷四又附《杂记》和《纪异》，王锡祺辑录即《杂记》部分。

《安南杂记》记安南沿革，四界所至，道、府、州、县情况，以及国内黎、莫分属。又记述官员服色，黑齿、食槟榔之俗，建筑形制，气候土产，甲胄兵器。文虽不足千字，信息却很丰富。李仙根以一品大员使安南调解黎、莫之争，清廷强令黎氏退还高平地于莫氏，黎氏国王和执政郑氏大不服，往来争辩，李仙根怒，故《杂记》言辞之中频见讥讽而乏佳评。故观《安南杂记》须同读《安南使事纪要》。

《安南使事纪要》抄本收入齐鲁书社 1995 年《四库存目丛书·史部》第 256 册，《安南杂记》商务印书馆 1937 年据学海类编本排印，收入《丛书集成》初编。

8.《安南纪游》

署名"晋江潘鼎珪"。乾隆《泉州府志》："潘鼎珪，字子登，安溪留山人，东旸曾孙，居晋江。康熙间，寓台湾，游府庠；归籍泉州。天才明敏，下笔千言。尝游交阯，著《安南纪游》，石门吴青坛见而重之"[1]。

吴青坛即吴震方，康熙十八年进士，官至监察御史，著《读书正音》四卷、《岭南杂记》二卷、《晚树楼诗稿》四卷、《朱子论定文钞》二十卷，辑有《说铃》前集和后集。《安南纪游》被吴震方录入《说铃》，亦可见吴氏看重潘鼎珪其人与书。潘鼎珪康熙二十七年（1688 年）冬飘海至安南，回国后"因昔所阅历，稽其舆图，参以闻见，详为闻见"，撰成《安南纪游》。潘鼎珪飘至万宁州江平港，后登陆至东京（今河内），记录了安南衣冠服色，儒教科举，字体书写，兵制官爵，男女嫁娶等习俗，有象兵与火炮部队。潘鼎珪又记录了安南物产及土壤丰饶，考证了安南至广东、广西、云南的交通路线。特别记录了郑氏主政安南，黎氏皇帝仅为傀儡、受其控制的情况，并且对郑氏与广南阮氏相互征战的情况也有记录，惟误记广南阮氏为穆氏。又对历代中央与安南国的

---

[1]《乾隆泉州府志》卷五五，上海书店出版社影印本，第 3 册，2000 年版，第 117 页。

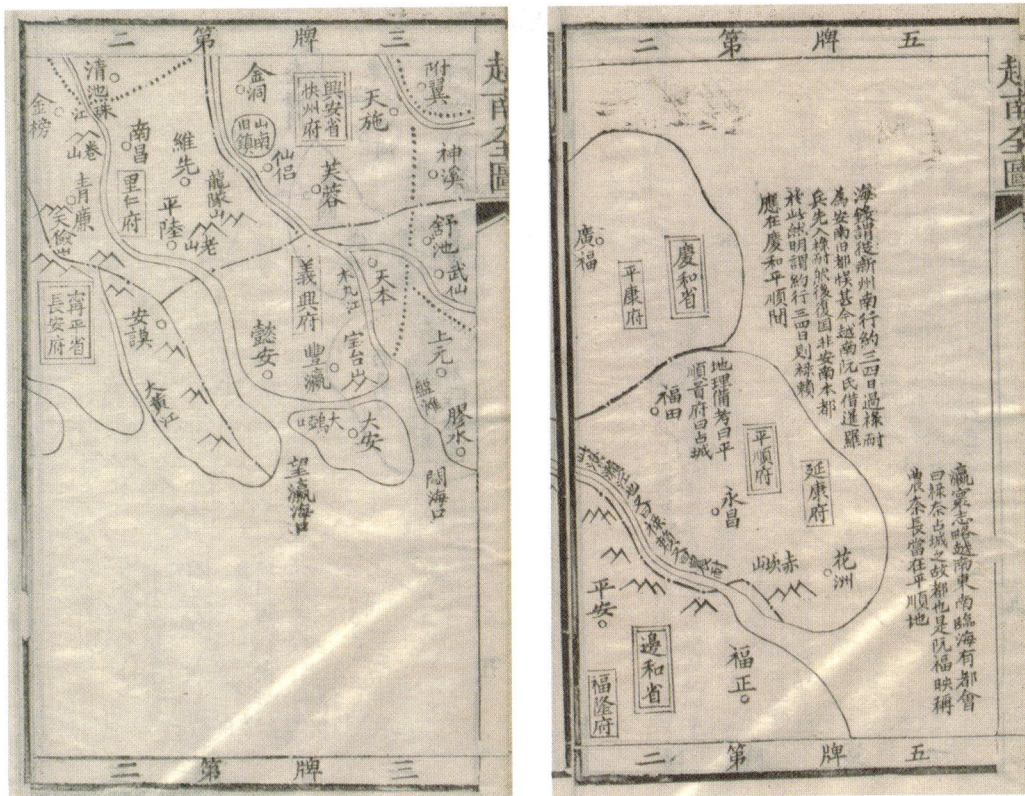

图6、图7　大连图书馆藏光绪九年《越南地舆图说》越南全图之十、十六

关系做了考证。潘鼎珪飘海时海网初开，其人才学亦高，观察入微，又能考证典籍，以布衣平民清晰感受到安南郑氏禁锢黎氏及郑阮交战的情况，对各种风俗的记载尤为细致，故为吴震方所重。顾海先生认为："文笔生动，不少材料为正史所无，但亦有传闻失实之处。"[1]

《四库全书总目提要》："《安南纪游》一卷，国朝潘鼎珪撰。鼎珪字子登，晋江人。是编成于康熙二十七年，乃鼎珪游广东时，偶附海舶，遇风飘至其国，因纪其山川风土之大略，与诸书所记不甚相远，无他异闻。"[2]康熙二十二年（1683年）周灿前往安南谕祭，有《使交纪事》一卷、《使交吟》一卷、《安南世系略》一卷、《南交好音》一卷[3]。《使交纪事》有《杂记》文字，所述大略与《安南纪游》相近，部分内容《安南纪游》则更为细致。乾隆四库馆臣汇聚天下书籍，以《安南纪游》不足论，或据《使交纪事》而言。《安南纪游》为吴震方收入《说铃》，后又收入《龙威秘书》，王锡祺又收入《小方壶斋舆地丛钞》。商务印书馆1937年据龙威秘书本排印，收入《丛书集成》初编。

---

〔1〕　顾海：《东南亚古代中文文献提要》，厦门大学出版社，1990年版，第260页。
〔2〕　（清）永瑢等撰：《四库全书总目提要》卷七八，中华书局，1960年版，第681页。
〔3〕　《四库全书存目丛书·集部》第219册，齐鲁书社，1997年版，第258～295页。

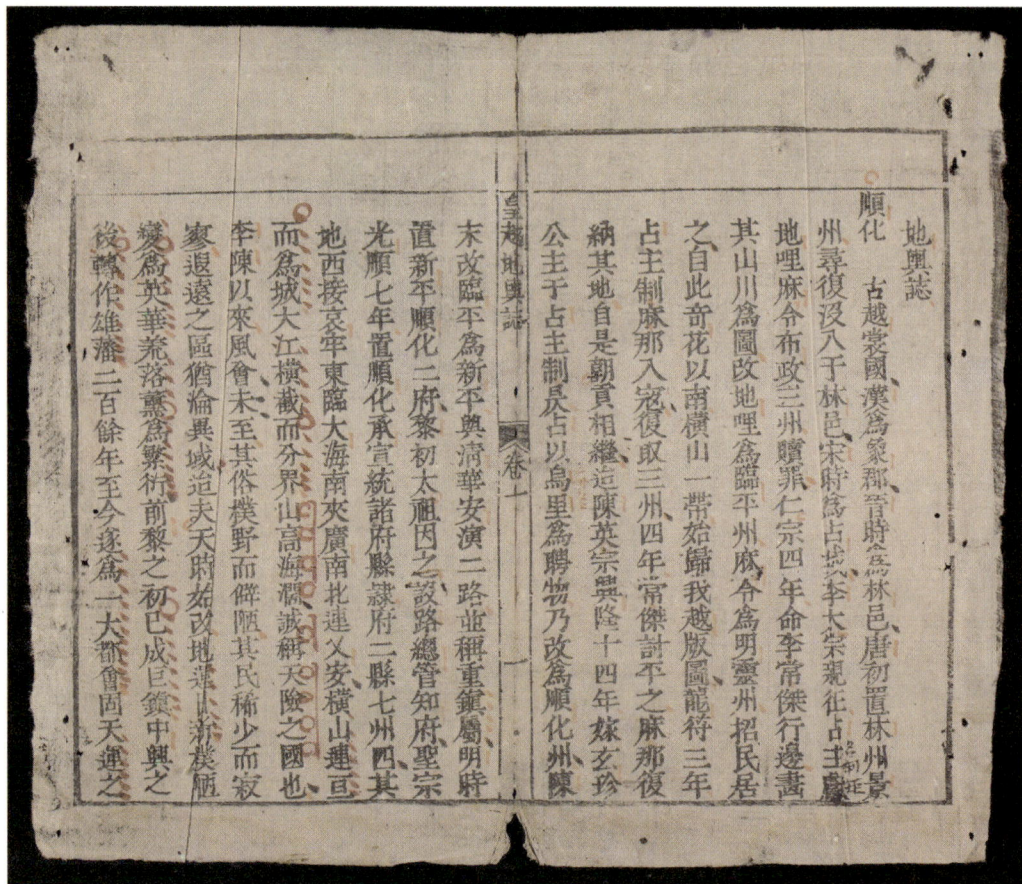

图 8　越南国家图书馆藏《皇越地舆志》书影

9.《越南游记》

署名"新埠陈某"。新埠为华侨对马来西亚槟榔屿的称呼[1]，作者失名，但应是华侨无疑。该书记载光绪戊子（1888 年）三月搭乘法国轮船游安南之事，彼时中法战事方息，作者记录了法国在越南的统治，律令甚苛。作者出入福建公馆，至福建冢山，可能是福建人。安南市场多华人，以闽粤人居多，并有华人富豪筑有巨宅。作者记录白米销售中国每月八九十万石，又记录市场猪肉、椰子等货物，看越南本土戏曲，觉与海南颇同。恰逢干旱，观本地人祈雨。本书对入境课税记述详细，入境凭证称"人情字"，有一定期限，期至须缴纳银钱以延时。

10.《征抚安南记》

署名"邵阳魏源"。《征抚安南记》源于魏源《圣武记》卷六《乾隆征抚安南记》。冯尔康先生认为："《圣武记》提供清朝前期战争及与其有关问题的历史资料，以及作者的军事观点，史论结合得好，是一部关于清史的重要著作，应当是研治这个时期历史的

---

〔1〕　陈佳荣、谢方、陆俊岭：《古代南海地名汇释》，中华书局，1986 年版，第 822 页。

主要参考书之一。"[1]《乾隆征抚安南记》记西山阮氏、黎氏、阮福映之兴灭经过,及乾隆出师安南并三方与清朝的关系,至嘉庆十三年(1808 年)安南人于富良江设伏击败英人入侵。王氏照录魏文,但止于嘉庆七年清朝安置黎氏遗臣,未记败英人事。魏源文末有"臣源曰"一节,先论安南兵战形势,再论安南放英人入内河战胜事,喻以西洋人战斗方法。

王锡祺未直录"臣源曰"一节,亦先论安南形势,后却只言安南战争形势,以明征安南为例,论乾隆出师安南。乾隆安南之役出兵扶黎,先胜后败,西山阮氏虽纳贡称臣,但难掩丧师南藩之实。黎氏之土先为西山阮氏(阮光平)夺,旋即为越南阮氏(阮福映)所夺,"固再举而版图可括",黎氏"栽培倾覆,先天不违",清朝安南之役"视明代再征安南,兴师八十万而佹得佹失者,其事倍功半又何如也?"[2] 宋代以后历代用兵安南,均以失败告终,且安南经数百年磨砺,其自主独立的意识难以撼夺。此节或为王氏有感而发,却非魏源"臣源曰"之文。

11.《征安南纪略》

12.《从征安南记》

方国瑜先生认为《征安南纪略》《从征安南记》作者皆为汤懋裴。师范纂辑《滇系》四十册,光绪十三年云南通志局刊印,第十六册《征安南纪略》,记乾隆征安南之役,王锡祺辑入《小方壶斋舆地丛钞》,有删节,署名师范。《滇系》第十六册又有汤懋裴《从征安南记》,记宋元征安南路线及风物土产,王锡祺所辑与此同,文辞略有异,署阙名。

"汤懋裴,河南睢县人,汤炎泰三子,清云南剑州府吏目"[3],方国瑜先生《云南史料目录概说·从征安南纪略》条征引史料,解析《征安南纪略》与《从征安南记》可能原为一书,后强分为二,"《滇系》录此二篇,前篇不记撰人名,后篇署汤懋裴。《小方壶斋舆地丛钞》第十帙,载此二篇,前篇署师范名,后篇阙名,疑并失之"[4]。方先生又指出:"《小方壶斋舆地丛钞》中,转录此书(《滇系》)之文,凡不注出处者,即署名师范,而不考其所本,读此书不可不留意及此也。"[5]

13.《越南山川略》

14.《越南道路略》

15.《中外交界各隘卡略》

《越南世系沿革》《越南山川略》《越南道路略》《中外交界各隘卡略》四种均署名"临清徐延旭"。徐延旭(1818—1884 年),字晓山,山东临清人,咸丰十年(1860 年)进士,光绪八年为广西布政使。中法战争爆发,徐延旭统帅桂军入越作战,因战败被清廷处罪,病卒。徐延旭长期在广西为官,同治九年(1870 年)据广西巡抚苏凤文令,

〔1〕 冯尔康:《清史史料学》,沈阳出版社,2004 年版,第 349 页。
〔2〕 《小方壶斋舆地丛钞》第十册,第 262 页。
〔3〕 汤锦程编:《中华汤姓源流·河南卷》,中国文联出版社,2006 年版,第 146 页。
〔4〕 方国瑜:《云南史料目录概说》,中华书局,1984 年版,第 656 页。
〔5〕 同上书,第 696 页。

二至越南，"将奉命所查绘之图及得诸该国臣民之所言，以合诸史籍群书之所载，编为辑略"[1]，光绪三年（1877 年）在梧州刊印[2]（图 9）。书刊于中法战争全面爆发之前，显示徐延旭对越南的形势已经做了相应的准备。徐延旭以地方大员刻书印行，影响很大，故很快被王锡祺收入《丛钞》之中。

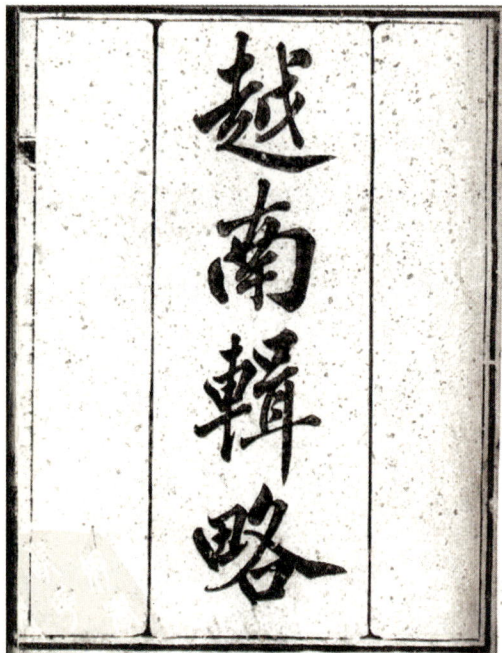

图 9　光绪三年梧州衙署刻本
《越南辑略》书影

图 10　光绪三年梧州衙署刻本
《越南辑略》越南全图之一

《越南辑略》二卷，卷一子目：地图、世系沿革、历代年号、国朝贡品、朝仪、赐予、迎送、市易、禁令、道路、越南吞并各国、中外交界各隘卡；卷二子目：越南古地名、山川、风俗、前朝贡品、古迹、名宦、人物、文学、土产、杂记。此书内容为徐延旭亲至越南考察、又遍考典籍而成，内容详尽。王锡祺从《越南辑略》中辑出世系沿革、山川、道路、中外交界各隘卡，将其分列，置于《小方壶斋舆地丛钞》第十帙中，但未收地图（图 10）。《越南纪略》内容虽然详尽，但仍是中国传统舆地书籍的编撰方式，并未使用近代科学研究方法；从战备角度而言，与具有军方背景的引田利章的安南研究尚有一定距离。

16.《黑河纪略》

阙名，记述越南黑河流域风土情况，仅数百字。黑河即沱江（Sông Đà），本地区越南朝廷设有土官，法国人 1888 年之后经营拓殖。地多崇山峻岭，有匪徒出没。

---

〔1〕（清）徐延旭：《越南辑略》，光绪三年梧州郡署刊印，第 2 页。

〔2〕关于徐延旭与《越南辑略》的详细情况，请参看和田博德《越南辑略について—中国人の東南アジア知識と清仏戦争—》，《史学》1972 第 4 期，第 393～414 页；闫斐《徐延旭与中法战争》，山东师范大学硕士学位论文，2012 年。

17.《富良江源流考》

署名"上海范本礼"。编于《丛钞》第四帙。蒋师辙《台游日记》记载光绪十八年应台湾巡抚邵友濂之聘入幕，四月十八日见到襄文，案范本礼，字丽泉，上海人[1]。《富良江源流考》引用魏源《海国图志》《皇清通考》、引田利章《安南史》及《水经注》等论述湄公河上游乃为澜沧江，富良江在越南即红河，上游为礼社江。澜沧江非富良江上游。国家图书馆尚收藏有范本礼著《河源异同辨》《吴疆域图说》等。

《丛钞》辑录的越南典籍似无一定顺序，也未归类，据上文，概览如下：

序号	书名	署名	页码[1]	著作人	所辑原刊	备注
1	越南志	泰西佚名	153~154	西人	不详	
2	安南小志	上海姚文栋译	155~169	日本人	安南史	原作者引田利章。
3	越南考略	宁波龚柴	171~173	报刊主笔	地舆图考	有图未收。
4	越南世系沿革略	临清徐延旭	175~194	边疆重臣	越南辑略	
5	越南疆域考	邵阳魏源	195~197	地方官员	海国图志	原文出《皇清通考》，嘉庆事魏源记。
6	越南地舆图说	永新盛庆绂	199~245	地方官员	越南地舆图说	辑录前四卷，未收图。
7	安南杂记	遂宁李仙根	247~248	使臣	不详	
8	安南记游	晋江潘鼎珪	249~251	漂流布衣	说铃	
9	越南游记	新埠陈	253~256	华侨	不详	
10	征抚安南记	邵阳魏源	257~262	地方官员	圣武记	文末评论王氏重写。
11	征安南纪略	赵州师范	263~266	地方吏员	疑出《滇系》	作者汤懋装。
12	从征安南记	阙名	267~268	地方吏员	疑出《滇系》	
13	越南山川略	临清徐延旭	269~273	边疆重臣	越南辑略	《越南辑略》有图，《丛钞》未收。
14	越南道路略	临清徐延旭	275~295	边疆重臣	越南辑略	
15	中外交界各隘卡略	临清徐延旭	285~294	边疆重臣	越南辑略	
16	黑河纪略	阙名	295	不详	不详	
17	富良江源流考	上海范本礼		地方吏员	不详	辑于第四帙。

[1]（清）蒋师辙：《台游日记》卷一，《台湾文献丛刊》第六种，第22页。
[2]《小方壶斋舆地丛钞》第十册，杭州古籍书店影印本，1985年版。

《丛钞》所辑越南文献有如下几个特征：

（1）拆分原书。徐延旭《越南辑略》抽出专节另立名号。龚柴诸书更为明显。

（2）节选原书。越南《越南疆域考》仅为魏源原书一部分，且出自《皇清通考》，改变原书名。

（3）排列无序。既不因作者排列，亦无其他分类。

（4）不附原图。盛庆绂《越南地舆图说》有图一卷，王氏未录。龚柴书亦有图。

（5）不录原序。《越南地舆图说》为盛庆绂据越南舆地书编辑，价值最高；徐延旭书为至越南调查、考察典籍完成。但《丛钞》不录原序，故读者不知作者撰著意图宗旨。

（6）更改原文。王氏变更《征抚安南记》"魏源曰"原文，未明示。

潘光哲先生《〈小方壶斋舆地丛钞〉与晚清中国士人"认识世界"的"知识基础"》一文对《小方壶斋舆地丛钞》进行了翔实细致的研究，提出：

> 王锡祺纂辑《丛钞》历经了长久的过程，广汇 1438 种文献于一帙，企望使之成为一部主题包罗广泛的实用之书。全帙收录文献，以中国部分为主体，记述域外国家的文献，作者群甚为庞大，也有不少外籍人士。在中国籍的作者群里，既包括在考察边疆史地或域外情势的领域有一席之地的名家，也有不少声名并不显赫的士人，后者心血所聚，更赖《丛钞》所录始得流传后世。汇集于《丛钞》的若干文献，更也经过编者的编辑、加工，或有删节、或变易原作格式，乃至有所改写或添补内容，非尽原著风貌；《丛钞》所录文献，于是时虽可能有其实用价值，然时过境迁，至今恐怕只具历史文献的意义；且其收录亦不免失之过滥，玉石杂聚，全书收录之文献，文体类别歧异丛生，记叙范围更广及全球，时间纵横上下千载，却不具共通脉络意义，难能构成整体。相较于同样亦是纂钞而成、隶于史部之作，《丛钞》但为便于日后史家寻觅史源所在之数据集成，某些文献记述亦不完备，或更难获今日史家之青睐。[1]

就《丛钞》所收越南文献而言，潘先生观点是适用的。然而王锡祺毕竟处于晚清变易的大时代，其思想已有不同，注重实用与亲历是其编辑越南文献的一个重要准则，其选择的越南舆地文献均有很高的价值，且目光放眼于中外。李仙根、潘鼎珪亲身到达安南，汤懋裳亦亲历乾隆征安南之役；盛庆绂在《皇越地舆志》基础上重撰，又曾征询于越南使臣；徐延旭曾亲至越南两次，《越南辑略》最为详尽。《越南游记》亲历法人治下之越南风物。魏源虽未曾亲至越南，但其《海国图志》为中国近代地理之先驱。范本礼《富良江源流考》结合中外学者研究，实为地理考证著作。王锡祺所收越南史地典籍

---

〔1〕 潘光哲《〈小方壶斋舆地丛钞〉与晚清中国士人"认识世界"的"知识基础"》，台湾"中研院"近代史研究所学术讨论会论文，2001 年 11 月 4 日。转引自彭明辉《评潘光哲〈小方壶斋舆地丛钞〉与晚清中国士人"认识世界"的"知识基础"》，http://blog.wuming - nongtong.com/history/hsn37.html。张治《钱锺书读过的晚清海外游记》一文写道钱先生曾读《小方壶斋舆地丛钞》之中游记，但"王锡祺辑录此书，自然功劳很大，但他不注明文献出处，后人考证起来甚难（1930 年代初顾颉刚即请吴丰培作子目提要，未果），更大的问题是他喜欢删略那些与'舆地'无关的部分。因此如可找到其辑录的来源文献时，一般便尽量不直接征引此书。"此言亦说明王锡祺编辑成书时对原刊改动很大。见《上海书评》2012 年 4 月 8 日。

注重实地考察，所选者皆亲至越南，或具备近代地理观的学者著作，《越南志》和《安南小志》则为翻译作品。传统的典籍考证之风已不明显。越南史地书籍中以徐延旭《越南辑略》和盛庆绂《重订越南地舆图说》价值最高，但王氏恐删削太过，其不收地图的做法亦使读者难明地理形势。王氏所收时人易见，于后人则多为秘籍，或能于《丛钞》中观看，然终非原貌。

《小方壶斋舆地丛钞》所收越南舆地典籍，与前代相比或有进步，若横向与外国对越南的认识相比较，恐仍不足。如德微理亚（Jean Gabriel Deveria, 1844—1899 年）的《中国和安南以及后来的越南的关系史：从 11—19 世纪》（1880 年）和《中国和安南的边境：有关地理学和人种志学的描述》（1886 年）、引田利章《佛安关系始末》（1888年）及《安南史》等，西方和日本已经使用近代自然科学和社会科学方法来研究越南，而《丛钞》所收仍多是中国人惯有的文献古籍认知形式，并舍去地图，所辑取的地理作品亦不全面。从研究方法、视野以及对越南的认识来看，《丛钞》所辑距同时代的外国作品仍有相当的距离，显现十九世纪中国人认识越南的水准落在了西方和日本后面。

《续编》无越南文献，《再补编》收入阙名光绪丙申（1896 年）《游越南记》和英国李提摩太《安南论》，《三补编》收入李提摩太《安南变通兴盛记》，因三书为散篇，且此时越南已尽入法人之手，形势不同，故本文未与《丛钞》所辑合论，但王锡祺注重时效的原则体现无遗。甲午清朝再败于日本，法国通过越南将势力延伸至中国西南地区，故王锡祺希望中国富强的同时，亦期于越南之兴盛。

作者单位：红河学院红河州越南研究中心
收稿日期：2015 - 1 - 15

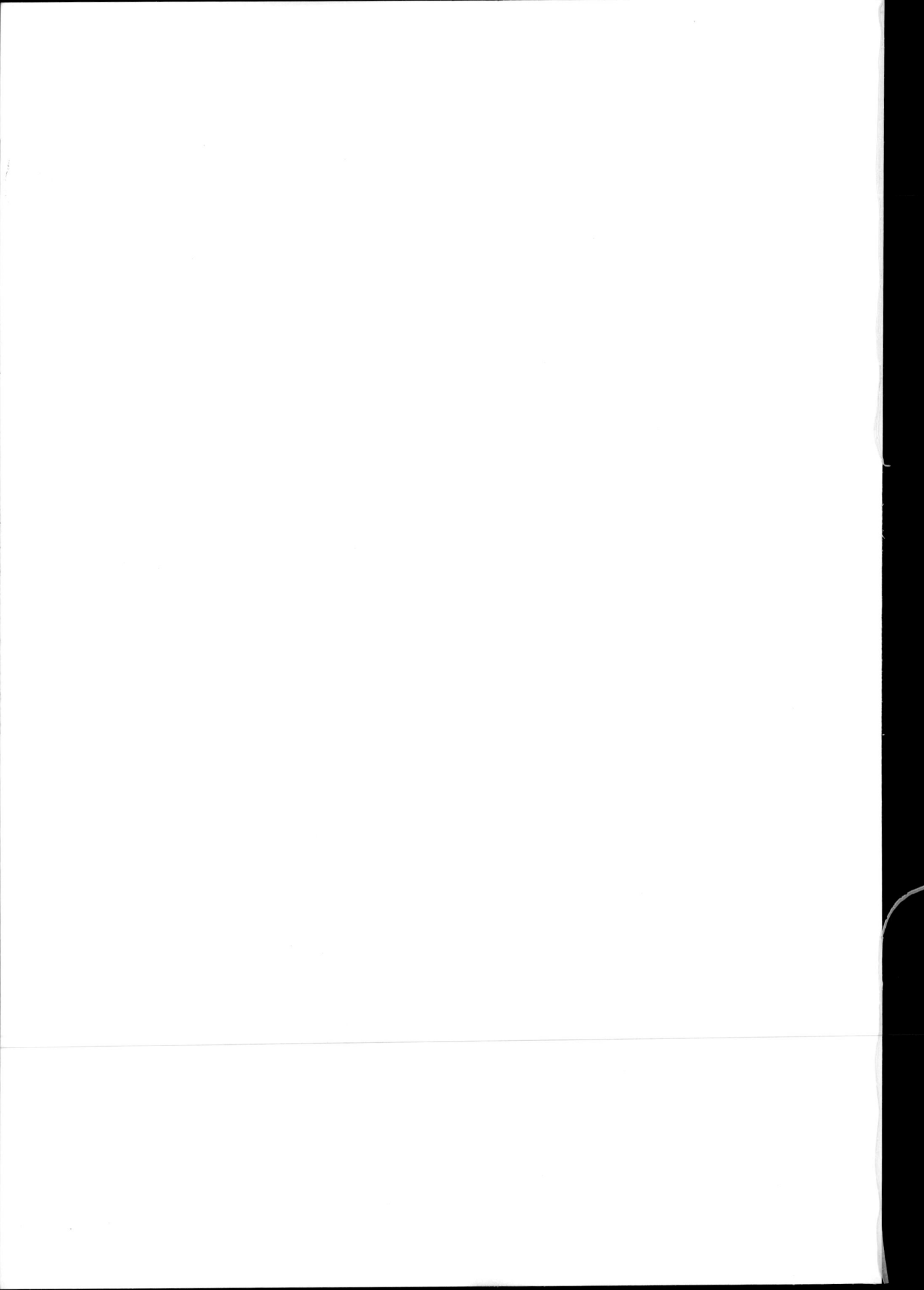